铁路职工岗位培训系列教材

铁路信号工
（车站与区间信号设备维修）
（理论部分）

中国铁路呼和浩特局集团有限公司　编

中国铁道出版社有限公司

2024年·北　京

内 容 简 介

本书为“铁路职工岗位培训系列教材”之一，介绍了铁路信号工（车站与区间信号设备维修）岗位所需的基础知识、专业知识和相关知识，包括铁路信号基础、道岔转辙设备、轨道电路设备、色灯信号机、计算机联锁设备、区间闭塞设备、电源屏设备、列车调度指挥系统/调度集中系统、信号设备防雷与接地、信号集中监测系统、信号专业管理分工及其他专业结合部相关知识等内容。

本书可作为铁路信号工（车站与区间信号设备维修）岗位培训和业务学习用书，亦可供相关职工学习。

图书在版编目（CIP）数据

铁路信号工. 车站与区间信号设备维修. 理论部分 / 中国铁路呼和浩特局集团有限公司编. -- 北京 ：中国铁道出版社有限公司，2024. 9. --（铁路职工岗位培训系列教材）. -- ISBN 978-7-113-31579-5

Ⅰ. U284

中国国家版本馆 CIP 数据核字第 2024CQ7238 号

书　　名：铁路信号工（车站与区间信号设备维修）（理论部分）
作　　者：中国铁路呼和浩特局集团有限公司

责任编辑：李嘉懿　　**编辑部电话：**（010）51873147　　**电子邮箱：**ljy_jtu@163.com
编辑助理：李嘉圆
封面设计：郑春鹏
责任校对：安海燕
责任印制：樊启鹏

出版发行：中国铁道出版社有限公司（100054，北京市西城区右安门西街 8 号）
网　　址：http://www.tdpress.com
印　　刷：天津嘉恒印务有限公司
版　　次：2024 年 9 月第 1 版　2024 年 9 月第 1 次印刷
开　　本：787 mm×1 092 mm 1/16　**印张：**14　**字数：**320 千
书　　号：ISBN 978-7-113-31579-5
定　　价：88.00 元

版权所有　侵权必究

凡购买铁道版图书，如有印制质量问题，请与本社读者服务部联系调换。电话：（010）51873174

打击盗版举报电话：（010）63549461

编　委　会

主　　任：田春亮

副 主 任：魏秀琴　岳志晟

主　　编：刘　琳　柳海龙　钟海阳　姜　军
（按姓氏笔画排序）

主　　审：韩东辉　李春龙

前　言

技能是强国之基、立业之本，技能人才是支撑铁路高质量发展的重要力量。为加强铁路专业技能人才队伍建设，加快铁路创新型、应用型、技能型人才培养，依据铁路特有工种技能培训规范，中国铁路呼和浩特局集团有限公司组织编写了铁路职工岗位培训系列教材。

本教材从各工种岗位实际出发，注重专业性、实用性和指导性。教材内容主要包括基础知识篇、专业知识篇和相关知识篇三部分。各篇章节内容紧扣培训规范，通过深入浅出的讲解，力求通俗易懂。本教材可作为铁路职工岗位培训和业务学习用书，亦可供相关职工学习。

本教材由中国铁路呼和浩特局集团有限公司教材编审委员会组织，集团公司运输、客运、货运、机务、工务、电务、车辆及供电部编写、审稿，职工培训部校订并实施完成。本书第一章、第二章由钟海阳编写，第三章、第四章及第十一章由柳海龙编写，第五章、第九章及第十章由刘琳编写，第六章至第八章由姜军编写。全书由韩东辉、李春龙审核。在此对所有编审人员及支持帮助本书编写的同志表示衷心的感谢。特别鸣谢中国铁道出版社有限公司给予的大力支持。

本教材编写时间仓促，难免存在疏漏之处，欢迎读者朋友予以批评指正。

编委会

2024 年 3 月

目录

第一篇 基础知识

第二篇 专业知识

第三篇 相关知识

第一篇　基础知识

第一章 铁路信号基础

第一节 继电器基础知识

一、继电器的基本原理

（一）组成

继电器由接点系统和电磁系统两大部分组成，电磁系统由线圈、固定的铁芯、轭铁以及可动的衔铁。接点系统由动接点、静接点构成。

（二）动作原理

当线圈中通入一定数值的电流后，由于电磁作用或感应方法产生电磁吸引力，吸引衔铁，由衔铁带动接点系统，改变其状态，从而反映输入电流的状况，如图 1-1-1 所示。

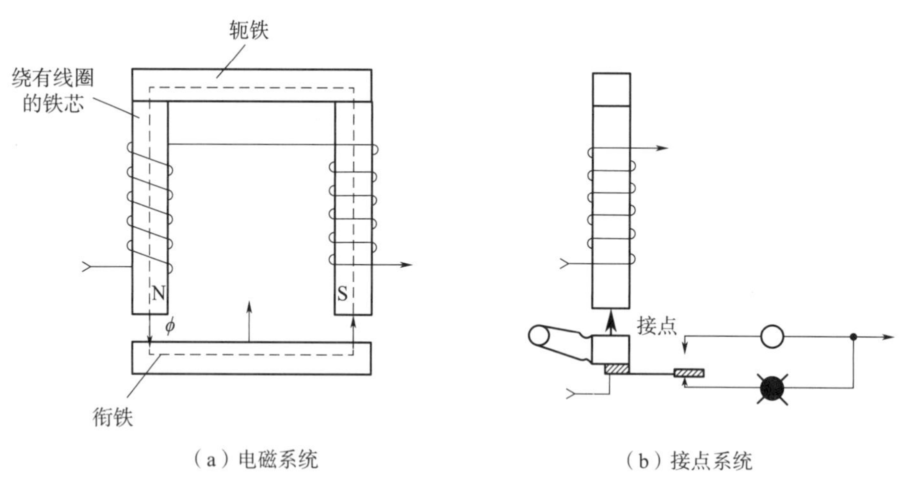

（a）电磁系统　　（b）接点系统

图 1-1-1　电磁继电器的基本原理

动作原理：线圈通电→产生磁通(衔铁、铁芯)→产生吸引力→克服衔铁阻力→衔铁吸向铁芯→衔铁带动动接点动作→前接点闭合，后接点断开，电流减少→吸引力下降→衔铁依靠重力落下→前接点断开，后接点闭合。

继电器具有开关特性，利用其接点的通、断电路，构成各种控制表示电路，如图 1-1-1 中红、绿灯的控制。

继电特性具有回差特性，即吸起值、释放值不一样，吸起值大于释放值。

二、继电器的作用

1. 继电器能够以极小的电信号控制执行电路中相当大的对象，能够控制数个对象和数个回路，也能控制远距离的对象。

2. 继电器有良好的开关性能：闭合阻抗小、断开阻抗大；能控制多回路，具有“故障—安全”性能，抗雷击性能强、无噪声、温度影响小。

3. 在以电子元件和计算机构成的系统中，继电器作为接口部件，将系统主机与信号机、轨道电路、转辙机等执行部件结合起来。

三、继电器的分类

1. 按动作原理，分为电磁、感应继电器。

2. 按动作电流，分为直流（无极、偏极、有极）、交流继电器。

3. 按输入物理量，分为电流、电压继电器。

4. 按动作速度，分为正常、缓动继电器。

5. 按接点结构，分为普通接点、加强接点继电器。

6. 按工作可靠度，分为安全型、非安全型继电器。

四、铁路信号系统对继电器的要求

1. 安全、可靠。

2. 动作可靠、准确。

3. 使用寿命长。

4. 有足够的闭合和断开电路的能力。

5. 有稳定的电气特性和时间特性。

6. 保持良好的电气绝缘强度。

五、铁路信号用安全型继电器

安全型继电器是直流 24 V 系列的重弹力式直流电磁继电器，其典型结构为无极继电器，其他各型号都是由其派生而成。因此，绝大部分零件都能通用。

安全型继电器有插入式和非插入式，可观察外观上是否有防尘罩，前者可单独使用，后者须匣内使用。

1. 型号含义

采用汉字拼音字母和数字表示，字母表示继电器种类，数字表示线圈的阻值，如图 1-1-2 所示。

2. 种类

安全型继电器分为无极、无极加强接点、无极缓放、无极加强接点缓放、整流式、有极、有极加强、偏极、单闭磁等 5 种 9 类 20 品种及 3 个派生品种。

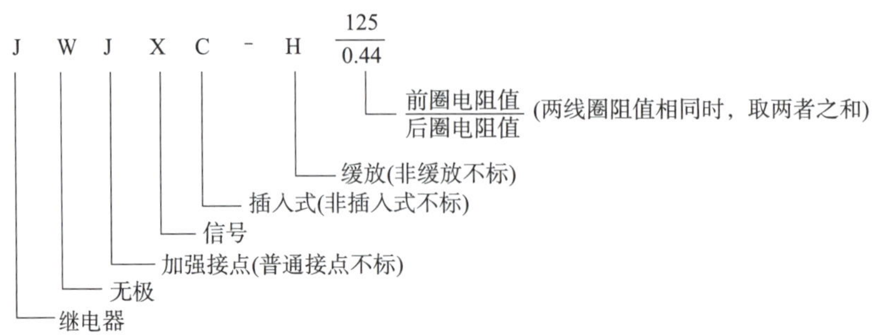

图 1-1-2　安全型继电器型号含义

3. 继电器插座

插入式安全型继电器需加装继电器插座板，并采用防错插措施，当插座板鉴别销与继电器型别盖的鉴别孔一致时，方能安装继电器，其后视图及插座结构如图 1-1-3 所示。

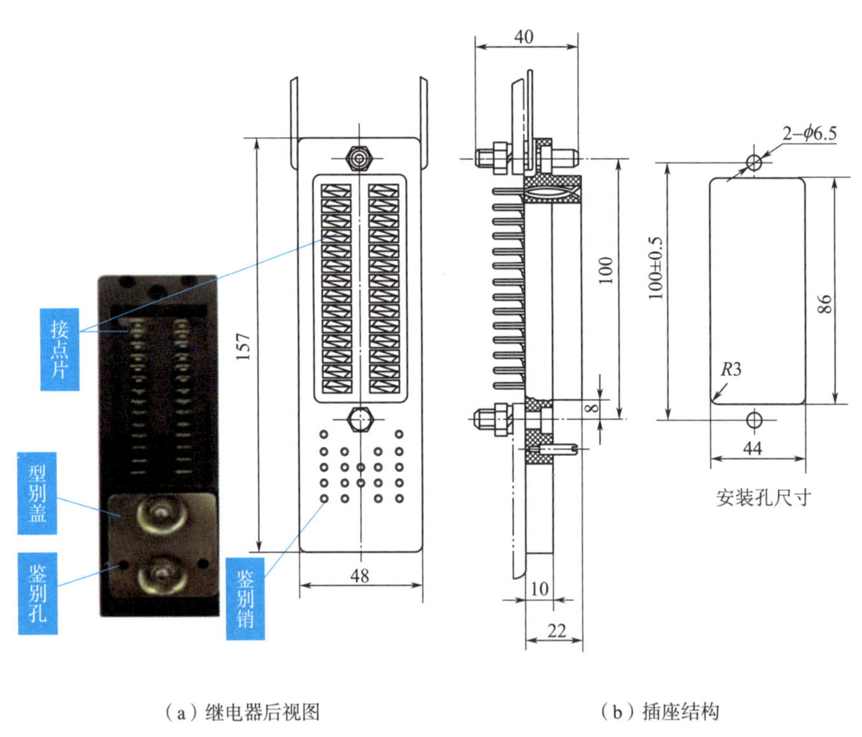

图 1-1-3　安全型继电器后视图及插座结构(单位:mm)

4. 特点

继电器前接点代表危险侧信息，后接点代表安全侧信息。

安全型继电器的“故障—安全”特点：发生安全侧故障的可能性远大于发生危险侧故障的可能性，处于禁止运行的状态的故障有利于行车安全的称为安全侧，处于允许运行状态的故障可能危及行车安全的称为危险侧故障。由于其在故障情况下，使前接点闭合的概率远远小于后接点闭合的概率。

六、继电器符号名称对照(表 1-1-1)

表 1-1-1 继电器符号名称对照

符号	名称	符号	名称
AJ	按钮继电器	FSBJ	发车锁闭继电器
BAJ	变通按钮继电器	FSJ	非进路锁闭继电器
BHJ	保护继电器	FUAJ	复原按钮继电器
BJJ	报警继电器,闭环检测继电器	FUJ	复原继电器
BSAJ	闭塞按钮继电器	FXJ	非进路信号继电器,复线继电器
BQJ	闭环切换继电器	FYJ	非进路延时继电器
BSJ	闭塞继电器	GDJ	轨道停电继电器
BTJ	表示灯调压继电器	GDJF	轨道停电复示继电器
CAJ	道岔按钮继电器	GFFJ	改变运行方向辅助继电器
DAJ	调车按钮继电器	GFJ	改变运行方向继电器
DBJ	道岔定位表示继电器,断路器报警继电器	GJ	轨道继电器
DBJF	定表复示继电器	GJF	轨道复示继电器
DCJ	定操继电器	GJJ	股道检查继电器
DFJ	调车发车方向继电器	HDJ	回执到达继电器
DGJ	道岔区段轨道继电器	JBJ	检查报警继电器
DGJF	道岔区段轨道复示继电器	JCAJ	挤岔按钮继电器
DJ	灯丝继电器	JCJ	挤岔继电器
DJF	灯丝复示继电器	JFJ	接车辅助继电器
DJJ	电铃继电器	JGJ	接近轨道继电器
DMJ	倒码继电器	JMJ	接车电码化继电器
DQJ	道岔启动继电器	JQJ	监督区间继电器
DSJ	灯丝报警继电器	JQJF	监督区间复示继电器
DXJ	调信继电器	JQJ2F	监督区间 2 复示继电器
FAJ	非进路按钮继电器	JSBJ	接车锁闭继电器
FBJ	反表继电器,发送报警继电器	JXJ	进路选择继电器
FBJF	反表复示继电器	JYJ	接近预告继电器
FCJ	反操继电器	KJ	开始继电器,控制继电器
FDGJ	道岔区段轨道反复示继电器	KTJ	开通继电器
FFJ	发车辅助继电器	LAJ	列车按钮继电器
FGFJ	辅助办理改变运行方向继电器	LFJ	列车发车方向继电器
FGPJ	发车改频继电器	LJ	进路继电器
FJ	方向继电器	LJJ	列车接车方向继电器
FKJ	辅助开始继电器	LKJ	列车开始继电器
FMJ	发车电码化继电器	LKJF	列车开始复示继电器

续上表

符号	名　称	符号	名　称
LQJ	离去继电器	XCJ	限时继电器
LQJF	离去复示继电器	XFJ	信号辅助继电器
LUXJ	绿黄信号继电器	XJ	信号继电器
LXJ	列车信号继电器	XJJ	信号检查继电器
LXJF	列车信号复示继电器	XTJ	信号调压继电器
QBJ	区间报警继电器	XZJ	选择继电器
QFJ	区间反方向继电器	YAJ	引导按钮继电器
QGJ	区间轨道继电器	YBJ	移频总报警继电器
QJ	取消继电器	YJJ	引导解锁继电器
QJF	取消复示继电器	YPBJ	移频报警继电器
QJJ	区段检查继电器	YXJ	引导信号继电器
QHJ	切换继电器	YZSJ	引导总锁闭继电器
QMJ	切码继电器	YZSJF	引导总锁闭复示继电器
QPJ	切换频率继电器	ZBBJ	准备报警继电器
QZBJ	区间总报警继电器	ZBHJ	总保护继电器
QZJ	区间正方向继电器	ZCJ	照查继电器
RJJ	人工解锁继电器	ZDJ	总定位操纵继电器
SGAJ	事故按钮继电器	ZFAJ	总辅助按钮继电器
SJ	锁闭继电器	ZFDJ	主副电源继电器
TAJ	通过按钮继电器	ZFJ	总反位操纵继电器
TCJ	接通道岔表示继电器，通知出发继电器	ZJ	终端继电器
TGJ	接通光带继电器	ZKJ	准备开通继电器
TJ	时间继电器	ZQJ	总取消继电器
TJJ	同意接车继电器	ZPJ	转频继电器
TXJ	通过信号继电器	ZRJ	总人工解锁继电器
WGJ	无岔区段轨道继电器	ZTJ	直向开通继电器

第二节　信号机基础知识

一、铁路信号含义

铁路信号一般是指听觉信号、视觉信号、手信号（基本不再使用）、移动信号（施工、维修临时使用）、固定信号（常用）。

铁路电务部门负责维护的信号只是固定信号，包括地面固定信号和机车固定信号。平时说的信号专指固定信号。

二、信号机的分类

1. 按设置部位,分为地面信号(设于车站或区间固定地点的信号机或表示器,防护站内进路以及闭塞分区和道口);机车信号(设于机车驾驶室内,复示地面信号,逐步成为主体信号使用)。

2. 按信号机的构造,分为色灯信号机(用灯光的颜色、数目以及亮灯状态表示信号的含义);臂板信号机(已经淘汰)。

3. 按地位,分为主体信号机(能够独立显示信号,指示列车或调车车列运行条件的,如进站、出站、进路、通过、调车);从属信号机(本身不能独立存在,只能附属于某种信号机,如预告信号机——进站、通过、遮断信号机);复示信号机(进站、进路、出站、调车)。

4. 按安装方式,分为高柱信号机、矮型信号机、信号托架和信号桥。

三、信号机命名

1. 进站信号机

进站信号机的命名是按列车运行方向进行的,上行用S表示,下行用X表示。若在车站一端有多个方向的线路接入,则在S或X的右下角加上该信号机所属线路名的汉语拼音字头。

2. 出站信号机

出站信号机按列车运行方向命名,上行用S表示,下行用X表示,在名称的右下角加股道号,如S_{I}、X_3等。

3. 接车进路信号机

接车进路信号机的命名按列车运行方向,上行为S_L,下行为X_L。

4. 发车进路信号机

发车进路信号机按列车运行方向命名,上行用S,下行用X表示,并在S或X右下角先加车场号,再加股道号。如Ⅰ场的上行3股道发车信号,信号机为S_{I_3};Ⅱ场下行4股道发车进路信号机为X_{II_4}。

5. 调车信号机

调车信号机以D表示,在其右下角缀以顺序号。从列车到达方向顺序编号,上行咽喉用双号,下行咽喉用单号。

6. 预告信号机

预告信号机的编号,第一个字母为Y,后面缀以主体信号机的编号,如Y_{XD}。

7. 复示信号机

复示信号机的编号,第一个字母是F,后缀以主体信号机的编号,如进站复示信号机F_X,出站复示信号机$F_{S\mathrm{II}}$,调车复示信号机F_{D103}。

四、色灯信号机

色灯信号机以其灯光的颜色、数目和亮灯状态来表示信号。目前主要分为透镜式色灯信号机、LED色灯信号机两种。

（一）透镜式色灯信号机

1. 机构种类

可分为单机构(单显示、双显示、三显示)、双机构(四显示、五显示,还可以带引导信号、容许信号机构、和进路表示器)。

2. 机构组成

每个灯位由灯泡(采用直丝双丝铁路信号灯泡)、灯座(定焦盘式灯座,调好焦后换灯无须再调)、透镜组、遮檐(防止阳光等光线直射时产生错误的幻影显示)、背板(黑色,背景暗,衬托信号灯光亮度,改善瞭望条件)等组成。

3. 名称含义

以 XSG-HL 为例,X 表示信号机构、S 表示色灯、G 表示高柱、A 表示矮型、HL 表示红绿、B 表示白灯、A 表示蓝灯、U 表示黄灯。

（二）LED 色灯信号机

LED 信号机机构大小同透镜式色灯信号机,机构采用铝合金材料,信号点灯单元由发光二极管构成,组合灵活、安装简单。显示距离超过 1.5 km 且清晰可辨,使用寿命可达 10^5 h,安全可靠。通过检测控制系统的电流,可监督信号显示系统的工作状态,预警异常情况有助于准确判断故障点,便于及时处理。

五、信号点灯和灯丝转换装置

信号点灯和灯丝转换装置一般由信号变压器(输入电压 220 V,输出电压 12 V)和灯丝转换继电器组成或采用功能信号点灯装置和点灯单元。

XDZ 型多功能信号点灯装置是将信号灯泡的点灯和灯丝的转换装置结合成为一体,取代变压器和灯丝转换继电器,并采用软启动方式,延长灯泡使用寿命。

DDXL-34 型点灯单元:点灯变压器采用防雷装置,灯丝继电器采用 JZSJC 型。

六、信号显示

（一）基本色和辅助色

基本色:红、黄、绿。

辅助色:蓝、月白、紫色(道岔表示器用)。

铁路信号光源为白灯产生的白色光。同样强度的光,人们对红色光辨认最敏感,更能引人注意,可对人产生不安全感,故红色灯光为停车信号;黄色灯光作为注意和减速信号;绿色灯光按规定速度运行的信号;蓝灯作为调车禁止信号使用;白灯作为调车容许信号使用;紫色作为道岔表示器表示道岔直向开通的灯光。

（二）灯光的组合和闪光信号

1. 灯光的组合

随着列车速度的提高,要求信号显示的信息量也在不断地增加,因此采用了组合灯光进行表示。如红白灯——引导信号;双黄灯——进侧线停车;红蓝灯——区间容许信号。

2. 闪光信号

闪光信号主要应用在驼峰场,频率为 50～70 次/min ,进站信号机对于经 18 号及其以上道岔侧向位置进站所增加的黄闪/黄显示。

（三）机构的选用

色灯信号机的机构有单显示（遮断信号、复示信号、引导信号、容许信号机）、两显示、三显示，其中两显示和三显示既可以单独使用也可以组合使用。

色灯信号机灯光配列和应用原则：

(1)当须要减少灯位时，应以空位停用方式处理。可以维持信号机应有的外形，防止司机误认。

(2)以两个基本灯光组成一种信号显示时，应在一条垂直线上（进站复示信号机除外），而且还应保持一定的距离，如进站信号机的双黄灯。并且，三显示机构上，进站信号机灯位颜色不能相同，但出站信号机允许。

(3)在以两个机构组成的矮型信号机上，应将最大限制信号设在靠近线路的机构上。

(4)双机构加引导信号是一种专门的信号机型，只有它能区分始端速度。

(5)一般情况，站内高柱信号机的机构设于机柱右侧，区间高柱信号机构设在机柱左侧。

（四）信号显示制度

信号显示制度分为进路式、速差式两大类。

进路式是指示列车进入不同进路为原则的信号先后显示制度，表达的是进路意义，已被淘汰。

速差式是每一种信号显示均能表示不同行车速度的信号显示制度，它表达的是速度意义。既可以指示列车通过本信号机的运行速度，也可以指示列车通过次架信号机的运行速度，我国现行的是简易速差式。

（五）信号显示的速度意义

信号显示的意义在《铁路技术管理规程》（以下简称《技规》）中用指示运行条件来表达，其包括两方面的内容：本信号机防护进路上的道岔开通直向或侧向，次架信号机的关闭及开放状态，速度含义内含其中。

列车运行速度在 120 km/h 及以下时一般采用三显示自动闭塞，速度等级只有两级。列车运行速度在 120～160 km/h 时采用四显示自动闭塞，信号的显示较明确的速度含义：绿、绿黄、黄、红四种显示明确表达了始端和终端速度，其速度分为三级：160 km/h、115 km/h、0 km/h。

进站信号机和接车进路信号机也能表达速度意义，除前述绿、绿黄、黄、红外，双黄、黄闪黄分别表达了限速意义。双黄表示限速 50 km/h、黄闪黄表示限速 80 km/h。

正线的出站信号机在有前架信号机预告的前提下，也可以表达速度意义。

（六）机车信号显示制度

列车运行速度在 160 km/h 上时，机车信号将逐步取代地面信号，成为主体信号。

1. 按方式分：色灯式、数字式。

2. 按制度分：预告式、复示式、预告复示式。

我国现行的是预告式，指示列车运行前方信号机防护区段的始端速度和终端速度。

复示式：表达的是列车所在闭塞分区的速度指示，即重复机车运行后方信号机的显示制度。我国现有的分级速度控制式超速防护设备就采用的该种显示制度。

预告复示：机车信号与分级速度控制式超速防护设备的数字显示同时使用。

第三节　轨道电路基础知识

轨道电路是铁路信号自动控制的基础设备，用于自动检测列车、车辆的位置信息，并通过联锁设备控制地面信号，同时将行车控制信息传递给机车，从而保证列车安全运行。

一、基本原理

（一）组成

轨道电路是以铁路线路的两根钢轨作为导体，两端加以机械绝缘或电气分割，并接上送电和受电设备构成的电路，如图 1-3-1 所示。

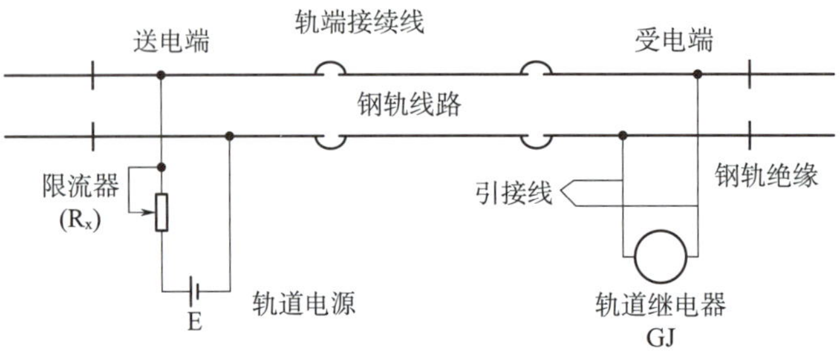

图 1-3-1　轨道电路组成

当轨道电路区段没有列车或车辆占用时，由发送设备发送的电流，经钢轨线路送至接收设备，使接收设备的继电器励磁吸起，继电器的前接点闭合，后接点断开，联锁采集到该状态，反映到控制台上显示区段空闲。在轨道电路区段被列车或车辆占用时，从发送设备发送的电流被列车或车辆的轮轴分流，而只有一小部分电流送至接收设备，接收设备因电流减小而使继电器失磁释放，继电器的前接点断开，后接点闭合，联锁采集到该状态，反映到控制台上显示区段占用。

（二）各组成部分作用

钢轨——传送电信息。

绝缘节——划分各轨道区段。

轨端接续线——保持电信息延续。

轨道继电器——反映轨道的状态。

二、作用

1. 监督列车的占用，反映线路的空闲状况，为开放信号，建立进路或构成闭塞提供依据。

2. 传递行车信息，如移频自动闭塞系统利用轨道电路传递不同的频率信息来反映列车的位置，决定通过信号机的显示或决定列车运行的目标速度，从而控制列车运行。

三、分类

1. 按动作电源，分为直流轨道电路（已经淘汰）、交流轨道电路（低频 300 Hz 以下，音频 300～3 000 Hz，高频 10～40 kHz）。

2. 按工作方式，分为开路式、闭路式（广泛使用）。

3. 按传送的电流特性，分为连续式、脉冲式、计数电码式、频率电码式、数字编码式。

4. 按分割方式，分为有绝缘轨道电路、无绝缘轨道电路（电气隔离式、自然衰耗式、强制衰耗式）。

5. 按所处的位置，分为站内轨道电路、区间轨道电路。

6. 按轨道电路内有无道岔，分为无岔轨道电路、道岔轨道电路。

7. 按适用的区段，分为电气化区段轨道电路、非电气化区段轨道电路。

8. 按通道，分为双轨条轨道电路、单轨条轨道电路。

四、应用

轨道电路主要用于区间和站内。

区间的轨道电路通常是与自动闭塞制式相一致的轨道电路，按照自动闭塞通过信号机分区，每个闭塞分区就有其轨道电路。

站内轨道电路应用更为广泛。对于电气集中联锁来说，列车进路和调车进路都必须安装轨道电路；对于机车信号来说，各种制式的区间轨道电路和站内电码化以后的轨道电路，就是其地面发送的设备，也就是信息来源；对于列车超速防护系统，带有编码信息的轨道电路是其车地之间传输信息的通道之一。

五、轨道电路区段的划分和命名

1. 划分原则

(1)有信号机的地方必须设置绝缘节。

(2)必须满足行车、调车作业效率的提高。

(3)一个轨道电路区段内的道岔不能超过 3 组。

2. 命名

道岔区段和无岔区段命名方式不同。

(1)道岔区段：根据道岔编号来命名，如 1DG、7-9DG、15-17DG、11-27DG。

(2)无岔区段：有几种不同情况，对于股道，以股道号命名，如 IG 等；进站内方，根据所衔接得股道编号加 A 或 B，如Ⅰ AG（下行咽喉）、Ⅱ BG（上行咽喉）；差置调车信号机命令规则为：相邻的道岔编号（分数形式）＋WG，如 1/3WG 等。

具体如图 1-3-2 所示。

六、轨道电路工作状态

（一）轨道电路基本工作状态

1. 调整状态：空闲 DGJ↑（轨道电路完整和空闲）。

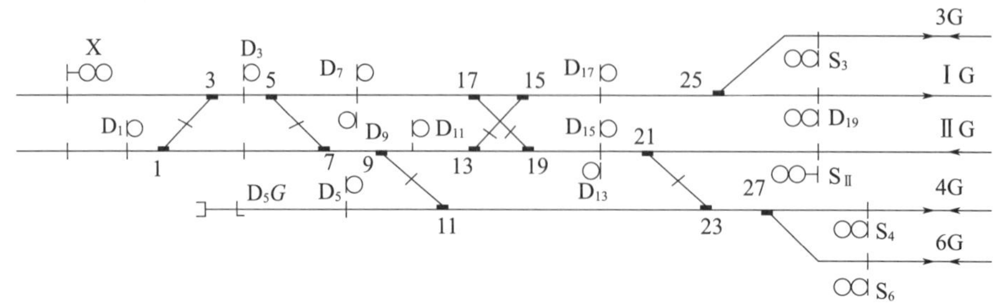

图 1-3-2　轨道区段命名示意

2. 分路状态：占用 DGJ↓（当轨道电路区段有车占用时）。

3. 断轨状态：故障 DGJ↓（轨道电路的钢轨在某处折断时的情况）。

影响轨道电路工作状态的因素包括：道砟电阻、钢轨阻抗、电源电压。

（二）各种状态的最不利条件

调整状态：道砟电阻最小，钢轨阻抗最大，电源电压最低。

分路状态：道砟电阻最大，钢轨阻抗最小，电源电压最大。

断轨状态：道砟电阻最大，钢轨阻抗最小、电源电压最大，还有断轨地点。

（三）轨道电路分路术语

1. 列车分路电阻：列车车轮的接触电阻值。

2. 分路效应：列车分路，轨道继电器落下。

3. 分路灵敏度：在任一点分路，恰好是轨道继电器落下的电阻值。

4. 标准分路灵敏度：0.06 Ω。

七、轨道电路专业术语

1. 调整状态：轨道电路空闲、线路完整，受电端正常工作时的轨道电路状态。

2. 分路状态：两条钢轨间被列车车轮对或其他导体连接，使轨道电路受电端设备能反映轨道被占用的轨道电路状态。

3. 最不利条件：当轨道电路各电气参数在规定范围内，受电端所得电压在调整状态下为最低、分路状态下为最高，而发送的机车信号信息的钢轨短路电流为最小时，与之相应的供电电压和一次参数的总称。

4. 一次调整：在最不利条件下，轨道电路区段内，可变环节的电气参数经首次调整后，能满足调整、分路状态和机车信号的要求，无须随外界参数的变化再次进行调整。

5. 极限长度：当轨道电路能实现一次调整时，其所能达到的最大长度。

6. 标准分路电阻：轨道电路分路的规定电阻，25 Hz 相敏轨道电路的标准分路电阻取值为 0.06 Ω。

7. 极性交叉：在 25 Hz 轨道电路一个闭合的回路中，相邻两区段在一个轨端绝缘处不处于同相位。绝缘节的数量必须达到偶数才能实现极性交叉，若为奇数，则不能做到极性交叉，应对回路内的绝缘节进行移设，使其成为偶数。移设的方法是：①移设道岔绝缘（直股或弯股）；②增加两组绝缘和增加两根跳线，进行人工极性交叉。车站内要求正线电码化时，可以将绝缘节移至弯股，并且采用人工极性交叉方式。

8. 分路不良：是指轨道电路轨面因为不良导电物影响，造成列车或者车列占用轨道时控制该轨道区段的轨道继电器不能正常落下。

9. 横向连接：两条及以上线路钢轨间的等电位连接。

10. 绝缘破损：轨道电路区段边界机械绝缘节两侧钢轨间短路。

11. 集中调相：轨道电路供电设备对轨道接收器的轨道电源与局部电源的相位进行集中调整。

12. 理想相位：局部电源电压超前轨道电源电压 90°。

13. 轨道电源：供给轨道电路轨道端子的电源。

14. 局部电源：供给受电端接收器局部端子的电源。

15. 失调角：轨道电源电压经传输后加在受电端接收器轨道端子上的电压与局部电源电压的相位，与理想相位的差值，用 β 表示。

16. 有效电压：经轨道传输后加在轨道继电器轨道线圈上的电压 U_G，当失调角为 β 时，$U_G \times \cos\beta$ 的值称有效电压。

17. 等阻线：同一扼流变压器的两根钢轨引接线，其阻抗值相等。

18. 空扼流变压器：轨道电路区段内，不连接送、受电端轨道电路室内设备，且只用于通过牵引电流的扼流变压器。

第四节　道岔转辙设备基础知识

一、转辙机的作用

1. 转换道岔的位置，根据需要将道岔转换至定位或反位。
2. 将道岔转换到所需的位置并密贴后，实现锁闭，防止外力转换道岔。
3. 正确反映道岔的实际位置，道岔尖轨密贴于基本轨后，给出相应的表示。
4. 道岔被挤或因故处于“四开”位置时，及时给出报警和表示。

二、转辙机的基本要求

1. 具有足够的拉力，以带动尖轨作直线往返运动；当尖轨受阻不能运动到底时，应能随时通过操纵使尖轨回复原位。

2. 作为锁闭装置，当尖轨与基本轨不密贴时，不应进行锁闭，一旦锁闭，应保证道岔不因列车通过的振动而错误解锁。

3. 作为监督装置，应正确反映道岔的状态。

4. 道岔被挤后，在未修复之前不应再使道岔转换。

三、转辙机的分类

1. 按动作源和传动方式

可分为电动(ZD)转辙机、电动液压(ZY)转辙机、电空(ZK)转辙机。

2. 按供电电源的种类

直流：ZD6 系列为直流 220 V，电空系列为 24 V。直流转辙机由于存在换向器和电刷，易损坏，故障率较高。

交流：单相或三相电源，如 S700K、ZYJ7 系列为交流 380 V。

3. 按动作速度

普通动作：3.8 s 以上，大多数属于此类。

快动：0.8 s 以下，ZK 系列属于此类，用于驼峰调车场。

4. 按锁闭道岔方式

内锁闭：依靠转辙机内部的锁闭装置锁闭道岔的尖轨，是间接锁闭方式。

外锁闭：依靠外锁闭装置直接将基本轨与尖轨密贴，将斥离轨锁于固定位置，属于直接锁闭方式。锁闭可靠，列车对转辙机几乎无冲击。

5. 按是否可挤

可挤型：设有道岔保护（挤切或挤脱）装置，道岔被挤时，动作杆解锁，保护整机。

不可挤型：道岔被挤时，挤坏动作杆与整机的连接结构，应整机更换。

四、常用电动转辙机机械原理

以 ZD6 系列电动转辙机机械原理为例。

（一）结　构

ZD6 系列电动转辙机根据道岔使用要求，各型号的部件配置略有不同，主要由电动机、减速器、摩擦联结器、自动开闭器、主轴、动作杆、表示杆、移位接触器，底壳及机盖等组成。

（二）动作过程

ZD6 系列电动转辙机的动作主要分为三个阶段。第一阶段，转辙机解锁；第二阶段，带动道岔尖轨转换；第三阶段，转辙机锁闭。

ZD6 系列电动转辙机部件动作关系如图 1-4-1 所示。

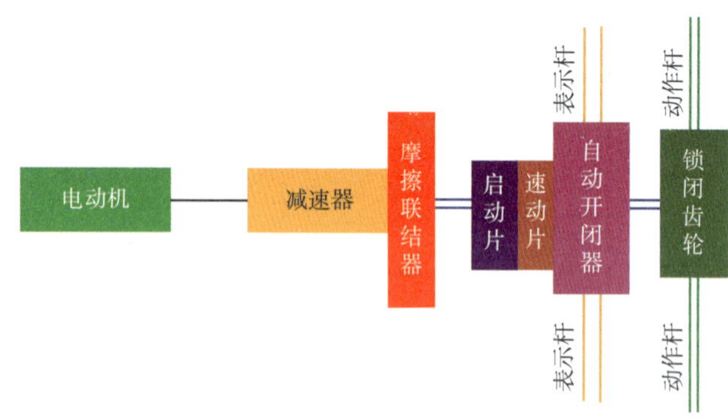

图 1-4-1　ZD6 系列电动转辙机部件动作关系

第一阶段。接通道岔启动电路，电动机转动，经减速器减速、摩擦联结器“紧握”连接，带动主轴转动，一方面带动锁闭齿轮旋转，削尖齿拨动齿条块移动，转辙机解锁；另一方面带动速动片、启动片旋转，顶动速动爪上抬，带动动接点换位，切断原表示电路、接通转辙机回转条件。

第二阶段。电动机继续旋转，齿条块移动，经动作杆、动作连接杆带动道岔尖轨移动，同时表示连接杆拉动表示杆移动。

第三阶段。尖轨移动到新位置，锁闭齿轮旋转至齿条块另一侧削尖齿内，作同心圆旋转，齿条块不再向前移动，速动爪落入速动片内，切断启动电路，电机停转，检查柱落入表示杆缺口,接通道岔新位置表示电路。

(三)各部件结构、作用及工作原理

1. 电动机

(1)结构:电动机由机壳、定子线圈、转子线圈、换向器、碳刷、输出齿轮等组成。

(2)作用:电动机把接入转辙机的直流电转换为机械能,带动道岔尖轨转换,实现道岔开向不同方向。

(3)工作原理:道岔尖轨转换对转辙机有三点要求:一是转辙机要有较大的启动扭矩,来克服尖轨解锁阻力;二是转辙机要具有足够的功率,保证尖轨顺利转换;三是转辙机能够正转和反转,满足尖轨向两个方向位移。直流电动机两个定子绕组通过公共端子分别与转子绕组串联,称为直流串励方式,通过改变定子绕组的电流方向来实现电动机反转,满足尖轨转换对转辙机的第三点要求。

2. 减速器

(1)结构:减速器由外壳、内齿轮片、外齿轮片、输入齿轮片、输入轴、偏心轴、滚棒等组成。

(2)作用:把电动机输入的高速旋转动能转换为低速旋转动能输出,降低速度换取转矩,来提高电动机的荷载能力,在尖轨转换中克服尖轨与滑床板间的摩擦力,保证尖轨顺利转换。减速器是保证转辙机有足够功率转换尖轨的设备,尖轨转换的第二点要求由减速器完成。

(3)工作原理:减速器采用两级减速,第一级为普通齿轮传动减速,第二级为渐开线一齿差减速器传动减速。

第一级减速。电动机输出轴固定小齿轮,减速器输入轴固定大齿轮,两齿轮啮合,电动机转动数周带动减速器转动一周,达到降速目的,ZD6 各型转辙机的第一级减速比略有不同。

第二级减速。制造转辙机要尽可能小型化,为达到转辙机小型化的目的,第二级减速采用渐开线一齿差减速方式减速,也称行星减速。

行星减速器中内齿轮靠摩擦联结器的摩擦作用相对“固定”在减速器壳内,内齿轮里装有外齿轮。外齿轮通过滚动的轴承装载在偏心轴套上。偏心轴套用键固定在输入轴上。外齿轮上有八个圆孔,每孔插入一根套有滚套的滚棒。八根滚棒固定在输出轴的输出圆盘上。当外齿轮作摆式旋转时,输出轴随着旋转。当输入轴随第一级减速齿轮顺时针旋转时,偏心轴套也顺时针旋转,使外齿轮在内齿轮里沿内齿圈作逐齿啮合的偏心运动。外齿轮 41 齿,内齿轮 42 齿,两者相差 1 齿。因此,外齿轮做一周偏心运动时,外齿轮的齿在内齿轮里错位一齿。内齿轮“静止”不动,迫使外齿轮在一周的偏心运动中反方向旋转一齿的角度,输入轴顺时针方向旋转 41 周,外齿轮逆时针方向旋转一周,带动输出轴逆时针方向旋转一周。外齿轮既在输入轴的作用下做偏心运动,又与内齿轮作用做旋转运动,类似于行星运动,既有公转,又有自转。第二级减速比为 41∶1。

3. 摩擦联结器

(1)结构:摩擦联结器附着在减速器上,由摩擦制动板、摩擦带、调整螺栓、调整弹簧等组成。

(2)作用:保护电动机、减速器、转换锁闭装置在摩擦状态下不受损伤。

(3)工作原理:转辙机在正常工作时,摩擦联结器将减速器的内齿轮固定在“静止”位置,电动机输出的动能通过减速器输出轴传给转换锁闭装置,动作道岔尖轨,转换道岔开向;在转换道岔尖轨过程中,如果尖轨受到阻碍不能移动时,摩擦联结器的内齿轮随着外齿轮的转动而转动,电动机的动能通过内齿轮与摩擦带的摩擦转换为热能消耗,减速器不向转换锁闭装置输出动能,相当于减速器和转换锁闭装置“分离”,即使电动机长时间转动,电动机、减速器也不会受到损坏。道岔正常转换,尾动惯性(启动电路切断后,电动机继续转动过程)也由摩擦联结器与内齿轮的摩擦消耗。

摩擦联结器的摩擦力要调整适当,摩擦力太大,尖轨转换受阻时,减速器的内齿轮旋转不起来,减速器的输出轴和转换锁闭装置“分离”不开,电动机、减速器、转换锁闭装置会由于扭力的影响而损坏;摩擦力太小,减速器输出的动能不足以克服尖轨与滑床板间的摩擦力做功,尖轨不能正常转换。通过调整弹簧压力大小来调整摩擦力,一般用测量摩擦电流值来衡量摩擦力大小。摩擦联结器实物、内部结构如图 1-4-2 所示。

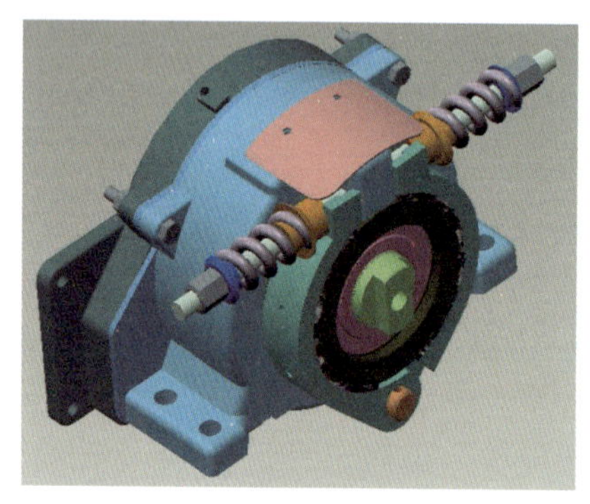
(a)实物

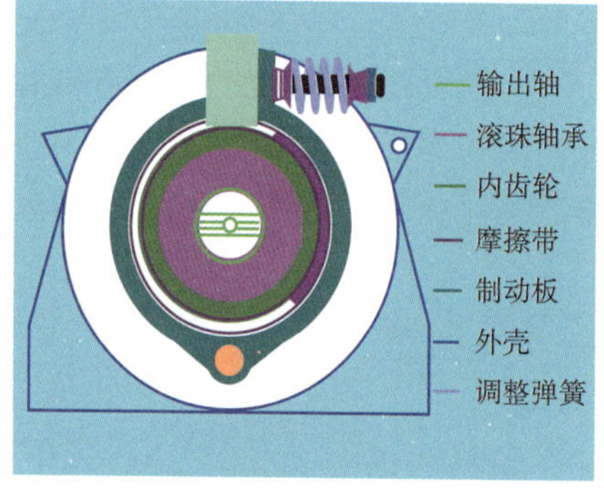

(b)内部结构

图 1-4-2　摩擦联结器实物、内部结构

4. 主轴

主轴前端用启动片与减速器输出连接,随减速器输出轴转动,后端和转换锁闭装置的锁闭齿轮相连,主轴转动,带动锁闭齿轮转动。

5. 转换锁闭装置

(1)结构:转换锁闭装置由齿条块、锁闭齿轮、主副挤切销(连接销)、移位接触器触头等组成。

(2)作用:一是把旋转运动变为直线运动;二是锁闭尖轨,保证尖轨处在固定位置;三是当道岔尖轨被挤切时,挤切销折断,切断表示电路。

(3)工作原理:电动机转动,带动减速器输入、输出轴转动,通过启动片带动主轴及锁闭齿轮转动,锁闭齿轮开始空转,获得较大启动扭矩后,由启动小齿拨动齿条块位移,满足尖轨转换对转辙机的第一点要求。

锁闭齿轮继续旋转,带动动作杆移动,完成道岔尖轨转换。尖轨转换到位后,锁闭齿轮继续旋转,直到锁闭齿轮的锁闭圆弧与齿条块上的削尖齿完全重合,在自动开闭器作用下,电动机停转,尖轨被锁闭。电动机旋转完毕后,锁闭齿轮的圆弧面与齿条块的削尖齿弧面重合，当齿条块受到水平移动作用力时，沿着锁闭圆弧的半径方向传给锁闭齿轮。此时，锁闭齿轮的锁闭圆弧在齿条块的削尖齿内，水平移动作用力不能使锁闭齿轮旋转，被固定在齿条块里的动作杆也不能移动，道岔尖轨被转辙机内部锁闭，水平移动作用力被消耗在转辙机固定螺栓上。当道岔尖轨被强大外力挤切，外力大于主挤切销金属抵抗力时，主挤切销折断，副挤切销带动齿条块移动，将移位接触器触头顶起，顶开移位接触器，断开道岔表示电路。

6. 自动开闭器

(1)结构：自动开闭器由底座(俗称马鞍铁)、静接点座及静接点、动接点座及动接点、检查柱、速动爪、速动片、拐轴、拉簧等组成。接点环和静接点等采用铍青铜材料制作，提高导电性能及耐磨性能，寿命长。小拐轴采用花键轴与支架连接，避免旷动、增加扭转强度。速动衬套采用自润滑粉末冶金。

(2)作用：与表示杆配合，通过动、静接点自动接通、断开转辙机启动、表示电路。

(3)工作原理：电动机转动，带动启动片旋转，启动片将速动爪顶起，通过拐轴带动“先动”动接点，从已接触的静接点内退出，断开道岔原表示电路，进入到未接触的静接点内，接通转辙机回转条件。

在尖轨的移动转换时间内，两排动接点和外排静接点接触，呈“八”字状。尖轨转换到位后，另一速动爪落入速动片缺口内，通过拐轴上拉簧拉动，“后动”动接点，迅速从仍接触的静接点内退出，切断电动机转动电路，检查柱落入道岔新位置表示杆缺口内，后动动接点迅速打入到该排动接点未接触的静接点内，接通道岔新位置表示电路。

7. 表示杆与检查柱

(1)结构：表示杆由前杆、后杆、连接头、调整螺栓组成。检查柱和动接点连接，附着在自动开闭器内。

(2)作用：与检查柱配合，反映和监督尖轨位置以及尖轨的密贴程度。

(3)工作原理：转辙机转动，尖轨移动，通过表示连接杆推动表示杆移动，尖轨转换到位后，检查柱落入对应表示杆缺口内，通过自动开闭器接通道岔表示电路。表示杆、检查柱、后动动接点的配合有以下三种状态。

①电动机不停转。当尖轨转换时靠不到基本轨内时，即密贴太紧，速动爪不落入速动片缺口内，后动的动接点从已接触的静接点内退不出，此时电动机不停转，新位置表示电路也接不通。

②电动停转、新位置表示条件接不通。电动机旋转到位，带动速动片旋转到位，速动爪打入速动片缺口内，后动动接点从已接触的静接点内退出，切断电动机转动电路，电动机停转。此时，如果表示杆缺口对不准检查柱，检查柱落不到表示杆缺口内，俗称“道岔卡缺口”，造成后动动接点打不入对应静接点内，接不通道岔新位置表示。

③接通道岔新位置表示电路。电动机旋转结束，速动爪打入速动片内，此时，如果表示杆缺口对准检查柱，检查柱可以落到表示杆缺口内，后动动接点打入原未接触的静接点内，接通道岔新位置表示条件。

(四) ZD6 系列电动转辙机整体动作过程

1. 电动机得电转动；

2. 电动机通过齿轮带动减速器；

3. 输出轴通过启动片带动主轴；
4. 锁闭齿轮随主轴逆时针方向旋转；
5. 拨动齿条块，使动作杆带动道岔尖轨运动；
6. 转换过程中，通过自动开闭器的接点完成表示。

第五节　计算机联锁基础知识

一、概念认知

为了保证列车在车站范围内的运行安全，进路、道岔和信号机之间存在的互相制约的关系称为联锁。

进路由道岔的位置所决定，在进路的入口处设有信号机进行防护。所谓建立进路，就是把进路上的道岔扳到进路所要求的位置上，然后再将该进路的防护信号机开放。若道岔的位置不正确，则不准信号机开放。一旦信号机开放后就不准许进路上的道岔再变换位置，直至信号机关闭或列车、车列越过道岔为止。

二、内容认知

联锁的基本内容包括防止建立会导致机车车辆相冲突的进路、必须使列车或调车车列经过的所有道岔均锁闭在与进路开通方向相符合的位置、必须使信号机的显示与所建立的进路相符。以下为联锁最基本的技术条件：

(1)进路上各区段空闲时才能开放信号。如果进路上有车占用，却能开放信号，则会引起列车、调车车列与原停留车冲突。

(2)进路上有关道岔在规定位置且被锁闭才能开放信号。如果进路上有关道岔开通位置不对却能开放信号，则会引起列车、调车车列进入异线或挤坏道岔。信号开放后，其防护的进路上的有关道岔必须被锁闭在规定位置，不能转换。

(3)敌对进路已建立时，防护该进路的信号机不能开放，否则列车或调车车列可能造成正面冲突。信号开放后，敌对进路必须被锁闭，防护敌对进路的信号不能开放。

1. 道岔、进路间联锁

道岔有定位和反位两个工作位置，进路则有锁闭和解锁两个状态。道岔位置正确，进路才能锁闭，进路解锁后，道岔才能改变其工作位置。这就是存在于道岔和进路之间的基本联锁关系，如图 1-5-1 所示。

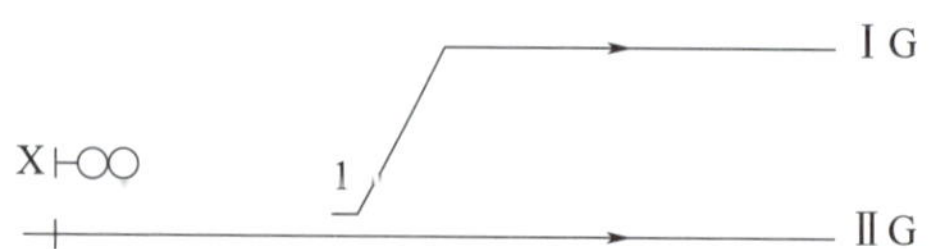

进路号	进路名称	道岔
1	Ⅰ道下行接车	(1)
2	Ⅱ道下行接车	1

图 1-5-1　道岔、进路间的联锁关系

图 1-5-1 中，进路 1 是Ⅰ道下行接车进路，进路 2 为Ⅱ道下行接车进路。进路 1 要求道岔 1 在反位；进路 2 要求道岔 1 在定位。从图中看出带括号的代表道岔在反位，不带括号的

则表示道岔在定位。意义是，进路 1 与道岔 1 之间有反位联锁关系，即道岔 1 不在反位，进路 1 就不能锁闭，反过来进路 1 锁闭后，把道岔 1 锁在反位位置上，不准许道岔 1 再变位。进路 2 与道岔 1 存在着定位锁闭关系，即道岔 1 不在定位，进路 2 就不能锁闭，反之当进路 2 锁闭以后，把道岔 1 锁在定位位置上，不准许道岔 1 再变位。

图 1-5-2 中，在下行 1 道接车进路的延续进路中有一条安全线。该安全线是为Ⅰ道下行接车进路设置的，因 X 进站信号机前方制动距离内有较大的下坡道(6‰以上)，列车进站后可能停不住车，所以它是为防止与上行Ⅱ道接车进路上的列车发生侧撞事故而考虑的。

当建立 3 道上行的接车进路时，需要把 4/6 号道岔防护到定位，避免 1 道下行的列车不住车经 4/6 反位与 3 道上行的列车相撞。防护道岔与进路的联锁关系，图中用中括号表示道岔在定位，[4/6]表示将道岔防护到定位，若防护到反位，则用[(4/6)]表示。

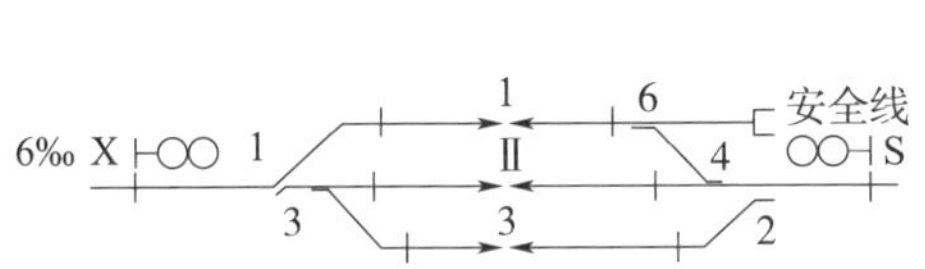

进路号	进路名称	道岔
1	1道上行接车	2,(4/6)
2	Ⅱ道上行接车	2,4/6
3	3道上行接车	(2),[4/6]

图 1-5-2 防护道岔与进路的联锁关系

2. 道岔与信号机之间的联锁

因为进路是由信号机防护的，故道岔与进路之间的联锁也可以用道岔与信号机之间的联锁来描述。

如图 1-5-3 所示，信号机 X 防护着两条进路。一条是Ⅰ道下行接车进路，要求 1 号道岔在反位；另一条是Ⅱ道下行接车进路，要求 1 号道岔在定位。因此信号机 X 与道岔 1 之间的联锁关系，既有定位锁闭关系，又有反位锁闭关系，称为定、反位锁闭，应记作“1,(1)”。

定、反位锁闭就意味着道岔 1 在定位时，允许信号机 X 开放，在反位时也允许信号机 X 开放，但不可以不采取锁闭措施，因为道岔除定位和反位以外，还有一种非工作状态，即不在定位也不在反位的状态，如道岔不密贴或被挤等，也就是说，道岔在不正常状态，是不允许信号机开放的。

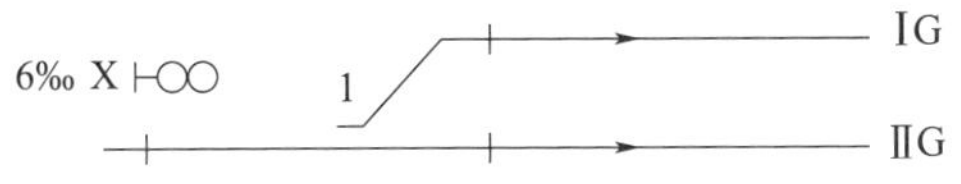

信号机名称	道岔
下行进站信号机	1,(1)

图 1-5-3 道岔与信号机的联锁关系

3. 进路与进路间的联锁

进路与进路之间存在着两种不同性质的联锁关系：一个是抵触进路，另一个是敌对进路。

(1)抵触进路如图 1-5-4 所示，下行接车进路有三条，即进路 1、进路 2 和进路 3。这三条进路要求道岔位置各不相同，且在同一时间只能建立起一条进路。一条进路锁闭以后，有关的道岔锁住，不可能再建立其他两条进路，把这样互相抵触的进路称为抵触进路。

(2)敌对进路 用道岔位置不能间接控制的两条进路，这两条进路又存在着抵触或敌对关系，称为敌对进路，进路 5 和进路 2 是敌对进路，进路 5 和进路 3 也是敌对进路。进路 5 是Ⅱ道上行接车进路，进路 2 是Ⅱ道下行接车进路，它们是同一股道不同方向的接车进路，

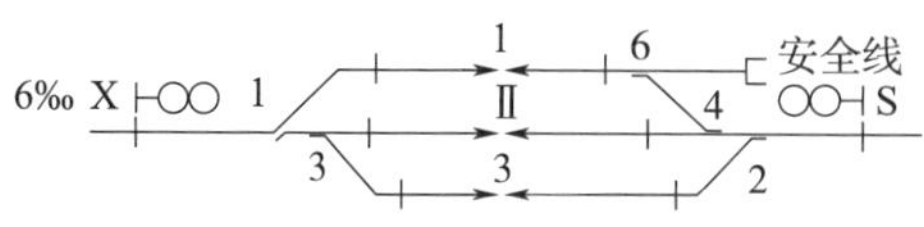

进路号	进路名称	敌对进路	抵触进路
1	1道下行接车	6	2,3
2	Ⅱ道下行接车	4,5,6	1,3
3	3道下行接车	4,5,6	1,2
4	3道上行接车	2,3	5,6
5	Ⅱ道上行接车	2,3	4,6
6	1道上行接车	1,2,3	4,5

图 1-5-4　进路与进路间的联锁关系

不能用道岔位置间接控制，允许同时接车有危险，所以这两条进路为敌对进路是很明显的。

(3)虽然进路 5 和进路 3 虽不属于同一股道的接车进路，但从Ⅰ道的上行端设有安全线这一点上来看，可知下行列车进站后，因为下坡道的坡度大，有可能到达股道后停不住车，因此，在考虑进路 5 与进路 3 是否是敌对进路时应涉及上述不安全因素。很明显，若下行进 3 道的列车停不住车，势必与进入Ⅱ道的上行列车相撞。因此，进路 5 和进路 3 是敌对进路。

三、计算机联锁系统特点

1. 人机对话

计算机联锁系统操纵设备已由过去操纵表示合一的按钮式控制台，变为操纵表示分离的数字化仪和大屏幕显示器，采用光笔或鼠标操作，既形象直观又方便灵活。

2. 软、硬件设计模块化

各种计算机联锁系统，在软、硬件设计时，均以信号设备即信号机、道岔、轨道区段为设计对象，根据站形选择不同数量的模块进行拼接，便于系统的设计和调试。

3. 硬件设备高可靠

为了提高计算机联锁系统的可靠性，各个环节的计算机均采用高可靠性的工业控制机，在系统设计时，采用动态冗余、故障切换等方式，减少系统停机的概率，保证系统可靠工作。

4. 软件采用双套程序

在软件设计时，采用不同版本，不同思路的两套软件。输入相同的信息，两套程序同时别运行，结果比较，若两结果一致，才可以输出。这样可以防止程序运行时发生错误。此外，种信息采用冗余编码，即用多个码元表示一个信息，这样在信息传输错误时，可以防止产生错误结果。

5. 信息传输

采用光缆或通信电缆作为传输线路，通信速度快；采用同步或异步通信的方式传输信息可以大大减少信息的传输错误。

6. 抗干扰

计算机联锁系统采用隔离变压器和高抗干扰稳压电源，外部设备和计算机之间采用光耦合，保证系统不受外界干扰。

7. 功能齐全

计算机联锁系统除了具有较强的联锁控制和显示功能外，还增加了较完善的系统自动试和故障诊断功能。

8. 预留接口

计算机联锁系统预留的接口可以与其他信息化设备直接连接，交换信息非常方便。

四、计算机联锁系统的基本功能

（一）联锁控制功能

计算机联锁系统具有6502电气集中联锁设备的所有功能，主要包括：

1. 对进路的控制：能够实现进路的自动选排、锁闭及解锁。
2. 对信号的控制：能够实现信号的自动开放、关闭及防止信号因故关闭后的自动重复开放。
3. 对道岔的控制：能够实现对道岔的单独操纵、单独锁闭及单独解锁。

（二）显示功能

由于采用大屏幕彩色显示器，计算机联锁系统能够提供非常直观、清晰、形象的各种显示。

1. 站形显示：在显示器上，平时用蓝色的线条显示出车站的站形，当道岔位置改变时，显示器上的道岔开通方向会随之改变。进路锁闭时，相关的线条变为白色；有车占用时，变为红色。

2. 现场信号设备状态显示：显示器上不但能清晰地显示道岔的位置，还能显示轨道区段和信号机的各种状态。

3. 按钮操作提示：值班员按下某一按钮后，在显示器上有相应的提示，以确认操作动作是否正确。

4. 系统的工作状态、故障报警显示：在屏幕上，不但能够显示系统的工作状态，而且当系统发生故障时，显示器上还有报警提示。

（三）记录储存和故障诊断功能

计算机联锁系统最突出的优点是储存容量大，具有较强的记忆功能，系统不但能够及时地提供当前的信息显示，而且还能提供历史的信息。

1. 自动记录功能。计算机联锁系统能够随时自动记录值班员的操作、现场信号设备的动作、车列的运行情况。上述所有的信息均保存24 h或一个月（甚至更长的时间），需要查询设备的动作或分析系统的故障时，可随时调用记忆期限内任意时刻的各种信息。

2. 提供图像作业再现功能。计算机联锁系统不但能保存信息，而且可以将记忆期限内任一时间的作业情况重新再现。根据需要可以选择快进、步进和正常三种再现速度。

3. 集中监测报警功能。计算机联锁系统一方面能够自动监测自身运行的状况，另一方面，在室外信号机、道岔或轨道电路等信号设备发生故障或参数异常时，及时给出报警提示，以便及时处理。

（四）结合功能

由于计算机联锁系统可以与列车调度指挥系统（TDCS）、调度集中（CTC）等远程自动化来的系统直接进行数据交换和信息传送，因此可以灵活地与其他系统结合，以实现多网合一，节省设备。

实践证明，计算机联锁设备与继电联锁设备相比还有较强的优越性：在技术上，计算机联锁系统功能完善，设备可靠性强，安全性高，灵活性大，便于维护；在经济上，设备投资成本低，占地面积小，可节省基建费用。由于计算机联锁设备具有较高的性能价格比，从长远观点看,发展计算机联锁具有广阔的前景。

五、计算机联锁设备的组成

计算机联锁设备由室内和室外设备构成。室内设备包括人机交互层、联锁控制层和I/O接口层设备。室外设备则包括信号机、转辙机和轨道电路等。计算机联锁设备可以分为五层,包括操作显示层、联锁逻辑层、执行表示层、设备驱动层以及现场设备层。计算机联锁系统的控制可以通过不同的配置来实现,如直接通过DSTT(接口控制模块)、STEKOP(现场接口计算机)或ESTT(电子元件接口模块系统)来控制现场设备。

复习思考题

1. 继电器的组成是什么?
2. 继电器的动作原理是什么?
3. 继电器的作用是什么?
4. 继电器如何分类?
5. 信号机如何分类?
6. 色灯信号机的种类有几种?
7. 轨道电路的组成是什么?
8. 轨道电路的作用是什么?
9. 转辙机的作用是什么?
10. 转辙机如何分类?
11. ZD6系列电动转辙机组成是什么?
12. 联锁的意义是什么?
13. 计算机联锁系统的基本功能有哪些?

第二篇　专 业 知 识

第二章　道岔转辙设备

第一节　ZYJ7 型电液转辙设备组成

ZYJ7 型电液转辙设备由 ZYJ7 型电液转辙机和 SH6 型转换锁闭器组成，各牵引点共用一套动力系统，两者间用油管相连。

一、ZYJ7 型电液转辙机组成

ZYJ7 型电液转辙机主要由动力机构、转换锁闭机构、表示锁闭机构、手动安全接点组成，具体如图 2-1-1 所示。

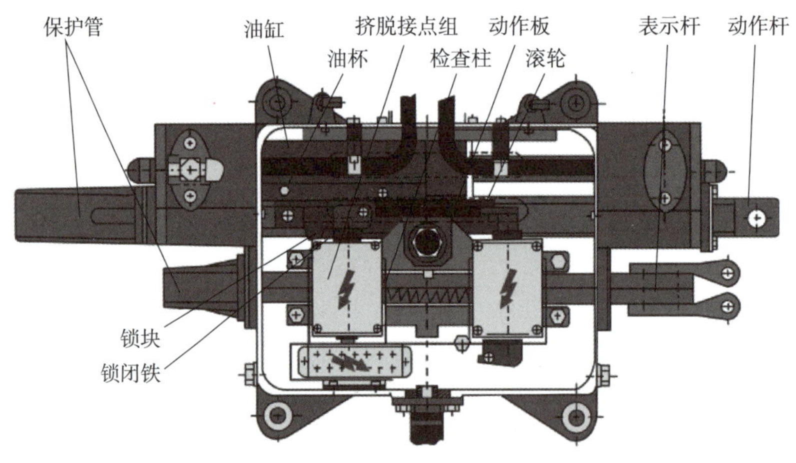

图 2-1-1　ZYJ7 型电液转辙机组成

（一）动力机构

作用：动力机构用于将电能转变为液压能。

组成：电机、连轴器、油泵、油管、单向阀、滤芯、溢流阀，及油箱。

三相交流 380V 电机通过连轴器带动油泵顺时针或逆时针旋转，分别由上、下两侧高压油口输出油液。油通过门字形左、右油管，分别与空动缸两侧相连，供给空动缸、主副机油缸。

（二）转换锁闭机构

作用：转换并锁闭尖轨在密贴位置，且能承受 90 kN 的轴向锁闭力，同时将尖轨锁在规定位置(到基本轨 160 mm±5 mm 的位置)。

组成:油缸、推板、动作杆、锁块、销轴、加强板及锁闭铁等。

液压油带动油缸向左或向右动作,带动动作杆左右移动。油缸上推板将动作杆锁在定或反位位置。

(三)表示锁闭机构

作用:正确反映尖轨、斥离轨状态,并将其锁在规定位置,且能承受 20 kN 的轴向锁闭力。

组成:接点组、锁闭杆等零部件。

锁闭柱与锁闭杆缺口关系如图 2-1-2 所示。

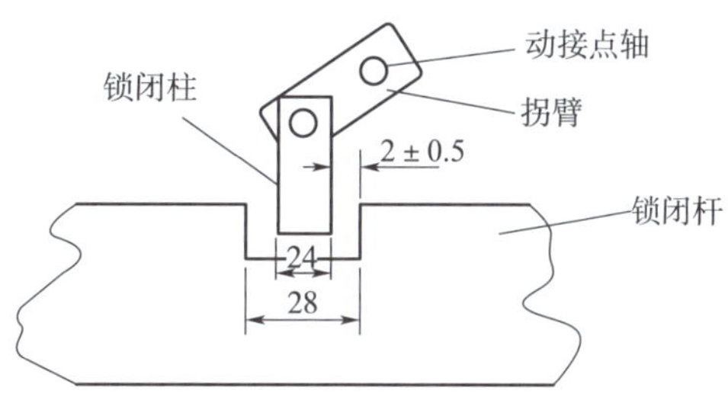

图 2-1-2 锁闭柱与锁闭杆缺口关系(单位:mm)

(四)手动安全接点(遮断器)

作用:手摇电机扳动道岔,切断电机启动电源,才能插入手摇把,非经人工恢复不能接通电路(断启动电源,但不断道岔表示)。

二、SH6 型转换锁闭器组成

SH6 型转换锁闭器主要包括转换锁闭机构、挤脱表示机构和手动机构,如图 2-1-3 所示。转换锁闭机构和主机相同,挤脱表示机构结构主要由挤脱接点组和表示杆组成,作用是正确反应牵引点处尖轨状态,并且有挤岔端表示功能,出厂时动作杆轴向挤脱力调至 27.4~30.4 kN 之间。

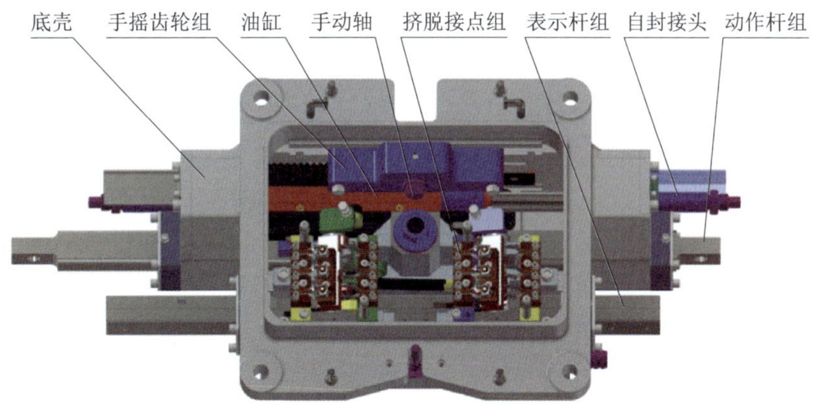

图 2-1-3 SH6 型转换锁闭器结构示意

(一)转换锁闭机构

转换锁闭机构的作用是转换并锁闭尖轨或心轨在终端位置,且锁闭尖轨或心轨后应能承受 98 kN 的轴向锁闭力。该机构主要由底壳、油缸、推板、动作杆、锁块、锁闭铁等组成。

(二)挤脱表示机构

挤脱表示机构的作用是正确反映尖轨或心轨状态,且具有挤岔断表示功能,挤脱力出厂调整为 26~30 kN。该机构主要由挤脱接点组、检查柱、表示杆等组成。

（三）手动机构

手动机构的作用是手动扳动道岔（手动操作前应先将液压站的安全接点断开，并将溢流阀松开）。该机构主要由手动齿轮组、齿条等组成。

三、外锁闭装置结构

（一）外动作装置

外动作装置由动作杆连接铁、通长动作杆、锁框、定位螺丝、限位块、限位铁、锁钩、尖端连接铁、销轴、锁闭铁组成。

（二）外表示装置

外表示装置由长表示杆、短表示杆、表示杆连接铁（三角铁）组成。

第二节　ZYJ7 型电液转辙机工作原理

一、液压传动原理

液压系统包括：①动力元件：油泵，用来把机械能传递给液体，造成液体的压力能。②控制元件：包括压力阀、溢流阀、调节阀、单向阀等阀类，用以调节和控制液体的压力、流量及方向，以满足机械工作性能要求，实现各种不同工作循环。③执行工作元件：包括旋转式电机或往复式油缸，用以把液体的压力能转换为机械能，输出到工作机械上。④辅助元件：包括油箱、油管、管接头、蓄能器、滤油器等。

液压传动是借助处在密闭容器内的液体的压力来传递能量获动力。液体容积变化极小，当被容纳于密闭的系统之中时，就可以将压力由一处传递到另一处。当高压液体在管道、油缸中流动时，就能传递机械能。该系统为闭式系统，当电机带油泵逆时针旋转时，油泵从油缸右侧腔吸入油，泵出的油使油缸左腔体积膨胀，油缸（主、副）向左侧移动。当油缸到位停止动作时，接点系统断开启动电源，接通新的表示电路。当因故不能到位时，泵从油箱经右边单向阀吸入油，泵出的油经左侧的滤油器和溢流阀回到油箱，如图 2-2-1 所示。

反之，电机顺时针旋转时，动作情况与上述相反。为改善交流电机的启动特性，油缸并联了启动缸。另外，主、副机进出油缸之处加装了流量调节阀，用于调节主、副机在转换道岔时实现近似同步动作。

（一）液压传动的优点

（1）借助于油管连接可方便地布置传动机构。

（2）液压传动装置质量小、结构紧凑。

（3）可方便地实现无级调速，调速范围大。

（4）工作平稳、无冲击，易实现过载保护。

（5）以油为介质，相对运动表面可自行润滑，使用寿命长。

（6）借助各种控制阀，可实现运行自动化。尤其采用电、液联合控制，可实现高程度的自动控制。

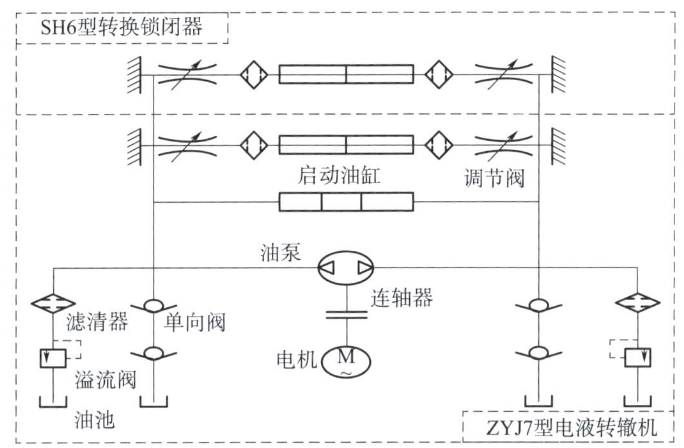

图 2-2-1 液压传动原理

（二）液压传动的缺点

(1)传动效率低,容易出现泄漏。

(2)受温度变化影响大,温度上升,黏度下降,导致泄漏变化。

(3)空气渗入液压系统后,会引起系统工作不良。

(4)制造精度高,价格昂贵,使用和维修水平要求高。

(5)液压油易受污染,加剧元件的磨损和堵塞,导致性能变坏,寿命降低。

二、转辙机机械动作原理

（一）转换锁闭机构转换锁闭过程(图 2-2-2)

电机经连轴器带动油泵顺时针方向旋转,由于活塞杆固定不动,使油缸向右动作,油缸侧面的推板接触反位锁块后,油缸继续向前移动时通过推板和反位锁块带动动作杆向右移动,同时定位锁块开始解锁,当油缸走完解锁动程后,反位锁块和定位锁块处于锁闭铁和推板的间隙内,油缸继续通过推板和反位锁块带动动作杆向右移动,当动作杆继续移动到反位锁块与锁闭铁的锁闭面将要作用时,开始进入锁闭过程,继续向右移动 15.2 mm,将反位锁块推入锁闭铁的反位锁闭面,反位尖轨密贴于基本轨,此时,动作杆的行程为 7.6 mm,因此,在尖轨密贴时,动作杆上的转换力可增加一倍,当尖轨密贴于基本轨后,油缸继续向右移动,动作杆不动作,油缸侧面的推板进入反位锁块的锁闭面,进入锁闭状态。

电机经连轴器带动油泵顺时针方向旋转,由于活塞杆固定不动,使油缸向右动作,油缸侧面的推板接触反位锁块 后,油缸继续向前移动时通过推板和反位锁块带动动作杆向右移动,同时定位锁块开始解锁,当油缸走完解锁动程后,反位锁块和定位锁块处于锁闭铁和推板的间隙内,油缸继续通过推板和反位锁块带动动作杆向右移动,当动作杆继续移动到反位锁块与锁闭铁的锁闭面将要作用时,开始进入锁闭过程,继续向右移动 15.2 mm,将反位锁块推入锁闭铁的反位锁闭面,反位尖轨密贴于基本轨,此时,动作杆的行程为 7.6 mm,因此,在尖轨密贴时,动作杆上的转换力可增加一倍,当尖轨密贴于基本轨后,油缸继续向右移动,动作杆不动作,油缸侧面的推板进入反位锁块的锁闭面,进入锁闭状态。

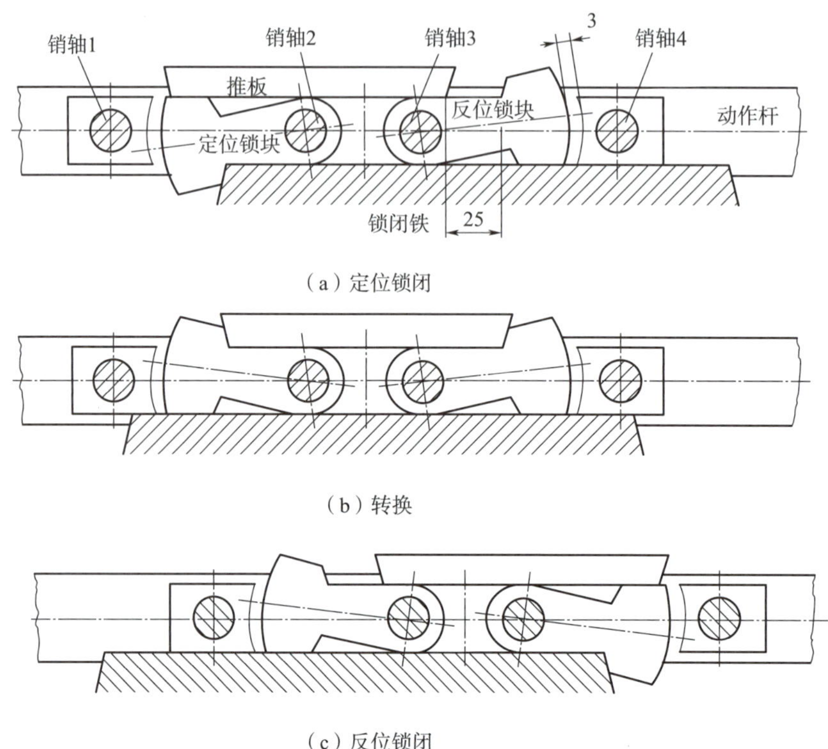

（a）定位锁闭

（b）转换

（c）反位锁闭

图 2-2-2　转换锁闭过程(单位:mm)

（二）表示锁闭机构动作原理(图 2-2-3)

当油缸向右移动,动作板的斜面推动接点组转换,断开原表示接点。当尖轨密贴于基本轨后,油缸继续向前移动接近锁闭时,接点组的启动片在接点组拉簧的动作下快速掉入动作板上速动片圆弧内,快速切断电源,接通反位表示,同时锁闭柱插入锁闭杆缺口内,锁闭尖轨。

当油缸向右移动,动作板的斜面推动接点组转换,断开原表示接点。当尖轨密贴于基本轨后,油缸继续向前移动接近锁闭时,接点组的启动片在接点组拉簧的动作下快速掉入动作板上速动片圆弧内,快速切断电源,接通反位表示,同时锁闭柱插入锁闭杆缺口内,锁闭尖轨。

（三）挤脱表示机构动作原理

挤脱表示机构的表示部分的工作原理与锁闭表示机构的表示部分的工作原理相同;当电液转辙机处于锁闭位时,若油缸不动,尖轨带动动作杆和表示杆向左移动时,动作杆通过锁块推动锁闭铁一起向左移动,锁闭铁顶起挤脱块,同时表示杆斜面推动检查柱向上移动,从而断开表示接点,实现挤脱断表示功能。

三、钩型外锁闭装置结构及动作原理

（一）钩型外锁闭装置结构

钩型外锁闭装置由锁闭框、尖轨连接铁、锁钩和锁闭柱四部分组成。锁闭框主要由锁闭

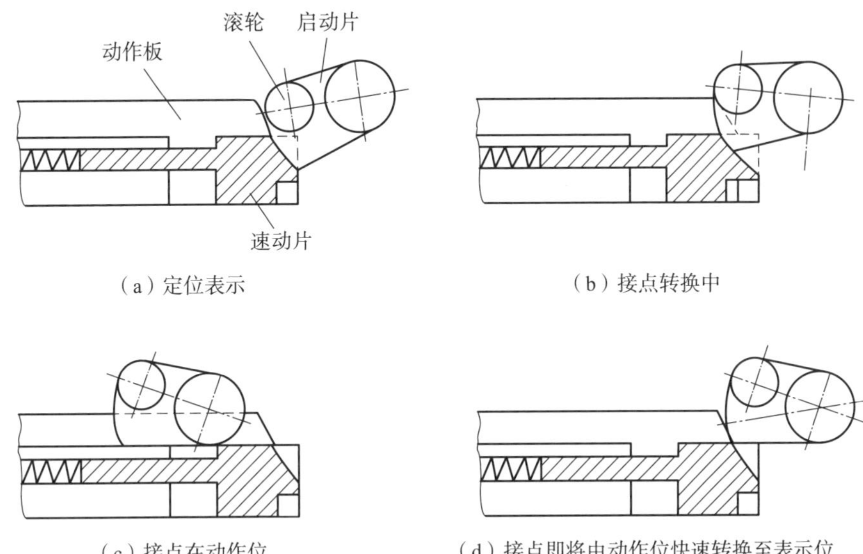

（a）定位表示

（b）接点转换中

（c）接点在动作位

（d）接点即将由动作位快速转换至表示位

图 2-2-3 表示锁闭机构动作原理

框、锁闭铁、调整片和锁闭杆导向销组成。

在锁闭框的安装定位面的选择上，采用轨头和轨底边定位，安装方便，定位精度大为提高。尖轨密贴调整片的位置在锁闭铁和锁闭框间，调整方便且不影响开口。尖轨连接铁的跨距达 150 mm，可大大提高抗尖轨爬行的能力和连接刚度，对其中的薄弱零件销轴采用 40Cr 钢，提高了销轴的强度。

锁钩的设计主要考虑销孔与销轴的配合和两者间的结合面的长度，既保证在尖轨扳动时产生的摆动不影响尖轨的密贴和外锁闭装置的锁闭，又保证一定的接触面长度满足耐磨耗的要求，同时增设了限位板保持与锁闭杆的相对位置。

考虑转辙机安装使用多点多机牵引，动作连接杆采用直杆连接，锁闭杆的连接孔为水平方向，可以减少转辙机上下振动对连接销孔的别劲。另外，钩型外锁闭装置的高度降低，提高了转辙机及其安装装置的高度。同时在锁闭杆上增加了导向槽，保证了外锁闭的可靠转换。

（二）钩型外锁闭装置动作原理

如图 2-2-4 所示，从位置 1 到位置 2，锁闭杆移动带动锁钩，并通过尖轨连接铁使斥离尖轨向密贴方向移动；同时对密贴尖轨，锁闭杆凸台滑入锁钩缺口，到达位置 2，密贴尖轨解锁，两尖轨同时移动。

从位置 2 到位置 3，原斥离尖轨密贴并开始锁闭，原密贴尖轨继续移动。

从位置 3 到位置 4，原斥离尖轨锁闭完毕，原密贴尖轨继续移动并到达规定位置，外锁闭完成一个解锁、转换、锁闭过程。

从图 2-2-4 中锁钩受力情况可以看出：锁钩受力可以分解为水平方向和垂直方向，对尖轨形成一个水平密贴力和一个垂直向下的力，可以提高外锁闭对尖轨状态的适应能力，并使锁闭更为可靠，提高了外锁闭装置的可靠性。

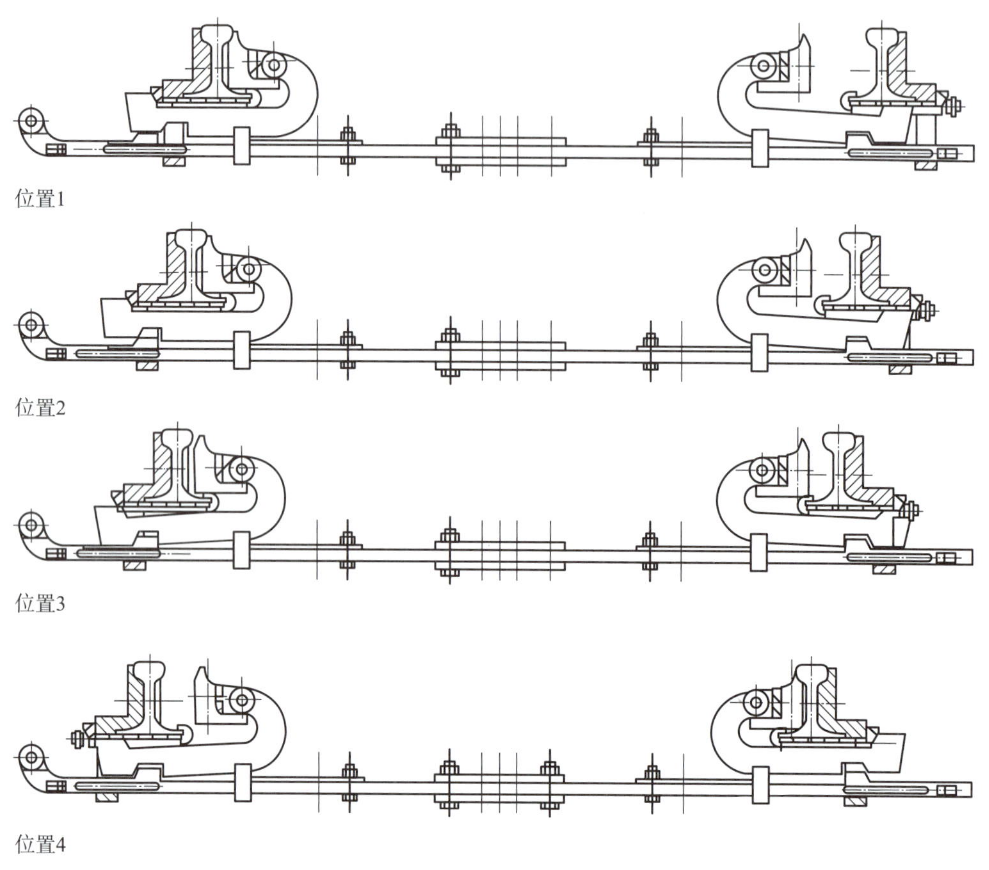

图 2-2-4　钩型外锁闭动作流程

第三节　道岔控制电路

道岔控制电路是铁路信号联锁的基本电路，分启动电路和表示电路。启动电路指动作转辙机的电路，表示电路指把道岔位置反映到信号楼中心电路。ZYJ7 型电液转辙机采用五线制道岔控制电路，在五线制电路中，室内外联系线路由五根电缆芯线组成，分别命名为 X1 至 X5。X1 线为定反位动作和表示公用线，X2 为反位向定位动作及定位表示线，X3 为定位向反位动作及反位表示线，X4 为定位向反位动作及定位表示线，X5 为反位向定位动作及反位表示线。五线制电路的最大特点为启动、表示电路均需占用三根线路。

一、道岔启动电路

如图 2-3-1 所示，当进路操纵道岔由定位向反位转换时，使 1DQJ 吸起，电路为：KZ—$CFJ_{22\text{-}21}$—DGJ—$1DQJ_{4\text{-}3}$—$2DQJ_{141\text{-}142}$—$FCJ_{31\text{-}32}$—KF。

1DQJ 吸起后，1DQJF 随之吸起，电路为：KZ—$1DQJF_{1\text{-}4}$—$TJ_{33\text{-}31}$—$1DQJ_{32\text{-}31}$—KF。1DQJF 吸起后接通 2DQJ 转极电路，其电路为：KZ—$1DQJF_{31\text{-}32}$—$2DQJ_{2\text{-}1}$—$FCJ_{31\text{-}32}$—KF。

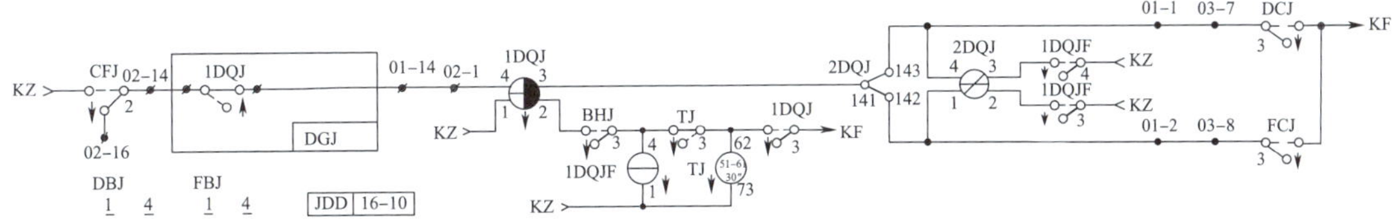

图 2-3-1 ZYJ7 型转辙机道岔启动电路

二、道岔表示电路

五线制道岔表示电路用道岔表示继电器线圈与半波整流二极管并联的方式构成，并对室外三相电机的线圈是否良好进行检查，一旦线圈断线，道岔将失去表示，如图 2-3-2 所示。

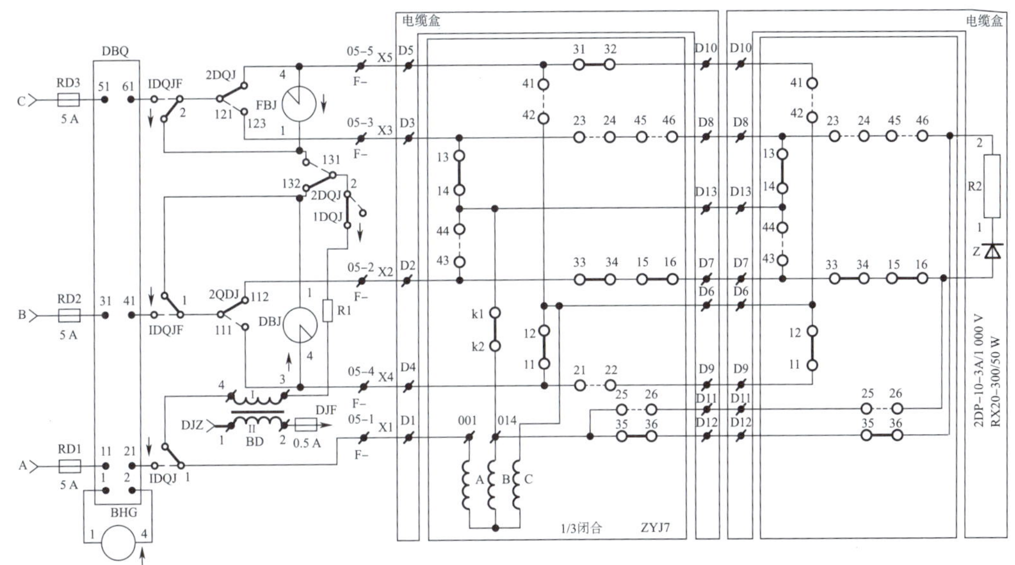

图 2-3-2 ZYJ7 型转辙机道岔室内表示电路

（一）定位表示

DBJ 励磁电路在电源负半周时接通。

正半周：BD$_{II\text{-}3}$—R1—1DQJ$_{23\text{-}21}$—2DQJ$_{131\text{-}132}$—1DQJF$_{13\text{-}11}$—2DQJ$_{111\text{-}112}$—转辙机接点 33-34—转辙机接点 15-16—密贴检查器接点 33-34—密贴检查器接点 15-16—二极管 Z—R2—密贴检查器接点 36-35—转辙机接点 36-35—电动机绕组 B—电动机绕组 A—1DQJ$_{11\text{-}13}$—BD$_{II\text{-}4}$。

负半周：BD$_{II\text{-}3}$—R1—1DQJ$_{23\text{-}21}$—2DQJ$_{131\text{-}132}$—DBJ$_{1\text{-}4}$—转辙机接点 11-12—电动机绕组 C—电动机绕组 A—1DQJ$_{11\text{-}13}$—BD$_{II\text{-}4}$。

在电源正半周时，经整流二极管 Z 构成回路，电能消耗在电阻 R2 上。在电源负半周时，二极管不导通，使 DBJ 吸起，DBJ 吸起检查了电动转辙机的定位接点接通。

（二）反位表示

FBJ 励磁电路在电源正半周时接通。

正半周：$BD_{Ⅱ-3}$—R1—$1DQJ_{23-21}$—$2DQJ_{131-133}$—FBJ_{1-4}—转辙机接点 41-42—电动机绕组 C—电动机绕组 A—$1QDJ_{11-13}$—$BD_{Ⅱ-4}$。

负半周：$BD_{Ⅱ-3}$—R1—$1DQJ_{23-21}$—$2DQJ_{131-133}$—$1DQJF_{23-21}$—$2DQJ_{121-123}$—转辙机接点 23-24—转辙机接点 45-46—密贴检查器接点 23-24—密贴检查器接点 45-46—R2—二极管 Z—密贴检查器接点 26-25—转辙机接点 26-25—电动机绕组 B—电动机绕组 A—$1DQJ_{11-13}$—$BD_{Ⅱ-4}$。

电源在正半周时，二极管 Z 不能导通，使 FBJ 吸起。FBJ 吸起检查了电动转辙机的反位接点接通。在电源负半周时，经整流二极管构成回路，电能消耗在电阻 R2 上。

第四节　道岔转辙设备的技术管理

一、技术特点

1. 整套系统质量轻、安装简便灵活、易于维护、维修工作量小。
2. 具有双杆锁闭功能。
3. 两点间采用油管传输，可避免机械磨损和旷动，安装简便，维护工作量小，适用于多点牵引。
4. 采用两点式多点牵引时，SH6 型转换锁闭器与信号楼间不必铺设电缆，也不必增加控制电路和电源容量，投资较小。
5. 采用铝合金壳体，使整机质量小，机械强度高，便于施工安装。
6. 整体采用了液压传动、机械锁闭，使得磨损小，寿命长，锁闭可靠。
7. 油缸的密封采用了国际先进的填充聚四氟乙烯组合密封，密封性能优良，寿命长，耐候性好。
8. 采用了专利技术的新型油泵，传动摩擦部位采用了复合减磨材料，提高了效率，单线电阻达到了 54 Ω。
9. 排故接点采用全封闭和圆弧接点两种结构，全封闭接点采用德国沙尔特堡开关，不需清扫，但实践证明，其不适合中国的气候环境，目前生产的已全部是圆弧接点。
10. 机内配线采用 F-46 镀银氟塑料 0.75 mm^2 多股软线，适用范围广、阻燃，端头采用国际通用的冷压端头，采用定力压钳压接工艺，保证了质量，线号采用定码套管，便于现场维护检查。
11. 溢流压力稳定易调整，不受气候、温度影响。
12. 电机采用 380 V 三相交流，基本做到无故障、寿命长。
13. 密封采用空军标准，满足长寿命的要求。
14. 挤脱连接器采用了新型的环形弹簧，耐疲劳、寿命长。
15. 油箱内增加了吸泥磁钢，提高了系统工作的可靠性。
16. 油缸进口增加了过滤器等。
17. 接头采用万特塞长套式管接头。

二、设备整治技术要求

分动外锁闭提速道岔设备整治技术要求分为电务技术要求和相关工务技术要求两部

分，维护人员需全面熟悉掌握，才能有的放矢地做好病害整治工作。

（一）电务主要技术要求

1. 电液转辙机的最大额定转换力 6 000 N，动作电流应不大于 2 A。

2. 电液转辙机锁闭柱缺口两侧间隙为 2.0 mm±0.5 mm，转换锁闭器检查柱缺口两侧间隙为 4.0 mm±1.5 mm。

3. 外锁闭道岔尖轨第一牵引点动程为 160 mm±3 mm（心轨 117 mm±3 mm），锁闭量不小于 35 mm，且两边锁闭量偏差不大于 2 mm；尖轨第二牵引点尖轨动程为 75 mm±3 mm（心轨 68 mm±3 mm），锁闭量不小于 20 mm，且两边锁闭量偏差不大于 2 mm。转换设备的安装与道岔应成方正。

4. 设有外锁闭装置的尖轨、心轨第一锁闭杆处的尖轨与基本轨间、心轨与翼轨间插入 4 mm 厚、20 mm 宽的钢板时，道岔不得锁闭，且不得接通道岔表示电路。

5. 具有两个及其以上牵引点的分动外锁闭道岔，其尖轨竖切部分任意两牵引点间，在尖轨与基本轨间插入 10 mm 厚、20 mm 宽的钢板时，均不得接通道岔表示电路。

6. 外锁闭道岔，在道岔尖轨、心轨竖切段内各牵引点锁闭杆处的尖轨与基本轨间插入 2 mm 厚、20 mm 宽的钢板时，道岔应可靠锁闭，且能够接通道岔表示电路。

7. 外锁闭道岔拉杆（板）与钢枕间隙应不小于 10 mm。

8. 尖轨、心轨与滑床板接触良好，连续 4 块中必须有 3 块接触。

9. 转辙机动作杆与弯头联结杆、锁闭杆成一直线。

（二）工务相关技术要求

1. 轨距允许误差为（−2～+3）mm。

2. 水平允许误差应小于或等于 4 mm。

3. 轨向允许误差应小于或等于 4 mm。

4. 高低允许误差应小于或等于 4 mm。

5. 两根尖轨根端相错量应小于或等于 20 mm。

6. 长芯轨爬行量为（0～+10）mm。

7. 尖轨与滑床台间缝隙小于或等于 2 mm。

8. 钢岔枕每侧 4 块滑床板中，不少于 3 块密贴。

9. 尖轨与基本轨、可动心轨与翼轨在第一牵引点处缝隙应小于或等于 1 mm，其他部位应小于或等于 2 mm。

10. 尖轨、可动心轨轨腰与顶铁缝隙应小于或等于 2 mm。

11. 基本轨曲折点矢度允许误差应小于或等于 1 mm。

第五节 ZYJ7 型电液转辙机维护

一、道岔安装装置检查

1. 基础托板应安装牢固，与钢轨轨面平行、不下垂。上翘时，最大不超过 20 mm，固定螺栓紧固，无旧伤裂纹，钢枕内无石砟和杂物。

2. 各部螺栓紧固,放松措施可靠。

3. 各种杆件平顺,不与其他无关部件相碰。

4. 各部绝缘状态良好。

5. 道岔设备周围 1 m 范围内无杂草杂物。

二、外锁闭装置检修

（一）转辙机机外部分

1. 外锁闭框及锁钩

外锁闭框及锁钩应定期油润并保持清洁。锁钩解锁是利用自身重力绕钩轴落下来实现,如果钩锁与锁框及钩轴等活动部位不油润或清洁(如钩框间有沙粒等),则钩锁落下的阻力矩就增大,锁钩下落不到位,极易造成钩锁不落槽,道岔不解锁的故障,日常养护时应保证每星期对各活动部位清扫加油两次及雨后迅速补加油,以保证钩锁顺利解锁及减少附加转换阻力。

锁钩调整过紧会使道岔锁闭和解锁过程困难,易造成不锁闭或不解锁的故障。密贴过松会造成道岔尖轨与基本轨有 4 mm 间隙,道岔仍能给出表示,使机械锁闭失效,同时因密贴过松使带动板与滚轮间隙减少,有可能在过程中断开道岔表示。钩锁框与锁钩斜面间隙应为 0～0.2 mm。

2. 限位块

限位块到锁闭框的距离规定为 0～3 mm,检修中应注意此项。

3. 表示杆、锁闭杆

(1)由于道岔是通过独立的长、短表示杆与机内的定反位内表示杆连接的,在安装杆件或调试道岔缺口时,紧固外长表示杆很容易造成相应的内表示杆水平翻转,使本应在垂直方向基本密贴的两内表示杆在上端或下端出现张口,在道岔转换时出现内表示杆与转辙机机体方孔套磨卡,增加了附加转换阻力,基地测试的数据表明此张口会使动作压力增加 1 MPa 左右或转换不到底,造成设备故障,可见影响之大。现场调试时应控制张口不大于 0.5 mm,用扳手卡住外表示杆与尖轨连接处顺水平翻转的反方向用力,即可消除张口。

(2)确保锁闭框与锁闭杆不磨卡。

锁闭框与锁闭杆磨卡道岔转换阻力就要增大,要保证不磨卡,就必须保证两基本轨锁闭框中线与外锁闭杆的中线在垂直方向重合,否则在转辙机的动力作用下就会使两基本轨锁闭框与外锁闭杆侧边磨卡,道岔附加转换阻力急剧加大,使道岔不能正常转换。观察道岔转换过程中锁闭框与外锁闭杆是否磨卡,发现磨卡就应松开两边锁闭框固定螺栓,来回操纵几遍道岔,利用外锁闭杆来回动作纠正锁闭框位置,再人工微调锁闭框位置,确保道岔转换过程中锁闭框与外锁闭杆不磨卡。另外,道岔转换过程尖轨绕跟部做扇形运动,如果转辙机内动作杆与外锁动作杆连接过紧不能活动,在转换过程中外锁动作杆不能适应扇形运动就必然造成转换过程中锁闭框与锁闭杆磨卡,使道岔转换阻力增大,极易造成道岔转换不到位故障。

4. 定位螺栓

定位螺栓位置如图 2-5-1 所示。检修中必须保证定位螺栓紧固,定位螺栓松动会造成锁闭杆窜动移位、脱落，导致锁钩跳动、不能正常锁闭。

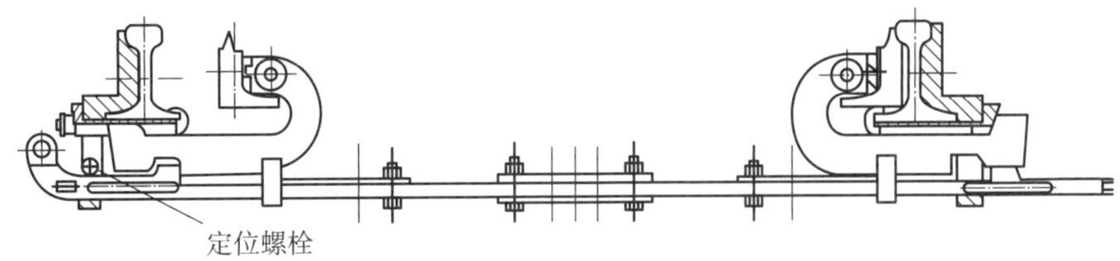

图 2-5-1 定位螺栓位置

（二）转辙机机内部分

1. 惯性轮动作灵活

惯性轮的作用就是电转机转换到位后防止电机倒转。电机倒转的原因是：电机正转时油泵向动作定位油缸一端输送液压油，当动作油缸到位后动接点切断启动电路，这时进入油管的液压油依然处于高压状态下电机突然停转，液压油要返回油箱，在返回油箱的途中要经过油泵推动油泵反转，然后油泵带动电机反转，就在这时向正转的惯性轮应缓速解锁阻止电机反转停下，因此惯性轮缺油或卡死，不能阻止电机反转，惯性轮也跟随反转，产生惯性使定位一侧液压油向反位油缸输送造成油缸后退，这就是由于惯性轮缺油导致的作用不良。造成掉表示原因有两个：一是惯性轮卡阻；二是惯性轮轴芯缺油。

惯性轮应动作灵活，检测方法：用手拨动惯性轮，惯性轮能有三圈以上空转，这是正常现象，若惯性轮跟随电机转子转动属卡阻现象，应按周期进行注油。

2. 锁闭铁与锁闭块间应无间隙

内锁闭铁若与锁块有间隙，会造成密贴轨反弹掉表示，发现转辙机内锁有间隙要及时调整。调整方法：松开锁闭杆齿条连接铁将动作杆向机内推动调整为零。

3. 油标尺

液压油应保证处于油标上限。

4. 防止油缸导杆两头光六角 20 螺帽松动

油缸导杆两头光六角 20 螺帽一旦松动，会造成机内速动板偏移，速动板偏移后会挤掉速动板与速动滚轮 2 mm 间隙，最后将速动滚轮托起断开表示。

5. 油路系统无漏油

电液转辙机在正常工作时，一般情况下对小漏油现象不易观察、判断，小漏油的故障判断方法：把正常转换的道岔夹上 4 mm 故障试验铁板，这时油压就会升高到 11～12 MPa，再去查找漏油现象，判断时重点是各部接头、油泵螺丝和连接油管等，如果是漏油就不难发现。若漏油应采取措施，拧紧各部螺丝，紧固各接口件时，切忌用 300 mm 的活口扳手，应用单头扳手来紧固，力度适中。

6. 调整主副机动作同步

ZYJ7 型电液转辙机为主机，副机为 SH6 锁闭器，副机的动力靠主机油管向副机供油，油量供应的大小靠调整主机的油量调节阀调整，当主机和副机油量供应不平衡时，会出现主机和副机不同步现象，有时造成道岔操不到位的故障。

解决方法：先将油量调节阀调到底，再调上来 4、5 圈，然后进行现场操纵试验确认，基本上可以解决主机和副机不同步的问题。

7. 管理道岔动作压力和道岔转换时间

将道岔动作压力和道岔转换时间纳入电气特性管理。并建立台账。

车间组织检修工区利用每次检修道岔测试的动作压力数据和值班工区分析集中监测记录的数据建立每组道岔的动作压力、道岔转换时间台账,通过分析这些数据能掌握道岔状态的变化过程,用于指导道岔维修。在配合工务作业时,应注意测量动过道岔转辙部分后的动作压力数据,充分利用集中监测系统,查看道岔转换时间及动作曲线,以便及时发现道岔转动状态变化的情况。

8. 加强车、工、电联合作业

利用集中监测系统,对道岔动作曲线进行统计分析,当发现道岔动作曲线有异状,要及时对道岔各部进行检查,加强车、工、电联合作业,消除各部不正常的转换阻力,并定期检查道岔的几何尺寸,发现问题及时联整,以防止道岔固有转换阻力超限。日常工作中应经常注意保持滑床板油润,以减少道岔附加转换阻力。

三、ZYJ7 型电液转辙机技术标准

1. 60kg 12 号提速道岔:第一牵引点开程 160 mm±5 mm;第二牵引点开程 75 mm±5 mm。

2. ZYJ7 型电液转辙机锁闭柱缺口两侧间隙:2 mm+0.5 mm ;二牵间隙:4 mm±1.5 mm。

3. 限位铁间隙:0~3 mm。

4. 动作压力不大于 9.5 MPa,溢流压力不大于 12.5 MPa。

5. SH6 型转换锁闭器钩锁框与锁钩斜面间隙 0~0.5 mm。

6. 一牵密贴间隙不大于 0.5 mm,二牵密贴间隙不大于 1 mm。

四、ZYJ7 型电液转辙机油管路检修

(1)检查配线端子、螺母、垫片齐全,线头不松动,无反线环,套管字迹清楚、不脱落。

(2)检查接点座安装牢固、完整、无裂纹,各接点组接触、断开良好。动接点不松动,动接点环良好并不得低于静接点片。静接点须长短一致,相互对称,接点片不弯曲、扭斜,辅助片作用良好。

(3)用白市布或麂皮擦拭接点。动接点在静接点片内的接触深度不小于 4 mm,用手扳动接点,其摆动量不大于 3.5 mm。动接点与静接点座间隙不小于 3 mm,接点接触压力良好。启动片落下前,动接点在静接点内有窜动时,应保证接点接触深度不少于 2 mm。

(4)启动片的轴向窜动,应保证启动片与动作板及盖板之间的间隙不小于 0.2 mm。转辙机在动作过程中,启动片尖与动作板之间的间隙应不小于 0.3 mm。

(5)启动片上的滚轮在动作中,应在动作板上滚动灵活,落下后不得与动作板底座相碰,滚轮与动作板斜面间隙应小于 0.5 mm。

(6)当道岔转换到位时,启动片尖端离开速动片时,能快速切断动作接点,且惯性轮与电机轴摩擦作用良好,接点不得反弹,手动检查不抱死,防止惯性轮失效。

(7)在动作杆、锁闭杆、表示杆正常伸出和拉入过程中自动开闭器的拉簧弹力适当,作用良好,保证动接点迅速转接并带动锁闭柱、检查柱上升和下落。

(8)检查各部机件螺栓紧固良好,漆封齐全或防松措施良好。开口销齐全,劈开角度应为60°～90°,两臂劈开角度基本一致。

(9)检查手摇把挡板及遮断开关的功能,当遮断开关接通时,手摇把应不能插入摇把孔内。

(10)检查锁闭铁、推板与锁块之间,锁闭柱、检查柱与接点座之间,缸套与底壳两摩擦面之间,滚轮与动作板之间等活动摩擦面上,速动片与启动片等部位涂注TR-1润滑油脂(或适合使用环境下的优质润滑油脂)是否良好。

(11)在锁闭位锁块与锁闭铁的接触面应不小于2/3,在动作位锁块与锁闭铁的间隙不大于0.6 mm。

(12)电液转辙机锁闭柱缺口两侧间隙为2.0 mm±0.5 mm,转换锁闭器检查柱缺口两侧间隙为4.0 mm±1.5 mm。

(13)检查交流电动机应转动自由,无过热、磨卡,动作时无过大噪声。

(14)安全接点应接触良好,接触深度应大于或等于4 mm,接点磨耗不超过其厚度的1/2,断开安全接点时应能可靠断开电源,接点断点开距离应大于或等于2.5 mm。只有人工恢复安全接点,才允接通电路。

(15)检查油缸及各密封部件是否漏油,油量应在油标上下限之间,不足时,用专用注油器由注油孔将YH-10号航空液压油注入油箱,使油面至油标上限。注油时防止杂物进入油箱。

(16)油路系统内无憋气,转换时应保证有足够的工作压力,转换速度应能做到主、副机动作基本同步。

(17)电机油泵联轴器配合良好,转动时,无卡阻、不别劲、无过大噪声,油缸动作杆动作平稳无颤抖。转辙机转换终了,油缸无反弹。

(18)检查转辙机及转换锁闭器的动作杆、锁闭杆、表示杆的伸出端外露部分无锈蚀,进出口毡垫和机外接头、各连接销注适合环境下的润滑油。

(19)动作杆在圆孔套内的旷量应小于或等于0.5 mm。

(20)油管连接牢固,无漏油、渗油现象,防护良好,弯曲半径得小于100 mm。走地下时,两端应留有足够余量,保证列车通过时,下振动油管不受力;走地上时,油管不得埋入石砟内,油管在两端与防护槽钢引入口及与角钢接触处应防护良好,列车通过时,上下振动油管不摩擦、受力。

(21)挤脱装置作用良好,无移位,挤脱器各部螺帽松紧适宜,开口销铅封齐全。

(22)引入线防护良好。

(23)检查锁闭杆、表示杆窗口位置是否变化。防护槽钢应固定良好,支架不倾斜。

(24)检查盖轴、锁头,锁扣动作是否灵活,注油防锈。

五、电缆箱合检查

(1)箱合无裂纹、不破损,基础完整、不倾斜,标记铭号清晰,培土良好,周围无杂草。

(2)盘根或橡胶压条作用良好,不进水和灰尘。箱合内部整洁无异物、废孔,配线整齐,不破皮、老化。螺母垫片齐全紧固，线头不松动。端子铭牌、图纸清晰完整。

(3)箱盒内的端子板及器材固定良好。线头、端子无氧化，电缆线裸露直线长度应小于或等于 1 mm。

(4)检查表示二极管、电阻等元器件，应无过热、异常等现象。

(5)各部清扫，箱合活动部位注油，加锁完整。

六、道岔调整方法

当需要进行道岔调整时，应先调整道岔密贴，然后调整道岔锁闭杆及表示杆缺口间隙。

(1)道岔开口的调整方法：首先通过调整安装装置动作拉杆，使两侧开口相差不超过 3 mm，然后检查道岔开口是否符合规定要求，若开口大时，可通过减少密贴调整片，同时在尖轨连接铁和尖轨间加装调整垫调整，如一动左侧开口为 161 mm 时，可通过减少 2 mm 密贴调整片，加 2 mm 调整垫将道岔开口调整为 159 mm，并将限位块与锁闭柜间调整在 1～3 mm 之间。

(2)道岔密贴调整方法：在锁闭柜组处通过增减调整片调整，满足要求后拧紧固定锁闭铁的螺母。

(3)缺口调整方法：尖轨第一、第二牵引点分别调整表示连接杆螺母，定、反位互不影响，调整适当后紧固；心轨的第一牵引点先调伸出，后调拉入，然后坚固调整螺丝。

(4)外部清扫、注油方法：用钢丝刷、毛刷清扫安装装置各部螺栓、密贴调整杆和表示杆螺扣、锁子并对上述部位注入适量机油。

七、试验、销记

(1)扳动试验，观察道岔动作正常，密贴良好。各活动部位无异声、卡阻现象。

(2)在道岔尖轨、芯轨竖切段内各牵引点锁闭杆处的尖轨与基本轨间插入厚 4 mm、宽 20 mm 的钢板时，外锁闭装置不得锁闭，且不得接通道岔表示电路。

(3)在道岔尖轨、芯轨竖切段内各牵引点锁闭杆处的尖轨与基本轨间插入 2 mm 厚、20 mm 宽的钢板时，外锁闭装置应可靠锁闭，且能够接通道岔表示电路。

(4)具有两个及其以上牵引点的分动外锁闭道岔，其尖轨竖切部分任意两牵引点间，在尖轨与基本轨间插入 10 mm 厚、20 mm 宽的钢板时，均不得接通道岔表示电路。

(5)道岔转换测试时，断开安全接点将电流表串联在电路中，压力表接入测压接头处。试验 2 mm 情况下，测试工作电流不大于 2.0 A，工作压力不大于 9 MPa；试验 4 mm 情况下，溢流压力不大于 12 MPa，溢流电流不大于 2.3 A。

(6)室内与室外核对道岔位置表示良好。将测试结果填入“ZYJ7 型电液道岔转换设备检修作业记录卡”。

(7)确认试验良好，电缆盒螺丝紧固，机盖加锁后，向室内值班人员报告作业完毕，由室内人员在“运统 46”上销记，并经车站值班员签字。

八、ZYJ7 型电液转辙机安装

(一) 安装顺序

1. 首先安装一牵和二牵转辙设备托板，托板安装螺丝不能一次紧到位，接着转辙设备安装到位后，调整平直，最后紧固安装各部螺丝。

2. 外锁装置的安装，首先安装一牵和二牵的锁闭框，锁闭框要安装垂直成一线，之后将锁闭杆两头的限位铁拆下后将锁闭杆插入锁闭框内。上述工作完成后在装尖轨连接铁，连接铁装完后，将尖轨拨向密贴、尖轨密贴，之后将锁闭杆向密贴反方向窜动挂上锁钩、锁钩挂上后，将尖轨拨向另一方向密贴、尖轨密贴。将锁闭杆向密贴反方向窜动挂上锁钩，下一步就可以全面进行，先插入锁铁，安装钩头螺栓，紧固锁闭杆防跳螺栓，装限位铁，连接锁闭杆与动作杆齿条连接铁，安装锁钩挡铁，连接表示杆。

3. 安装注意事项

在安装锁闭杆与动作杆连接铁前将齿条前端留 9 齿，这样给道岔开口调整留下方便，使定反位一牵开口都处于 160 mm 左右，二牵开口都处于 75 mm 左右。

各部安装完成后要对螺栓全面紧固、连接油管、查看油箱油量、摇动转辙机、排出益流空气、调整密贴、调整限位铁、调整表示缺口、观察正常动作油压、测故障油压。

（二）绝缘安装位置

(1)通长动作杆中部；

(2)通长动作杆与动作杆连接铁的横轴处；

(3)长、短表示杆与表示杆连接铁(三角铁)尖轴处；

(4)内表示杆与外、长、短表示杆的连接处。

第六节　道岔转辙设备故障处理

一、故障处理基本思路

ZYJ7 型电液转辙机采用五线制电路，动作电源为 380 V 交流电，表示电路中继电器与整流堆呈并联关系，机械部分采用外锁闭装置、尖轨分动。该设备故障率始终居于现场各类设备故障之首，对于运输安全构成极大的影响。对于此类故障，在处理上应遵循五项基本思路。

1. 登记停用

道岔转换设备一旦发生故障，应立即在“行车设备检查登记簿”内登记停用。

2. 控制台分析判断

设备登记停用后，应向值班员了解设备故障情况，观察控制台故障表示现象，并操纵道岔确定故障地点及性质。

3. 继电器室观察检查

确定了解设备故障的地点，须观察继电器室内组合架上故障道岔的继电器动作情况，以进一步确定是尖轨还是心轨部分故障，同时通过检查测量来确定故障在室外还是在室内，使故障范围缩小。

4. 室外观察动作情况

当确定故障点在室外后，应立即奔赴现场，由室内操纵道岔，观察道岔机械部分动作是否正常，进一步确定故障性质，即属不解锁、或不转换、或不锁闭、或卡口、或动作电路故障、或表示电路故障，然后有的放矢的进一步查找处理。

5. 区分故障原因

当确定为道岔设备机械故障后，应立即检查电务设备是否完整良好，紧固件是否可靠牢固，活动部位是否有磨卡等，确定电务设备良好后，应会同工务部门共同检查工务设备的技术状态是否良好，特别是轨距、方向、水平等。严禁电务维修人员在未找到故障原因前，盲目调整电务设备，以防故障重复发生。

二、故障原因分类

分动外锁闭道岔故障，可分机械或电路故障，机械故障可能是工务或电务原因造成，电气部分又分为室内和室外部分。

1. 机械故障

工务部门原因：尖轨或心轨爬行超限，10 m 弦量水平，轨面、方向超标，轨距不符标准，尖轨工作边直线度超标、尖轨及心轨弯腰或弓背、心轨大拉板活动、尖轨或心轨转辙部分螺栓松动等。

电务部门原因：转辙机或密贴检查器本身故障、道岔密贴调整不良、第一牵引点两动作杆不成一直线、第一牵引点动作杆与锁闭杆不平行、第二牵引点连接杆与锁闭杆不成一直线、活动杆件卡阻、各类表示杆缺口调整不良等。

2. 电气故障

室内原因：电源供电故障（含熔丝及变压器等），继电器、变压器、断相保护器及电阻不良等，控制台按钮故障，各种配线断线及端子松动等。

室外原因：电缆断线或混线、转辙机及密贴检查器断线、线头松动或接点接触不良、整流堆短路或二极管击穿、电阻或二极管开路等。

三、常见故障判断分析

转辙机发生故障后，首先反映在控制台上。控制台上的道岔表示灯及挤岔电铃和道岔表示灯反映道岔的位置，电流表监督道岔在转换时的动作情况。如操作道岔至反位，按下 CA 和 ZFA 后，道岔定位表示灯不灭，说明 1DQJ 没吸起，为 1DQJ 励磁电路回路故障。如按下 CA 和 ZFA 后，道岔定位表示灯熄灭，则排 1DQJ 故障、松 CA 和 ZFA 后定位表示灯复亮，说 1DQJ 吸起后，2DQJ 没转极。如松开 CA 和 ZFA 后，道岔定位表示灯不复亮，说明 2DQJ 已转极，故障在 2DQJ 动作以后的回路。定位表示灯灭后不复亮，说明 2DQJ 已转极。电流表不动，说明现场电机未动。电流表指针动作，13 s 后回零，但无反位表示，说明是转辙机机械或油路故障。

（一）电路故障分析处理

1. 转辙机不启动，电流表指针不动

（1）室内提速电源屏无输出；电源屏输入相序倒反或Ⅰ、Ⅱ路同时无电；M11、M12 同时故障；M13、M14 同时故障；

（2）提速柜零层熔断器（15 A）熔断；

（3）使用引导总锁闭按钮锁闭道岔；

（4）提速柜侧面尖轨、心轨熔断器（5 A）同时熔断；

(5)尖轨 1DQJ 不吸起。

2. 道岔定位突然无表示,扳动道岔,电流表不动

(1)分线盘测量 X1、X2 与 X1、X4 均为交流 110 V,无直流,室外 X1 断线;

(2)分线盘测量 X1、X2 与 X1、X4 均是交流 0 V,直流 0 V,室内 X1 断线;

(3)分线盘测量 X1、X2 是交流 80 V,直流 42 V,X1、X4 是 1.5 V,X2、X4 是 80 V,为室外 X4 断线;

(4)分线盘测量 X1、X2 是交流 80 V,直流 40 V,X1、X4 是交流 80 V,直流 40 V,X2、X4 是 15 V 左右,为室内 X4 断。

3. 道岔定位突然无表示,能扳动道岔,反位有表示,回定位后熔丝报警

(1)室内 X1、X2 配线混线;

(2)室外 X1、X2 电缆混线;

(3)室外混线时,分线盘测量 X1、X2 有 6 V 左右电压,无直流。

4. 尖轨不启动,心轨启动,分线盘测量 X1、X2、X5 或 X1、X3、X4 无 380 V 电源

(1)尖轨提速组合侧面熔断器熔断;

(2)尖轨 DBQ 故障;BHJ 不能可靠吸起;DBQ 正常工作时在道岔转换过程中闪绿灯;

(3)检查尖轨 2DQJ 是否转极。

5. 尖轨不启动,心轨启动,分线盘测量 X1、X2、X5 或 X1、X3、X4 有 380 V 电源

(1)尖轨安全接点断开;

(2)尖轨启动接点组断开;

(3)电机断线。

6. 定位有表示,但定位不能向反位扳动

(1)分线盘测量 X1、X3、X4 有无 380 V 电源,区分室内外故障;

(2)室外故障到室外电缆盒内测量端子 X1、X3、X4 上有无交流 380 V 电压。若有电压,可以判断为电缆盒到电机内某处断线;无电压则为电缆断线。

(3)室内将道岔扳回原位,此时有定位表示,用交流 220 V 电压挡,借表示交流电压查找启动电路断线,测 X2 端子对 X1 有交流电压 110 V。X2 端子上表笔不动,移动 X1 端子上的表笔,依次测量 X1→电机 3→电机 1→K1—K2→14-13→X3→X1→电机 3→电机 2 →12-11 →X4,在有 110 V 交流电压与无电压之间既是断线点。

(二)机械油路故障分析处理

在实际运用中,油路系统故障最经常出现的问题是:在三相电机带动油泵已经开始工作,油路中压力没有上升或上升很小时,达不到油缸工作的压力,致使油缸移动不到位,从而发生油路故障。判断油路故障可以通过"听""看""测"等方法查找,即听油泵启动声音是否正常,看油路中压力是否达到规定要求,测油箱中油量的多少。常见的油路故障有以下几种:

1. 室内启动电路正常,道岔不转换

可以判定为油路故障,首先应将室内设备操纵到需要位置,再由室外处理人员松开 ZYJ7 溢流阀,拨动主机和副机油缸。使油缸移动,完成机内解锁,然后两人同时撬动尖轨,使道岔到位,完成外部锁闭,再拨动主副机油缸到位,完成机内锁闭。

2. 油管破损或液压系统处于瘫痪状态，道岔位置四开或恢复一个位置

首先松开溢流阀，然后用撬杠或其他工具分别撬动一、二动转辙机和转换锁闭器的油缸，使动作杆解锁；用撬杠撬动斥离轨，使一、二动外锁闭解锁并至另一个位置，再撬动另一斥离轨；用小撬杠撬动一、二动油缸，使转辙机和转换锁闭器锁闭，接点落下，给出另一表示即可。

3. 副机油缸到位，但表示接点不能转换

（1）锁闭铁被挤脱，检查杆件无损伤弯曲后，松开挤脱连接器调整螺母使锁闭铁和环簧复位，并将调整螺母紧固后穿上开口销加装铅封，紧固调整螺母时力量不宜过大。

（2）检查各部轴向运动部位是否缺油，以防卡阻。

4. 电机转动正常，油缸动作不到位

（1）检查转辙机外观及内部是否有漏渗油现象，解决漏渗油问题。查看油箱是否缺油，若缺补足注入 YH-10 号航空液压油。

（2）油量符合标准，检查溢流压力是否过低，判定单向阀、溢流阀是否失效，及时进行调整。

（3）检查油管路内是否有气，进行排气处理。

5. 扳动道岔定、反位均无表示，确认为室外芯轨故障

（1）工务心轨前窜，造成大拉板与钢枕磨卡。

（2）工务心轨后窜，造成一动锁闭杆与心轨边缘或二动锁闭杆与大拉板侧面磨卡。

6. 道岔由定位扳反位无表示，确认为室外尖轨故障。

（1）反位已密贴，外锁闭装置已完全锁闭，但检测杆缺口未到标记规定位置，应检查工务轨距是否变化、水平高度差是否在规定范围内、密贴是否偏松、检测杆螺栓是否松动。

（2）到现场发现定位不能解锁，应检查检测杆定位销是否冒出、检测杆是否被卡死、尖轨与滑床板是否有吊空、各连接杆是否有卡阻等。

（3）道岔四开不再移动，应检查工务轨面高度差是否符合规定、滑床板与尖轨是否接触良好、钢枕是否窜动造成锁闭杆与锁闭铁磨卡、尖轨是否前窜造成尖端铁与钢枕磨卡，连接杆是否被卡阻等。

（4）到反位后不能锁闭或完全锁闭，应检查工务道岔的方向、水平、轨面是否良好，反位尖轨是否碰反位侧顶铁，密贴是否过紧等。

7. 电机转动，油路正常，油缸不能到位

（1）如尖轨已密贴，检查密贴调整杆和外锁闭器是否调整好，外部机械是否有卡阻。

（2）如尖轨没有密贴，检查机械或外锁闭道岔有无卡阻，联合工务部门整治道岔或取出卡阻物。

8. 油缸到位，接点不转接

（1）锁闭柱或检查柱落不到锁闭杆或表示杆缺口内，对道岔开口或表示缺口进行调整。

（2）锁闭柱或检查柱在固定座缺口内动作不灵活，调整锁闭柱或检查柱使其灵活，在转动部位处注入适量钟表油。

9. 未操纵道岔，列车通过时，尖轨（心轨）定位表示中断，列车通过后自动恢复

（1）检查密贴检查器处尖轨与基本轨的缝隙是否过大，如过大应检查第二牵引点密贴是

否偏松，如不偏松，应检查工务线路的轨距或方向是否发生变化。

(2)密贴调制器处尖轨与基本轨的缝隙正常，应检查检测杆小缺口是否偏向于非工作面一侧，不良调整。

(3)密贴检查器机械部分无问题，检查是否接点接触不良或配线线头松动。

10. 操纵道岔，转辙机转动，但道岔转换不到位

(1)尖轨与基本轨间可能夹有异物，单操道岔回原位检查处理。

(2)表示杆接头在拉入时与机壳间可能夹有异物，打开防护罩检查。

(3)限位铁安装距离不当，过紧造成道岔转换不到位，应使其与锁闭铁留有 1～3 mm 缝隙。

(4)钢枕移位，造成表示杆碰钢枕，方正钢枕处理。

(5)钩锁密贴过紧或缺油，调整、清扫、注油。

四、道岔转辙设备的典型故障处理

(一)道岔卡口

1. 道岔调整松卡口：当道岔密贴良好，尖轨与基本轨靠锁闭杆的力量密贴，而锁钩较松时，滑床板与尖轨摩擦力增大时易卡口。

2. 列车通过道岔时，缺口变化，造成卡口，常出现于副机，由于工务条件不良，副机处尖轨与基本轨缝大。如果调紧不易解锁，此时列车压后易变口，而排动时，缺口良好。此现象切忌盲目调整缺口。

3. 机内、机外缺口不一致造成卡口；如果盲目以机外缺口标准调整时易卡口，所以上道的道岔应核对机内、机外缺口是否一致。

挤异物或工务道床变化卡口，日常与工务联系捣固道岔或改动轨距时，须电务部门配合。

(二)动接点反弹

1. 油路中空气未排干净易造成接点反弹。

2. 斥离轨向密贴轨方向窜动，如无限位块或限位块距离大易造成接点反弹。

3. 当道岔调整紧而溢流压力大时，接点反弹。

4. 惯性轮不起作用时，接点反弹。

5. 工务捣固不良，列车通过时，基本轨窜动时易造成接点反弹。

(三)道岔不解锁

1. 主机不解锁：当主机锁钩调的太紧，且锁钩处缺油或锁钩的钩头下有异物时，造成主机不解锁。

2. 副机不解锁：当副机锁钩调的太紧，或锁钩处缺油或锁钩处钩头下有异物时，造成不解锁，如严重时会凹面跳起，使尖轨上翘，道岔处于四开位置。

(四)解锁困难

1. 观察滚轮是否不转，拐轴是否变形。

2. 工务水泥枕窜动有摩擦力或滑床板与尖轨磨卡等原因。

（五）道岔不能锁闭

1. 尖轨上翘，尖轨与基本轨卡阻造成不解锁。
2. 滑床板严重吊板且摩擦力大。
3. 锁钩与动作杆严重磨卡。

（六）动接点落下或动作慢

1. 表示杆缺口不对，应调缺口。
2. 斥离轨未到位。
3. 动程不够，速动爪滚轮没有打下。

（七）断相保护器故障

1. 断相保护器坏，道岔不能排动；从监测看曲线，有 1～2 s 的动作曲线。
2. 断相保护器半击穿，道岔有时能排动，但道岔处于四开位置后，有熔断器熔断现象。

（八）挤脱的判断与恢复

1. 判断

(1)挤脱后 SH6 型转换锁闭器应可靠切断表示电路。

(2)锁闭铁横向移动处于不对称状态，可提前加标记线等，挤脱后便于判断。

(3)挤脱后，锁闭铁移动使挤脱块上移 3 mm。

2. 恢复

(1)手摇转辙机至道岔四开位置，使动作杆不受力，且处于解锁状态。

(2)打开铅封，松开调整螺母，注意不必拿下，只要使环形簧不受力即可。

(3)用小棍或螺丝刀拨动副机锁闭铁至原位，同时挤脱块落下 3 mm 后，拧紧调整螺母到原位即可(用手将大螺母拧到不能动的位置用大扳手再拧三圈半即可)。

(4)经挤脱后的安装，外锁及转辙器还应经检查确认后，方可投入正式使用，尤其是外锁闭道岔。按规定提速道岔不允许挤，但目前为止还是不可避免的。

复习思考题

1. ZYJ7 型电液转辙机由哪些部分组成？
2. 动力机构由哪些设备组成？
3. 转换锁闭机构由哪些设备组成？
4. 表示机构由哪些设备组成？
5. 钩锁框与锁钩斜面间隙应为多少？
6. 启动片尖与动作板之间的间隙应不小于多少？
7. 外动作装置的组成有哪些？
8. 外表示装置的组成有哪些？
9. 简述转换锁闭机构动作原理。
10. 简述表示锁闭机构动作原理。
11. ZYJ7 型电液转辙机道岔控制电路主要分为几个部分？
12. 简述道岔启动电路工作原理。

第三章 轨道电路设备

第一节 97 型 25 Hz 相敏轨道电路

25 Hz 相敏轨道电路是适用于电力牵引区段亦用于非电力牵引区段的一种站内轨道电路制式，其电路具有设备简单、工作稳定、应变速度快、便于维修、防雷性能良好等特点。97 型 25 Hz 相敏轨道电路有以下优点：①抗不平衡牵引电流冲击由原来的 10 A 提高到 60 A，从而改善目前现场应用中出现的“闪红”现象；②延长了轨道电路极限长度，即由原来的 1 200 m 延长到 1 500 m，从而使系统适应性更强；③97 型 25 Hz 相敏轨道电路的器材考虑了移频等机车信号信息传输的要求；④每个轨道电路区段最多可设置四个扼流变压器；⑤97 型 25 Hz 相敏轨道电路受电端至继电器室的电缆电阻由原来的 100 Ω 提高到 150 Ω。

一、工作原理

以 97 型 25 Hz 相敏轨道电路电气化非发码区段为例，其工作原理如图 3-1-1 所示。

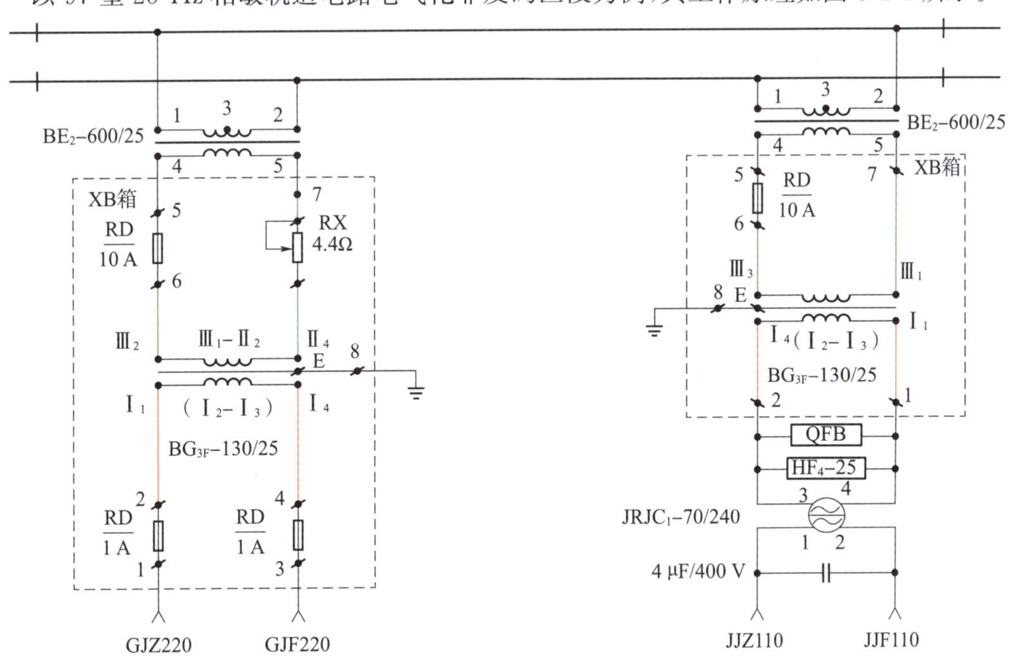

图 3-1-1 97 型 25 Hz 相敏轨道电路工作原理

25 Hz电源屏将50 Hz电源变频后输出两种电源，一是轨道电源220 V/25 Hz，二是局部电源110 V/25 Hz。其中局部110 V电源直接送至交流二元继电器1、2线圈上，轨道220 V电源经分线盘轨道送端接线端子、电缆及电缆盒到轨道送端XB箱内，经送端电源1 A断路器接至轨道变压器Ⅰ次侧，由送端变压器Ⅱ次侧输出的轨道电源经限流电阻和10 A断路器送至扼流变压器Ⅰ次侧4、5端子，经3∶1降压后由扼流变压器Ⅱ次侧1、2端子输出，经连接线接到送端轨面。送端限流电阻的设置是为了防止轨道分路(短路状态)时，大电流对送端设备(变压器)的损害。

轨道电源由钢轨传至受端扼流变压器Ⅱ次侧1、2端子，经1∶3升压后，由Ⅰ次侧4、5端子输出经10 A断路器至受端轨道变压器Ⅱ次侧。轨道变压器将接收信号升压后由Ⅰ次侧输出，经电缆送回室内。受端轨道变压器的变比是固定设置的，用于实现室内外设备的阻抗匹配(电源内阻等于负载电阻时电源输出功率最大称为阻抗匹配)，因此受端变比不能改动。

轨道电源经分线盘轨道受端接线端子至交流二元继电器3、4线圈，再并接至防护盒与防雷补偿器。交流二元继电器对局部、轨道电源电压、频率以及相位进行检查，当其电压、频率、相位满足要求时，交流二元继电器吸起。

二、设备组成

97型25Hz相敏轨道电路主要由交流二元继电器和微电子接收器、防护盒、室内防雷补偿器、扼流变压器、轨道变压器、固定抽头式电阻器、无极缓动继电器、熔断器等器材组成。

(一)交流二元继电器

1. 组成

$JRJC_1$-70/240型插入式交流二元继电器是一种交流感应式继电器，由轴翼板、局部线圈、轨道线圈、接点组四大部分组成。

2. 工作原理

当局部线圈收到由电源屏供出电压110 V频率25 Hz的电源，轨道线圈收到不小于电压15 V频率25 Hz的电源且局部线圈超前轨道线圈的电压相位达到90°±30°时，交流二元继电器可靠吸起，三个条件缺一则交流二元继电器落下。由于该继电器具有可靠的频率选择性和相位选择性，因而对轨道绝缘破损和外界牵引电流或其他频率的电流干扰可靠地进行防护，满足了轨道电路抗电气化干扰的要求，其结构和实物分别如图3-1-2、图3-1-3所示。

$JRJC_1$-70/240型继电器插座编号：局部线圈编号1-2，轨道线圈编号3-4，接点组为2Q、2H，在联锁电路中不得使用该继电器的后接点。

(二)防护盒

常见的防护盒有HF_2-25型、HF_3-25型、HF_4-25型。

1. 作用

(1)对50 Hz成分进行滤波，减小轨道继电器上50 Hz牵引电流的干扰电压。

(2)对25 Hz信号频率的无功分量进行补偿。

(3)减少25 Hz信号在传输中的衰耗和相移，使轨道线圈电压和局部线圈电压产生正相移，保证轨道继电器正常工作。

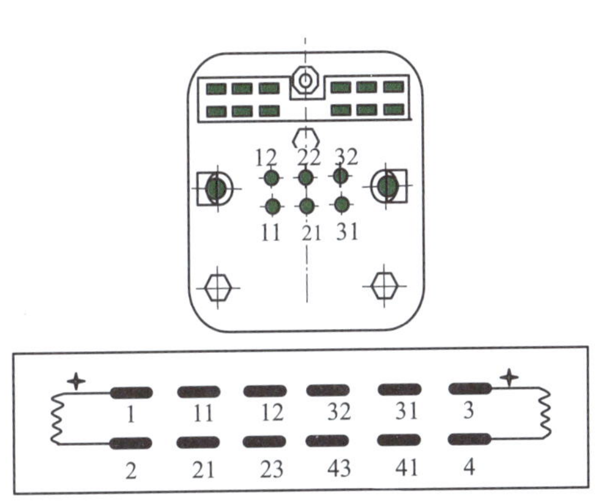

图 3-1-2 JRJC$_1$-70/240 型交流二元继电器插座结构

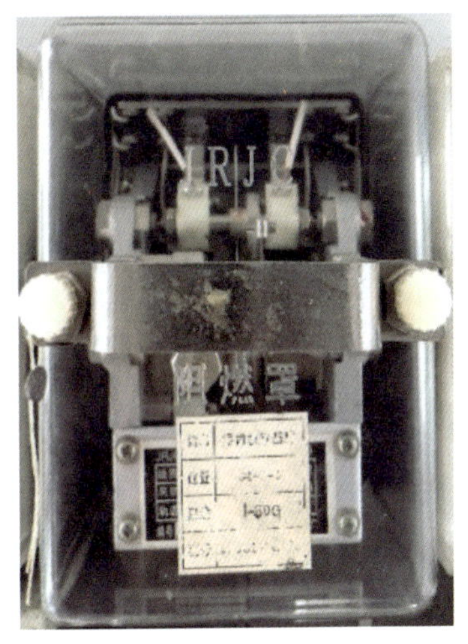

图 3-1-3 JRJC$_1$-70/240 型交流二元继电器实物

防护盒 1、3 号端子并接在轨道继电器的轨道线圈上，对 50 Hz 呈串联谐振，相当于 20 Ω 的电阻，将 50 Hz 干扰电流旁路掉；对 25 Hz 信号电流相当于 16 μF 电容，以减少 25 Hz 干扰信号在传输中的衰耗和相移，并对 25 Hz 信号频率的无功分量进行补偿。

2. 工作原理

HF_4-25 型工作原理及实物如图 3-1-4、图 3-1-5 所示，端子使用见表 3-1-1。

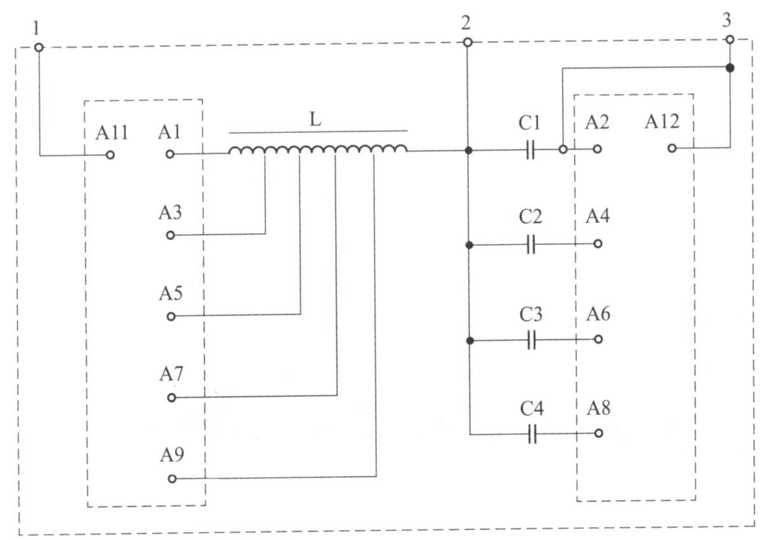

图 3-1-4 HF_4-25 型防护盒工作原理

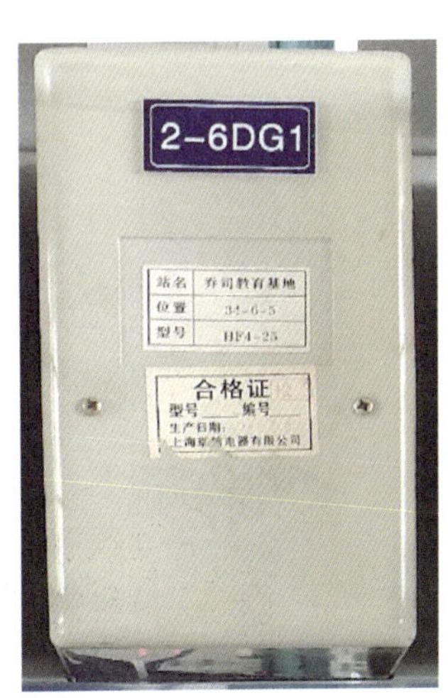

图 3-1-5 HF_4-25 型防护盒实物

（三）室内防雷补偿器

QFB 型防雷补偿器内设防雷单元，防雷单元由对接的硒片和电容器构成，硒片用来防雷及防止大电流侵入；电容器用来提高局部线圈的功率因数，减少变频器输出电流。

表 3-1-1　HF_4-25 型防护盒端子使用表

使用端子	连接端子(A 端子)	参考使用范围
1-3	11-1	可调相位＋20°～＋40°
1-3	11-3、12-4	可调相位＋10°～＋20°
1-3	11-5、12-6	同 HF_2 型防护盒
1-3	11-7、12-8	可调相位－10°～－20°
1-3	11-9、12-8、2-4	可调相位－20°～－40°

防雷补偿器分为两种，一种是 FB-1 型，内设两套补偿单元；另一种是 FB-2 型，内设一套补偿单元。工作原理及实物如图 3-1-6，图 3-1-7 所示。

参数特性：局部耐压 250 V，接收工作电压为 90 V。

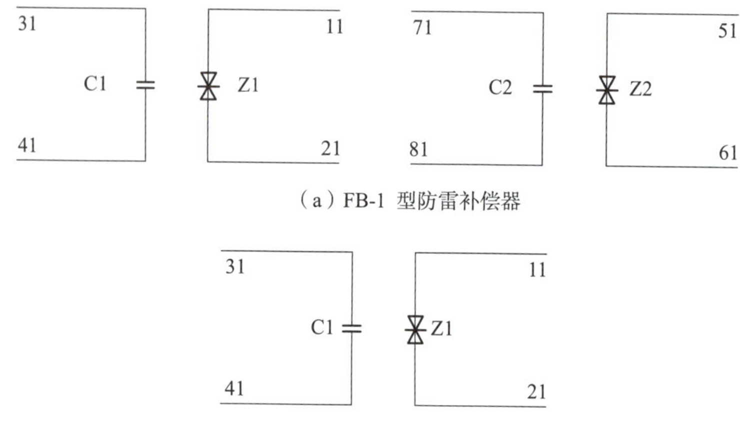

（a）FB-1 型防雷补偿器

（b）FB-2 型防雷补偿器

图 3-1-6　FB-1 和 FB-2 防雷补偿器工作原理

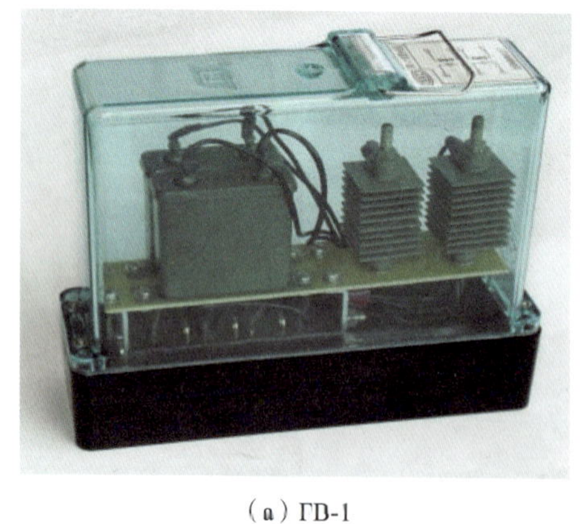

（a）FB-1

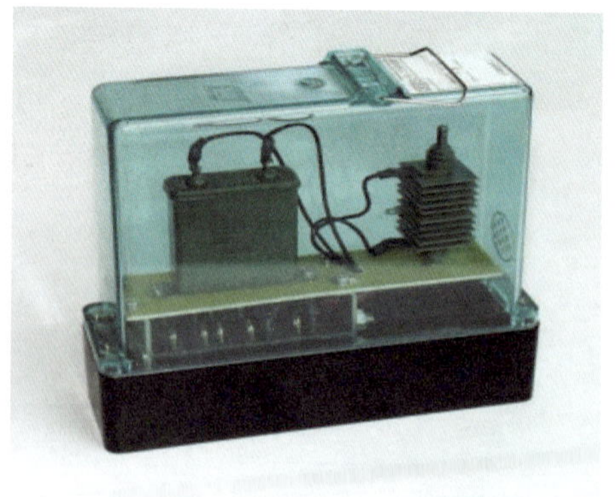

（b）FB-2

图 3-1-7　防雷补偿器实物

（四）扼流变压器

常用的扼流变压器(BE25)型号：BE_1-600/25、BE_2-600/25、BE_1-800/25、BE_2-800/25、BE_1-1000/25、BE_2-1000/25 等型号。BE_1 型铁芯(400 Hz)主要用于轨道电路实施移频电码

化的区段，BE_2 铁芯（50 Hz）用于一般区段。因此正线区段一般使用 BE_1-800/25 型、BE_1-1000/25 型扼流变压器；侧线一般使用 BE_1-600/25 型、BE_2-600/25 型扼流变压器。

1. 作用

安装于在轨道电路送、受端，用于构通牵引电流并传递信号信息；安装于区间上、下行轨道电路中，用于平衡牵引电流。

2. 工作原理

来自两根钢轨的牵引电流分别从牵引线圈的两端流入，汇合到牵引线圈的中性点，到另一线圈的中性点，再向牵引线圈两边分流到下一区段的两根钢轨上。由于牵引线圈 1-3 与 2-3 线圈匝数相等，两线圈中的电流方向相反，所以在同一铁芯上两线圈所产生的磁通大小相等，方向相反，则信号线圈中不产生 50 Hz 的感应电流。而对于 25 Hz 的信号电流来说，是由一根钢轨流向另一根钢轨，从一个方向流经牵引线圈与信号线圈，其工作原理如图 3-1-8 所示，实物如图 3-1-9 所示。

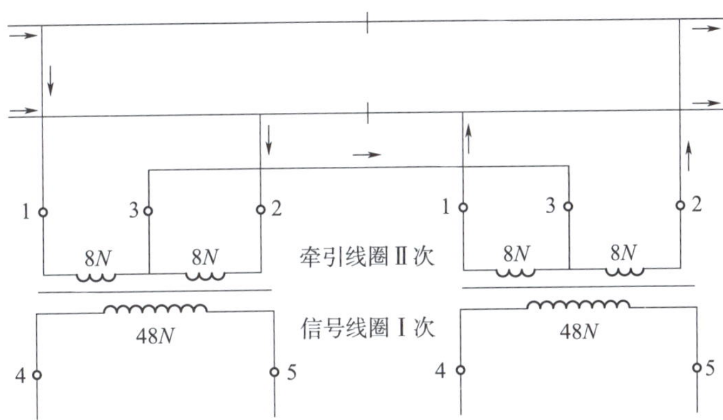

图 3-1-8　扼流变压器隔离工作原理

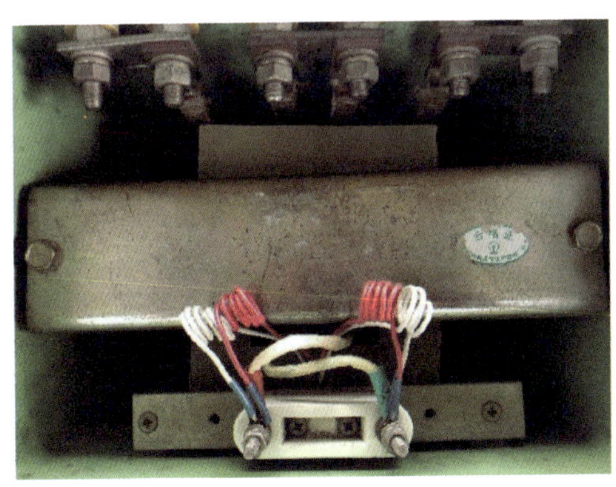

图 3-1-9　扼流变压器实物

（五）轨道变压器

常用的轨道变压器有 BG_2-130/25 型、BG_3-130/25 型等，BG_2-130/25 型采用 400 Hz 铁芯，用于电码化区段，原理及实物如 3-1-10、图 3-1-11 所示。BG_3-130/25 型采用 50 Hz 铁芯，用于非电码化区段使用。

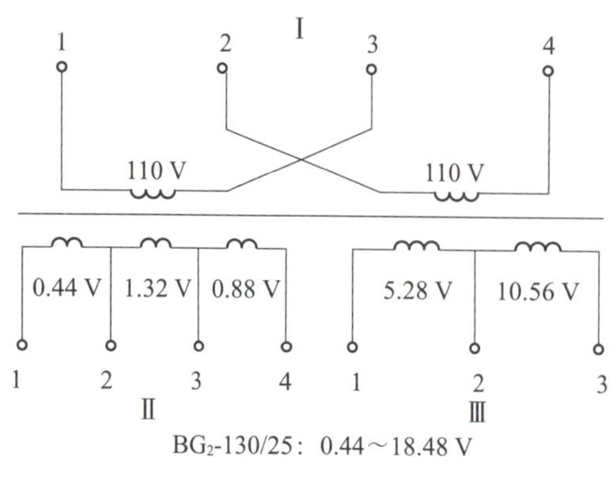

图 3-1-10　轨道变压器线圈原理

图 3-1-11　轨道变压器实物

作用：当用作供电变压器时，根据轨道电路的类型和长度，调整输出电压，以确保轨道电路正常工作。当用作匹配变压器时（受端），使继电器和防护盒并联的高阻抗与轨道电路的低阻抗相匹配。

（六）固定抽头式电阻器

固定抽头式电阻器的电阻丝采用新型合金材料，具有随温度变化小，使用效果良好等优点。常见的两种型号：R1-2.2/220 固定抽头式电阻器、R1-4.4/440 固定抽头式电阻器（图 3-1-12）。

作用：

1. 在送端作过载保护用，不得调整其阻值，否则影响到轨道电路的分路特性。
2. 在受端作电压微调用：一般在一送多受时才做调整。
3. R1-4.4/440 固定抽头式电阻器阻值及抽头为 0.2＋0.4＋0.5＋1.1＋2.2，允许通过电流为 10 A。

（七）JWXC-H310 型无极缓动继电器

用于 97 型 25Hz 相敏轨道电路，作为 $JRJC_1$-70/240 型插入交流二元继电器的复示继电器。它 8 组前后普通接点，具有 0.8 s±0.1 s 的缓放时间和 0.4 s±0.1 s 的缓吸时间。

JWXC-H310 型无极缓动继电器的实物，如图 3-1-13 所示。

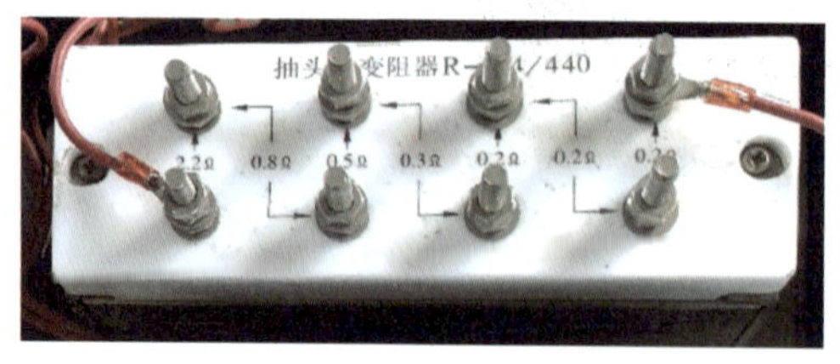

图 3-1-12　R1-4.4/440 电阻器实物

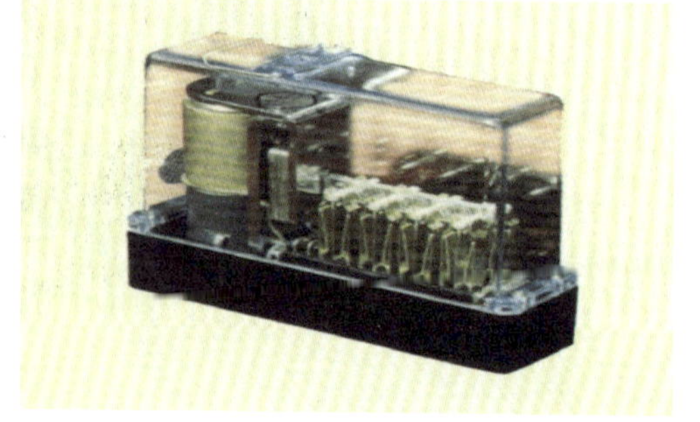

图 3-1-13　JWXC-H310 型无极缓动继电器实物

（八）熔断器

1 A 熔断器：用于送端作过载保护用，防止一个送端电源短路影响一束轨道电源。

10 A 熔断器：在有扼流变压器的区段，轨道变压器与扼流变压器之间装设 10 A 断路器，可安全渡过牵引电流的浪涌冲击。

三、轨道电路绝缘

轨道绝缘是轨道电路中重要组成部分，直接影响设备的安全稳定，绝缘不良会导致轨道电路红光带故障。

1. 道岔区段，设于警冲标内方的钢轨绝缘，安装位置距警冲标不小于 3.5 m 如图 3-1-14 所示（动车组列车进路不小于 5 m）。当绝缘节与警冲标不满足以上距离要求时，称为侵限绝缘。

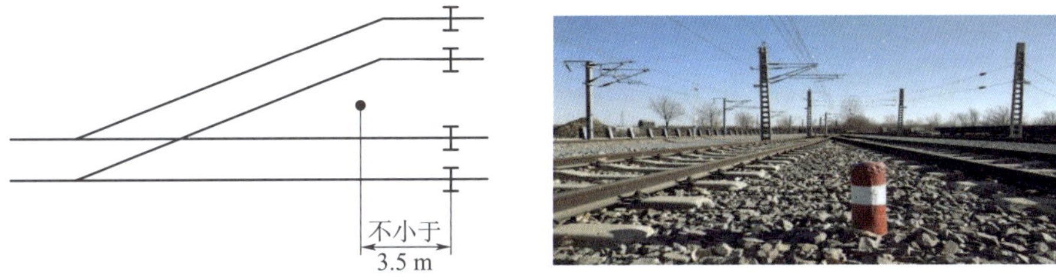

图 3-1-14　绝缘节与警冲标距离

警冲标的测量与判断步骤如图 3-1-15 所示，第一步：确定警冲标计算位置 A、B、C 点。先用两个 T 形尺或钢卷尺找出距两线路中心 2 m 的交点 A，同时标记出 B、C 点位置。第二步：如 A 点距两侧线路中心距离均大于 2 m，说明警冲标设置合格，否则警冲标设置不合格。第三步：测量 B 点至 S1 信号机绝缘节的距离 *L* 是否符合要求。

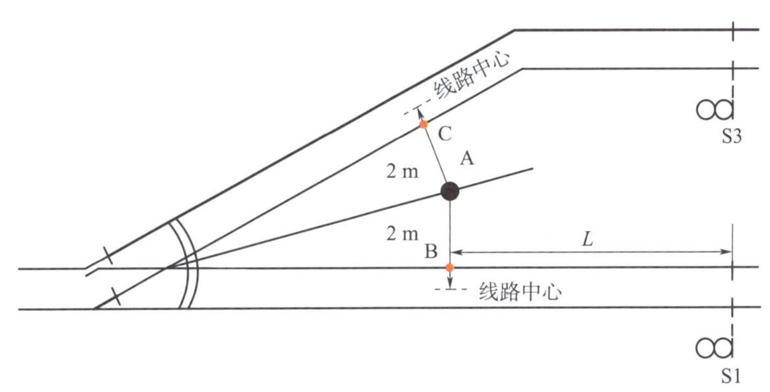

图 3-1-15　绝缘节与警冲标测量

2. 轨道电路两钢轨绝缘应在同一坐标处，当不能设在同一坐标时，错开距离（死区段）应不大于 2.5 m，如图 3-1-16(a)所示；两相邻死区段间的间隔，或与死区段相邻的轨道电路间隔一般不小于 18 m 如图 3-1-16(b)所示；当死区段长度小于 2.1 m 时，其与相邻死区段间的间隔或与相邻轨道电路的间隔允许范围为 15～18 m。

3. 设于信号机处的钢轨绝缘，应与信号机坐标相同，当不可能在同一坐标时，应符合下列要求：

(1)进站、接车进路、调车信号机可设在信号机前方 1 m 或后方 1 m 范围内，如图 3-1-17(a)所示。

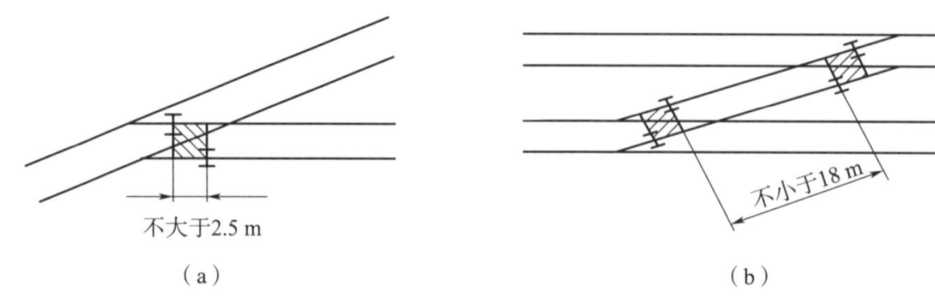

图 3-1-16　同一坐标绝缘节距离

图 3-1-17　钢轨绝缘设置位置

（2）出站（包括出站兼调车）或发车进路信号机可设在信号机前方 1 m 或后方 6.5 m 范围内如图 3-1-17（b）所示。但新设钢轨绝缘或信号机时，钢轨绝缘距信号机的距离不宜大于 1 m。

4. 列车运行速度低于 120 km/h 的非自动闭塞集中联锁车站，进站预告信号机处的钢轨绝缘，宜安装在预告信号机前方不小于 100 m 处。

5. 异形钢轨接头处，不得安装钢轨绝缘。

6. 在平交道口处的钢轨绝缘，应安装在公路路面两侧外不小于 2 m 处。桥梁（隧道）护轮轨两端应安装钢轨绝缘，护轮轨超过 200 m 时，每根护轮轨间隔 200 m 增加 1 组钢轨绝缘。

第二节　站内电码化

一、站内电码化简介

（一）基本概念

铁路地面信号是指挥行车和保证列车运行安全的工具，其显示必须可靠准确，并易被司机辨认。但由于地形和气候条件的影响，司机往往不能在规定的距离内及时了解到前方信号机的信号显示，因而有产生冒进信号的危险。为了防止这种危险情况的发生，采用了机车信号设备。

机车信号信息是由轨道电路传输的，平时站内轨道电路不发送机车信号信息，这样可以保证当列车冒进车站信号时，机车信号设备接收不到信息，这是一条必须遵守的安全原则。但当列车正常进入车站后，为了保证机车信号设备能够正常工作，须对站内轨道电路实施电码化，“电码化”即“由轨道电路转发或叠加机车信号信息技术的总称”。

站内电码化是指当列车进入站内轨道区段时，列车进路的各个轨道电路区段连续地向列车传送机车信号信息的技术。在自动闭塞区段，当列车通过站内接、发车进路时，站内正线各轨道区段及侧线股道区段的交流轨道电路，依次发送与区间相同制式的机车信号信息，使列车在车站内行驶时能连续不间断地接收机车信号信息，确保行车安全。

（二）相关术语

1. 车站股道电码化：车站内到发线的股道及正线实施的电码化。

2. 车站接发车进路电码化:车站内按列车进路实施的电码化。

3. 预叠加电码化:列车进入本区段时,不仅本区段发码,其运行前方相邻区段也实施电码化。

4. 入口电流:机车第一轮对进入轨道区段时,钢轨内传输机车信号信息的电流。

(三)技术原则

移频电码化必须保证在最不利的传输条件下,当机车走行在轨道电路内任一点时,在机车感应线圈下方钢轨内,移频机车信号的短路电流必须达到规定要求。同时也必须保证在电码化的整个传输网络中,移频电流不能使传输器材出现过载现象。具体地说,也就是在最不利传输条件下,当机车进入电码化轨道区段入口处时,该机车信号的短路移频电流不能小于相应数值(1 700 Hz、2 000 Hz、2 300 Hz:500 mA;2 600 Hz:450 mA)。当机车走行在电码化轨道电路出口处时,此时电码化移频发送端处于短路状态,当该出口处不设置扼流变压器时,轨道变压器的轨道侧线圈电流不能大于其额定值 5.4 A。

二、预叠加电码化

在列车提速的情况下,如果采用切换式发码,即本区段发码继电器的供电始于本区段轨道占用,轨道继电器落下,止于下一段轨道占用。所以,切换式发码在轨道继电器落下,发码继电器吸起的时间内,轨道无码,这一时间一般在 0.6 s 以上,特别是当列车以较高速度通过站内较短的轨道电路区段时,极易发生跨区段“掉码”,使机车信号不能连续工作,不利于行车安全。因此出现了叠加预发码方式电码化,将移频信息叠加在原轨道电路上,两种类型的电路由隔离器隔离而互不影响,并可提前一个区段发码,能保证机车信号及时接收移频信息,不会造成“掉码”。

“预先叠加发码”确切地应称为“逐段叠加预先发码”,以 25 Hz 相敏轨道电路预叠加 ZPW-2000(UM)系列移频电码化为例介绍。

(一)电码化原理

正线接车进路内共有 WG、ADG、BDG、CDG、G 五段轨道电路,发送器两路独立输出,分别通过各自的传输继电器 CJ 条件向 G、BDG、WG 和 CDG、ADG 进行叠加。而 CJ 的供电始于上一段轨道占用,止于下一段轨道占用,在任一瞬间均有相邻的两个 CJ 吸起,一个是本区段的 CJ,另一个是下一个区段的 CJ。分别由发送器的两路输出通过相应的 CJ 发往轨道,对于下一个区段实现了“预叠加发码”,其原理如图 3-2-1 所示。

(二)电路工作原理

电码化电路由接车发码继电器、轨道传输继电器、发车发码继电器、接车进路信息发送、发车进路信息发送等电路组成。

1. 接车发码继电器(JMJ)电路

如图 3-2-2 所示,当下行进站信号机正线接车信号开放后,股道继电器(ⅠGJ)吸起,下行列车信号继电器(XLXJ)和下行正线继电器(XZXJ)吸起,构成下行接车发码继电器(XJMJ)励磁条件,使下行接车发码继电器励磁吸起。当列车驶入 1DG 后构成第一条自闭电路后,依次构成 3DG 和 5DG 的自闭电路。当列车进入ⅠG 后,接车发码继电器复原。

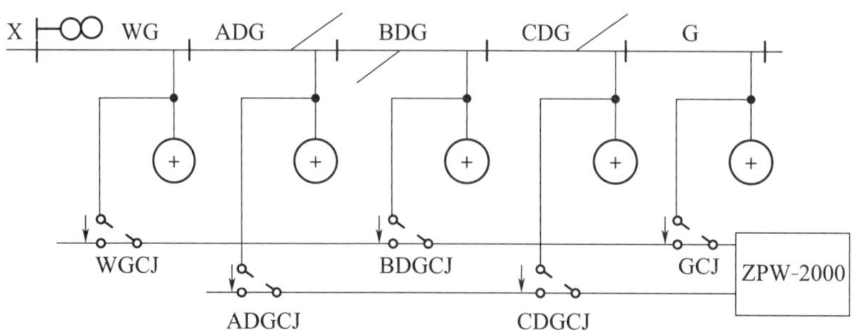

图 3-2-1　逐段叠加预先发码原理

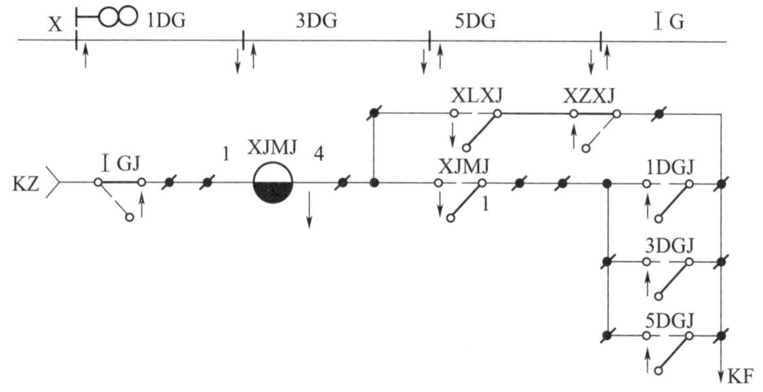

图 3-2-2　接车发码继电器电路

2. 轨道传输继电器(GCJ)电路

如图 3-2-3 所示，当下行进站信号机正线接车信号开放后，列车驶入三接近区段，利用 X_3JGJ 后接点即构成 1DGCJ$_{1\text{-}2}$ 线圈的励磁电路使之吸起。当列车驶入 1DG 后构成 1DGCJ$_{3\text{-}4}$ 线圈励磁电路，同时构成 3DGCJ$_{1\text{-}2}$ 线圈的励磁电路，使 3DGCJ 预先吸起，随着列车运行，5DGCJ、ⅠGCJ 依次动作；当列车驶入ⅠG 后，XJMJ 复原，ⅠGJF 落下使ⅠGCJ$_{3\text{-}4}$ 线圈励磁保持吸起。

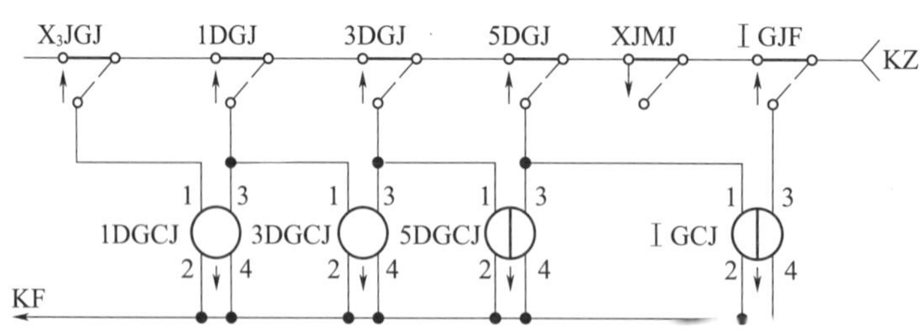

图 3-2-3　轨道传输继电器电路

3. 发车发码继电器(FMJ)电路

如图 3-2-4 所示，当 $X_Ⅰ$ 出发信号机开放后，$X_Ⅰ$LXJF 吸起，构成 $X_Ⅰ$FMJ 励磁电路，使 $X_Ⅰ$FMJ 吸起，当列车进入 8DG 后构成第一条自闭电路，并随着列车运行依次占用 6DG、4DG、2DG 构成 $X_Ⅰ$FMJ 自闭电路。当列车进入离去区段后，使 $X_Ⅰ$FMJ 落下复原。

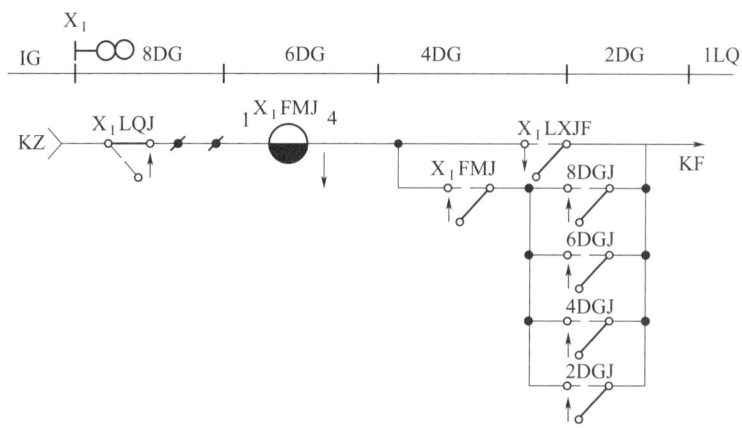

图 3-2-4 发车发码继电器电路

4. 轨道传输继电器(GCJ)电路

如图 3-2-5 所示,当正线出发信号机开放后,$X_{Ⅰ}$ FMJ 吸起,列车压入ⅠG 后,ⅠGJ 落下,构成 8DGCJ$_{3\text{-}4}$ 线圈励磁条件,使之吸起向轨道发送电码化信息;当列车压入 8DG 后,8DG 落下,构成 8DGCJ$_{1\text{-}2}$ 线圈励磁电路,同时构成 6DGCJ$_{3\text{-}4}$ 线圈励磁电路,使之吸起向轨道预先发送电码化信息,同时切断 8DGCJ$_{3\text{-}4}$ 线圈励磁电路。随着列车运行,4DGCJ、2DGCJ 动作以此类推。当列车压入一离去后 $X_{Ⅰ}$ FMJ 落下,使 2DGCJ 复原。

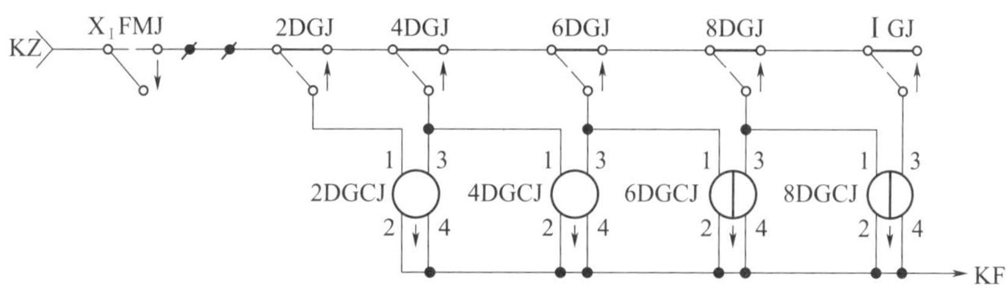

图 3-2-5 轨道传输继电器工作原理

5. 接车进路信息发送电路

如图 3-2-6 所示,为了保证输出功率,发送器设计两路输出,本区段与相邻下一区段发码分别不同通道输出。另外,在与轨道变压器结合处采用隔离器设备,此隔离器分为发送隔离器和接收隔离器两种,其作用是对内、外阻抗匹配,从而保证轨面能接收到最大功率的电码化信息。

6. 发车进路信息发送电路

发车进路信息发送原理与接车进路原理相同。

7. 到发线股道区段

到发线股道区段的发码只需控制发码时机,不设 MJ,仅设 CJ,车占用股道后发码。

(三)电码化设备组成

1. 发送器(FSQ)

ZPW·F 型发送器适用于非电气化、电气化区段 25 Hz 相敏轨道电路或交流连续式轨

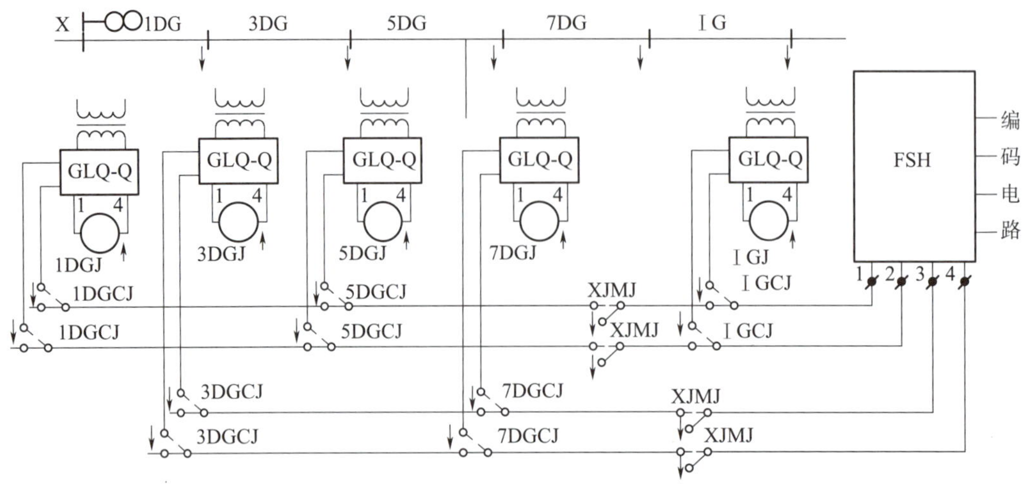

图 3-2-6　接车进路信息发送电路

道电路电码化。正线、侧线电码化通用。发送器的作用：

(1)产生 18 种低频信号 8 种载频(上下行各四种)的高精度、高稳定的移频信号。

(2)产生足够功率的输出信号。

(3)调整功出电压。

(4)对移频信号特征的自检测，故障时给出报警及 $N+1$ 冗余运用的转换条件。

2. 发送检测器(JF)

用于对发送器进行检测、故障报警及工作状态的显示。面板上共有 6 对塞孔用于上下两路发送器的电源电压、功出电压和继电器电压的测试。

3. 道岔发送调整器(TFD)

用于电码化发送设备的雷电防护和机车信号入口电流的调整。道岔发送调整器一路输入，共 7 路输出，供 7 个区段发码。电压可调，范围为 40～60 V。

4. 股道发送调整器(TFG)

用于电码化发送设备的雷电防护和机车信号入口电流的调整。股道发送调整器一路输入，共 2 路输出，供 2 个股道发码。电压可调，范围为 20～140 V。

5. 电码化发送匹配防雷单元(FT1-U)

匹配防雷调整组合中两个 100 Ω 调整电阻 R_1 出厂时一般调整在中间位置，现场一般不需要调整，当发现 ZPW-2000A 电码化发送器输出电流超过规定值时，可适当调整，使其满足要求。

FT1-U 型匹配防雷单元出厂时设置在 100 V 端子上，当入口电流过大或过小时，调整其输出电压端子，使入口电流满足要求。FT1-U 型防雷单元使用端子见表 3-2-1。

表 3-2-1　FT1-U 型防雷单元端端子使用说明

电　压	20 V	40 V	60 V	80 V	100 V	120 V	140 V
端子连接	1-2 7-3	1-3 7-4	1-4 7-5	1-4 7-6	1-3 7-5	1-3 7-6	1-2 7-6

6. 送电端调整电阻盒(RT-F)

送电隔离电阻盒内包括三个固定抽头分段调整电阻 RX20T-100 W-300 Ω,电阻值根据调整表调整。现场一般将电阻调整至 150 Ω,见表 3-2-2。

表 3-2-2 送电端调整电阻调整表

电阻/Ω	连接端子	电阻/Ω	连接端子	电阻/Ω	连接端子	电阻/Ω	连接端子
0	1-5	100	2-5	200	2-4	300	不接线
50	1-2、3-5	150	3-5	250	3-4		

7. 受电端调整电阻盒(RT-R)

受电端隔离电阻盒内包括五个固定抽头分段调整电阻 RX20T-100 W-300 Ω,电阻值根据 RT-F 调整,现场一般将电阻调整至 150 Ω。受电端调整电阻盒电阻调整表与送电端相同,见表 3-2-2。

8. 室内隔离盒

室内隔离盒用来实现轨道信号与移频信号共用传输通道而互不干扰。隔离盒面板有三对测试塞孔,分别用来测量移频信号、轨道电源及其合成电压。注意只能作为测试用,不能作为电源输入塞孔用,否则会造成设备故障。隔离盒一般有 NGL-T 型、FNGL-T 型等。NGL-T 型室内隔离盒适用于电气化区段和非电气化区段 25 Hz 相敏轨道电路叠加 ZPW-2000A 型与轨道电路,室内送电端和受电端隔离设备通用的隔离盒。

NGL-T 型室内隔离盒可用于四种频率,对于不同频率按表 3-2-3 在外插头上焊接(若不接跨线,则隔离盒无法使用)。

NGL-T 型隔离盒送受电端端子使用说明见表 3-2-4。

表 3-2-3 NGL-T 型室内隔离盒连接跨线使用表

移频频率/Hz	外连接方式	移频频率/Hz	外连接方式
1 700	AT13-AT17	2 300	AT13-AT7
2 000	AT13-AT16	2 600	AT13-AT6

表 3-2-4 NGL-T 型室内隔离盒送受电端端子使用说明

端　　子	使用说明	端　　子	使用说明
AT2、AT12	接 25 Hz 轨道电源	AT5、AT15	接电缆(钢轨侧)
AT8、AT18	移频信号输入		

9. 室外隔离盒

室外隔离盒为室外送电端和受电端通用的隔离设备,用来实现轨道电源与移频信号共用传输通道而互不干扰,隔离盒一般有 WGL-T 型、FWGL-T 型等。WGL-T 型室外隔离盒(含防雷)用于电气化区段和非电气化区段 25 Hz 相敏轨道电路二线制叠加 ZPW-2000A 型轨道电路通用接口设备,为室外送电端和受电端隔离设备通用的隔离盒。

10. WGFH 型室外隔离防护盒

WGFH 型室外隔离防护盒用于电气化、非电气化区段 25Hz 相敏轨道电路和交流连续式轨道电路不发码端防护使用，防止移频信号干扰轨道电路接收设备，送、受电端通用。

11. 室内调整变压器

BMT-25 型室内调整变压器用于电气化区段 25 Hz 相敏轨道电路叠加 ZPW-2000(UM)系列电码化接口设备中，放置在送电端室内隔离设备的托盘上，为 25 Hz 相敏轨道电路提供电源，并可在室内调整轨道电路。BMT-25 型室内调整变压器 $Ⅰ_1$-$Ⅰ_2$ 输入 25 Hz/220 V，$Ⅱ_k$-$Ⅱ_z$ 输出 5～180 V。输出电压调整，每 5 V 一挡可调，具体见表 3-2-5。

12. 补偿电容

根据通道参数并兼顾低道砟电阻道床传输，选择补偿电容器的容量，使 ZPW-2000 电码化传输通道趋于阻性，保证 ZPW-2000 电码化具有良好传输性能，同时尽可能降低对原有站内轨道电路的影响。

表 3-2-5　BMT-25 型室内调整变压器电压调整表

输入电压：$Ⅰ_1$-$Ⅰ_2$ 25 Hz/220 V；输出端子固定使用：$Ⅱ_1$、$Ⅱ_2$					
输出/V	连接端子	输出/V	连接端子	输出/V	连接端子
5	1-5、6-9	65	1-2、7-9、3-6	125	1-3、8-9、4-6
10	1-7、8-9	70	1-2、7-9、3-5	130	1-3、8-9、4-5
15	1-6、7-9	75	1-2、8-9、3-6	135	1-2、6-9、4-7
20	1-5、7-9	80	1-2、8-9、3-5	140	1-2、7-9、4-8
25	1-6、8-9	85	1-3、6-9、4-7	145	1-2、5-9、4-6
30	1-5、8-9	90	1-3、7-9、4-8	150	1-2、4-9
35	1-2、6-9、3-7	95	1-3、5-9、4-6	155	1-2、6-9、4-5
40	1-2、7-9、3-8	100	1-3、4-9	160	1-2、8-9、4-7
45	1-2、5-9、3-6	105	1-3、6-9、4-5	165	1-2、7-9、4-6
50	1-2、3-9	110	1-3、8-9、4-7	170	1-2、7-9、4-5
55	1-2、6-9、3-5	115	1-3、7-9、4-6	175	1-2、8-9、4-6
60	1-2、8-9、3-7	120	1-3、7-9、4-5	180	1-2、8-9、4-5

当电码化轨道电路长度超过 300 m 时，须设置电容补偿。当使用二线制电码化时，1 700 Hz、2 000 Hz：电容容量使用 80 μF；2 300 Hz、2 600 Hz：电容容量使用 60 μF；当使用四线制电码化时，电容容量均为 33 μF。

第三节　轨道电路设备维护

维修测试要按照《普速铁路信号维护规则》要求进行。

维修中要做到：各器材紧固良好，配线端子螺丝紧固良好，配线帮扎良好无毛刺，器材清洁无灰尘。

一、通则

1. 当轨道电路在规定范围内发送电压值最低、钢轨阻抗值最大、道砟电阻值最小、轨道电路为极限长度和空闲的条件下，受电端的接收设备应可靠工作。

2. 当轨道电路在规定范围内发送电压值最高、钢轨阻抗值最小、道砟电阻值最大的条件下，用标准分路电阻线在轨道电路的任意处可靠分路（不含死区段），受电端的接收设备应可靠地停止工作。

3. 当轨道电路调整状态或分路状态在各自最不利条件时，轨道电路设备应能长期工作而不过载。

4. 在规定的技术能力范围内应实现一次调整。

5. 当发送电压、道砟电阻为最小值，钢轨阻抗为最大值时，机车进入轨道电路入口端接收最小信号电流至出口端接收最大信号电流时，应保证机车信号可靠工作。

6. 适用于电力牵引区段的轨道电路，应能防护连续或断续的不平衡牵引电流的干扰。当不平衡电流在规定值以下时，应保证调整状态时轨道继电器可靠吸起，分路状态时轨道继电器可靠落下。

7. 轨道电路钢轨绝缘的设置应符合下列要求：

（1）在道岔区段，设于警冲标内方的钢轨绝缘，除双动道岔渡线上的绝缘外，其安装位置距警冲标不得小于 3.5 m，当不得已必须装于警冲标内方小于 3.5 m 处时，应按侵入限界考虑。

（2）轨道电路的两钢轨绝缘应设在同一坐标处，当不能设在同一坐标时，其错开的距离（死区段）应不大于 2.5 m，对旧结构道岔，道岔内的死区段不大于 5 m。

（3）两相邻死区段间的间隔或与死区段相邻的轨道电路的间隔，一般不小于 18 m；当死区段的长度小于 2.1 m 时，其与相邻死区段的间隔或与相邻轨道电路的间隔允许 15～18 m。

（4）设于信号机处的钢轨绝缘，应与信号机坐标相同，当不可能设在同一坐标时，应符合下列要求：

①进站、接车进路信号机处，钢轨绝缘可设在信号机前方 1 m 或后方 1 m 的范围内。

②出站（包括出站兼调车）或发车进路信号机处，钢轨绝缘可设在信号机前 1 m 或后方 6.5 m 的范围内。

③调车信号机处，钢轨绝缘可设在信号机前方或后方各 1 m 的范围内，当该信号机设在到发线时，按②项规定处理。

④集中联锁车站的牵出线、机待线、出库线、专用线或其他用途的尽头线入口处的调车信号机前方，应设轨道电路，其长度不得小于 25 m。

⑤列车运行速度不超过 120 km/h 时非自动闭塞区段的集中联锁车站，进站预告信号机处的钢轨绝缘，宜安装在预告信号机前方 100 m 处。

⑥异型钢轨接头处，不得安装钢轨绝缘。

⑦在平交道口处的钢轨绝缘，应安装在公路路面两侧外不小于 2 m 处。桥梁（隧道）护轮轨两端应安装钢轨绝缘，护轮轨超过 200 m 时，每根护轮轨间隔 200 m 增加 1 组钢轨绝缘。

8. 轨道电路内的各种绝缘装置，均须保持绝缘良好。邻接轨道电路间的钢轨绝缘破损时，轨道接收设备应不受邻接轨道电路电流的影响而误动或有符合设计要求的防护措施。

9. 钢轨绝缘应做到钢轨、槽形绝缘、钢轨连接夹板（鱼尾板）相吻合，轨端绝缘安装应与钢轨接头保持平直。采用高强度钢轨绝缘（即使用高强度螺栓、螺母、铁平垫圈和高强度绝缘垫圈）时，每根螺栓紧固后的扭矩：43 kg/m、50 kg/m 钢轨应不小于 700 N·m；60 kg/m 及其以上钢轨应不小于 900 N·m。

10. 装有钢轨绝缘处的轨缝应保持在 6～10 mm，两钢轨头部应在同一平面，高低相差不大于 2 mm；在钢轨绝缘处的轨枕应保持坚固，道床捣固良好。

11. 在轨道电路区段内的道床，应保持清洁及排水良好。道碴面与钢轨底面的距离应保持在 30 mm 以上。

12. 道岔区段的轨道电路应符合下列要求：

（1）轨道电路的道岔跳线应采用双跳线。

（2）与到发线相衔接的道岔轨道电路的分支末端，应设接收端。

（3）所有列车进路上的道岔区段，其分支长度超过 65 m 时（自并联起点道岔的岔心算起），在该分支端应设接收端。

（4）个别分支长度小于 65 m、分路不良、危及行车安全的分支线末端，亦应增设接收端。

（5）一送多受轨道电路，同一道岔最多不应超过 3 个接收端（单动道岔不超过 3 组，复式交分道岔不超过 2 组）。

13. 轨道电路的钢轨接续线应满足下列要求：

（1）塞钉式接续线须采用 ϕ5 mm 镀锌铁线 2 根，铁线应无影响强度的伤痕，焊接牢固；塞钉式接续线的塞钉打入深度最少与轨腰平，露出不超过 5 mm，塞钉与塞钉孔要全面紧密接触，并涂漆封闭；保持线条密贴钢轨连接夹板（鱼尾板），达到平、紧、直。

（2）焊接式接续线须采用截面积不小于 25 mm^2（非电气化区段）的多股镀锌钢绞线；焊接线焊在钢轨两端，两焊点中心距离应在 70～150 mm 范围内，焊接接头的上端端头应低于新钢轨轨面 11 mm，与鱼尾板固定螺母竖向中心线的间距不得小于 10 mm ，焊接接头外观应光滑饱满，焊接牢固，焊位正确，导线无损伤，无漏焊、假焊，焊接线焊后须涂防锈涂料；焊接线应油润无锈，断根不得超过 1/5。

14. 轨道电路的道岔跳线和钢轨引接线应符合下列要求：

（1）道岔跳线和钢轨引接线须采用截面积不小于 15 mm^2（非电气化区段，ϕ1.0 mm×37）或截面积不小于 42 mm^2（电气化区段，ϕ1.2 mm×37）的多股镀锌钢绞线。道岔跳线应按规定位置安装，跳线敷设应平直。

（2）钢轨引接线塞钉孔距鱼尾板边缘应为 100 mm 左右。引接线与变压器箱、电缆盒连接时，应将螺母拧紧，不得有松动现象。绝缘片、绝缘管应完整无破损，保证绝缘良好。引接线的裸线部分不得与箱、盒金属体接触。

（3）跳线和引接线的长度、规格适当，焊接牢固；应平直地固定在枕木或其他专用的设备上，不得埋于土或石碴中，并须涂油防蚀，断根不得超过 1/5。

（4）跳线和引接线处不得有防爬器和轨距杆等物。穿越钢轨处，距轨底不应小于 30 mm，不得与可能造成短路的金属件接触。

二、维护标准

1. 调整状态下，轨道继电器轨道线圈上的有效电压不小于 15 V，且不得大于调整表规定的最大值。轨道线圈电压滞后于局部电压的相位角应在90°±30°以内。

2. 用0.06 Ω标准分路电阻线在轨道区段送、受端的轨面上任一处分路时，轨道继电器轨道线圈端电压应小于或等于7.4 V，其前接点应断开。

3. 轨道电路送、受端扼流变压器至钢轨应采用等阻线，接线电阻不大于0.1 Ω。

4. 轨道电路送、受电端轨道变压器至扼流变压器的接线电阻不大于0.3 Ω。

5. 轨道电路电源屏至送电端轨道变压器Ⅰ次侧的电缆允许压降30 V，轨道继电器至轨道变压器的电缆接线电阻不大于150 Ω。

6. 轨道电路送电端的限流电阻，其阻值应按参考调整表给出的数值，予以固定，不得调小，更不得调至零值。

7. 轨道电路送、受电端的电阻器，其阻值应按参考调整表给出的数值进行设置。

8. 在电码化区段，于机车信号入口端用0.06 Ω标准分路电阻线分路时，应满足动作机车信号最小短路电流的要求。

9. 防雷补偿器应满足电容局部耐压250 V，硒堆接收工作电压为90 V。

10. 25 Hz电源屏输出电源：轨道电压AC 220 V+6.6 V，局部电压AC 110 V+3.3 V，局部电源电压超前轨道电源电压900 V。

11. 相邻轨道区段应满足25 Hz相敏轨道电路极性交叉要求。

三、维护注意事项

（一）轨道线类

1. 钢轨接续线采用一胀一塞一软一硬双套化，接续线无影响强度的伤痕，焊接牢固。

2. 塞钉式接续线的塞钉打入深度与钢轨平，露出不得超过4 mm。

3. 塞钉与塞钉孔要全接触，并涂白色瓷漆封闭，圆圈直径20 mm。

4. 接续线密贴钢轨连接夹板(鱼尾板)，在2、5位螺栓上用跳线卡把硬线固定，再把软线绑扎在硬线上，达到平、紧、直。

5. 引接线和跳线长度规格适当，不得交叉，连接平直，用带有ϕ10 mm以上螺栓和卡子的水泥小方枕固定，不得埋在道砟中，并进行过轨防护。

6. 除硬接续线外，任何塞钉式接续线塞钉焊线部位均须垂直向下钉固。

7. 穿越轨底的裸线距轨底距离不小于30 mm，并用胶管防护，胶管露出钢轨两侧不小于300 mm，用ϕ1.6 mm铁线绑扎。

8. 胀塞式接续线、引接线螺母齐全紧固，塞钉与塞钉孔要全面接触。

9. 特殊线单独定做，不得中间接续。

10. 引接线和跳线处不得有防爬器和轨距杆等物，不得与可能造成短路的金属件接触。

11. 钢绞线应油润无锈蚀。

（二）绝缘

1. 采用高强度轨道绝缘，绝缘垫片和铁垫片大小一致。

2. 槽形绝缘使用两段式绝缘。

3. 绝缘套管、垫片齐全、无破损；各部螺栓紧固，丝扣油润。

4. 钢轨无肥边。

5. 轨端绝缘不得高于钢轨面，采用 8 mm 厚的轨端绝缘。

6. 钢轨绝缘处的轨缝应保持在 6～10 mm，端面不挤死，绝缘接头处工务扣件不碰夹板，枕木螺栓不碰绝缘夹板螺栓。

（三）箱盒安装及内部设备

1. 扼流变压器箱、轨道变压器箱基础完好，培土夯实。

2. 扼流变压器箱基础顶面与轨底平齐。

3. 轨道变压器箱与相应的扼流变压器箱一字排列，轨道变压器箱与扼流变压器箱的顶面平齐。

4. 扼流中心连接板用胶管防护，防止与引接线混线。

5. 扼流变压器箱与轨道变压器箱采用长保护管，避免电缆外露。

6. 同一区段的适配器送受端原则上使用相同的端子。

7. 检查中心连接板、扼流引接线与扼流变压器箱绝缘良好。

8. 汇流板、回流线、等位线有防混线措施，各部安装牢固，防护措施良好。

9. 箱盒油饰良好，编号用白瓷漆小号字，编号清楚。

10. 各种箱盒距上下行正线线路中心不小于 2.5 m。

11. 防尘密封胶圈美观，防尘作用良好。

（四）电气连接

1. 使用六柱端子的箱、盒内各部端子螺帽齐全、紧固、无锈蚀，防松帽、端子号齐全。

2. 万可端子插接良好，禁止一孔多线，特殊情况需一孔多线时，焊接后插入。

3. 箱、盒内部配线平直，绑扎良好。

4. 实行相位交叉后对钢轨绝缘破损有可靠的防护，所以必须对相位交叉进行严格的测试，测量极性交叉正确。

5. 一送多受区段分路不良的分支轨道继电器电压必须低于其他分支轨道继电器电压。

6. 一送多受区段受端电阻先调整至 0 Ω，不平衡区段电压高的分支电阻调大；分路不良区段可提高受端电阻值，以提高轨道电路分路灵敏度。

7. 站内补偿电容的使用数量、容量符合设计要求，在线测量容量在规定值以内(标称值±10%)。

（五）现场使用注意事项

1. 在现场施工和使用过程中，因室外轨面电压较低(一般为 1 V 左右)发现很多因为室外各部电气螺丝因不够紧固而造成的轨道电路闪红光带的现象，为此经过在室外各部电气螺丝上加装弹簧垫圈的做法大大降低了此类故障的发生。因此在现场施工和维修的过程中，应特别对室外各部电气螺丝(尤其是钢轨方面低压部分)加强紧固，应加装弹簧垫片，防止此类故障的发生。

2. 现场使用中，发现轨道电路导接线如果接触不良就会导致设备故障，相对于移频轨道电路来说 25 Hz 相敏轨道电路对钢轨导接线要求更高必须保证其接触良好，在更换导接线时，应在天窗或无车的情况下，否则有可能造成轨道电路红光带影响行车。因此，在日常维护中必须加强对导接线的检查维护。

第四节 轨道电路设备测试及调整

一、25 Hz 相敏轨道电路测试

（一）测试项目

1. 送电端

隔离盒（WGL-U）Ⅰ次侧电压、Ⅱ次侧电压；变压器（BG-130/25）Ⅰ次侧电压、Ⅱ次侧电压；限流电阻电压；扼流变压器Ⅰ次侧电压、Ⅱ次侧电压；轨面电压。

2. 受电端

轨面电压、扼流变压器Ⅰ次侧电压、Ⅱ次侧电压；限流电阻电压；变压器（BG-130/25）Ⅰ次侧电压、Ⅱ次侧电压；隔离盒（WGL-U）Ⅰ次侧电压、Ⅱ次侧电压。

3. 交流二元继电器：轨道电压不小于 15 V。

（二）参数标准

1. 送电端

（1）隔离盒Ⅰ次侧电压 50～220 V。

（2）隔离盒Ⅱ次侧电压 1.3～13 V。

（3）变压器（130/25）Ⅰ次侧电压 50～220 V。

（4）变压器（130/25）Ⅱ次侧电压 0.44～18.48 V。

（5）限流电阻电压 2～6 V。

（6）扼流变压器Ⅰ次侧电压 0.5～1.2 V。

（7）扼流变压器Ⅱ次侧电压 1.5～3.5 V。

（8）轨面电压 0.5～1.2 V。

2. 受电端：

（1）轨面电压 0.5～1.1 V。

（2）扼流变压器Ⅰ次侧电压 0.5～1.1 V。

（3）扼流变压器Ⅱ次侧电压 1.5～3.3 V。

（4）限流电阻电压 0.1～3 V。

（5）变压器（130/25）Ⅰ次侧电压 0.5～1.2 V。

（6）变压器（130/25）Ⅱ次侧电压 1.5～3.6 V。

（7）隔离盒Ⅱ次侧电压 1.5～3.8 V。

（8）隔离盒Ⅰ次侧电压 0.5～1.2 V。

3. 交流二元继电器：轨道电压不小于 15 V。

（三）测试方法

1. 送电端

（1）隔离盒Ⅰ次侧电压：用万用表交流 250 V 挡，将两表笔分别与使用端子接触后读数。

（2）隔离盒Ⅱ次侧电压：用万用表交流 25 V 挡，将两表笔分别与使用端子接触后读数。

（3）变压器（BG-130/25）Ⅰ次侧电压：用万用表交流 250 V 挡，将两表笔分别与使用端子接触后读数。

(4)变压器(BG-130/25)Ⅱ次侧电压:用万用表交流 250 V 挡,将两表笔分别与使用端子接触后读数。

(5)限流电阻电压:用万用表交流 10 V 挡,将两表笔分别与使用端子接触后读数。

(6)扼流变压器Ⅰ次侧电压:用万用表交流 2.5 V 挡,将两表笔分别与使用端子接触后读数。

(7)扼流变压器Ⅱ次侧电压:用万用表交流 10 V 挡,将两表笔分别与使用端子接触后读数。

(8)轨面电压:用万用表交流 2.5 V 挡,将两表笔分别与两钢轨接触后读数。

2. 受电端

(1)轨面电压:同送端。

(2)扼流变压器Ⅰ次侧电压:同送端。

(3)扼流变压器Ⅱ次侧电压:同送端。

(4)限流电阻电压:同送端。

(5)变压器(130/25)Ⅰ次侧电压:用万用表交流 2.5 V 挡,将两表笔分别与使用端子接触后读数。

(6)变压器(130/25)Ⅱ次侧电压:用万用表交流 10 V 挡,将两表笔分别与使用端子接触后读数。

(7)隔离盒Ⅱ次侧电压:用万用表交流 10 V 挡,将两表笔分别与使用端子接触后读数。

(8)隔离盒Ⅰ次侧电压:用万用表交流 2.5 V 挡,将两表笔分别与使用端子接触后读数。

3. 交流二元继电器轨道电压:用万用表交流 25 V 挡,将两表笔分别与交流二元继电器轨道线圈配线端子(在组合配线侧)接触后读数。

二、25 Hz 相敏轨道电路的调整

(一)调整方法

多年来现场运用情况表明:25 Hz 相敏轨道电路较易做到一次调整,只有少数区段经历一次雨季,要将轨道继电器端电压调整到不低于其最低值,并确认励磁吸起,待晴天后再检查能否确保分路,即轨道继电器残压应小于 7.4 V 和前接点分离,如分路良好,即能实现一次调整。

(二)注意事项

应重点考虑轨道继电器的轨道电压、相位角、限制电阻的阻值,一送多受的平衡。

1. 送电端限流电阻的数值以及受电端中继变压器的变比,应按原理图的规定加以固定,不应作为轨道电路的调整手段进行调整。若调小限流电阻,将恶化轨道电路的分路特性,若改变中继变压器的变比,会使受电端连接器材的阻抗和轨道电路的阻抗匹配条件遇到破坏。在调整前,应首先检查送电端限流电阻和受电端中继变压器的变比是否符合原理图的规定。然后再调整供电变压器的Ⅱ次侧电压,使之满足轨道电路的工作要求。

2. 25 Hz 相敏轨道电路具有相位选择性,在调整轨道电路前,应检查元件间是否按同名端相连和轨道的连接是否符合相位交叉的要求,在调整供电变压器时,也应注意不要将同名

端接错。

3. 一送多受的轨道电路区段，各分支电压应调整至相同或相近电压值。然后，根据其类型按调整表的相应类型来调整轨道电路的供电电压，此时，各轨道继电器上的端电压应在调整表给定的允许电压范围内。

4. 对于一送多受的轨道电路，随道岔布置的不同，分路最不利地点也不同，故检查分路除应在送电端和所有受电端进行检查外，尚需在岔尖及其他地点检查分路，如带无受电分支，还应在无受电分支的末端检查，必须保证所有受电端都符合分路检查的要求。

5. 应检查机车信号的入口电流是否满足机车信号的要求。在电气化区段钢轨内除信号电流外，还可能会有不平衡牵引电流，这会影响测试的准确性。因此，最好选在天窗时间内进行该项测试以确保测试的准确性。

6. 设有空扼流变压器的轨道电路应对其轨道电路进行补偿，有电码化的区段，还应对机车信号的电码化信息进行补偿。机车信号信息的不同所需要的类型也不同，应根据机车信号信息来选择相应类型的补偿器，在确定了补偿器的基础上在按需要调整轨道电路供电电压。

7. 一送多受时，轨道电路的受电端电阻也应按调整参考表的给定值固定。

8. 一送多受轨道区段带有空扼流的无受电分支，可先用方法 6 进行补偿，然后按方法 7 确定各受电分支电阻值，然后调整供电电压，轨道电路的相位交叉。

第五节　轨道电路设备故障处理

轨道电路出现故障，工区电务人员应立即登记停用设备进行处理，初步判断若短时间内不能恢复，建议车站立即启用非正常接发列车办法。

如确定为结合部故障，应立即通知车站要求管内工务部门赶往现场进行处理，电务部门积极准备抢修材料和工具进行配合，尽快处里恢复设备使用。如果电气化区段轨道电路出现故障，则应按照电气化区段相应的安全规章制度，在确保人身安全的前提下进行收障处理。

当轨道电路区段无车占用而出现红光带故障时，可以参照故障应急处理程序进行。

一、25 Hz 相敏轨道电路常见故障判断分析

1. 案例 1

故障现象：有车占用无光带。

判断分析：发生这一类型的故障是很危险的，很容易引发大事故，受理后应先停用设备后处理。其原因一般有以下几个方面：

(1)“死区间”过长，属设计原因。

(2)在设有轨端绝缘但没有设受端的渡线或侧线，因轨端接续线或岔后跳线断、脱，而造成“死区间”。

(3)轨面电压调整过高或送端变阻器调整的阻值过小造成车辆压不死。

(4)一送多受的轨道区段因各受端相距较远，轨面电压调整不平衡，有个别受端轨面电

压过高而造成车辆压不死。

(5)车辆轮对分路不良，如轨面生锈，车辆自重过轻以及轮对电阻过大等。

(6)轨道继电器有残磁或接点卡阻、粘连等。

(7)其他电源混入，如移频电压干扰等。

2. 案例 2

故障现象：一片轨道电路出现红光带。

判断分析：应考虑公共部分，如室内送端轨道电压有无送出，到分线盘测量 220 V 电压有无送出即可判断。有电压送到分线盘可考虑室外电缆故障等原因。同时也要考虑电源屏的局部电源 110 V 电压是否送到组合架上。

3. 案例 3

故障现象：单个轨道电路出现红光带。

判断分析：可在分线盘该轨道电路的受端和轨道继电器的线圈两端测量电压，判断是室内还是室外故障。

(1)如果在分线盘测到 0 V，则开路或短路故障皆有可能。

先拆下分线盘一根电缆测室外部分，如果电压高于平时值(18～24 V)，说明室外到分线盘都是正常的，可判断是室内短路；如仍为 0 V，是室外故障，可能是开路也可能是短路故障。

对于室外故障：到现场首先查找电压有无送到送电端，如果送到送电端，根据变压器的连接方式查看输出电压是否正确，对于电气化区段，还要检查扼流变压器输出是否正确，在正常情况下，轨面电压为 0.4～0.8 V。如果送电端的电压到轨面都是正常的，再到受电端检查，首先检查受电端电压是否正常，如果电压明显下降，可能是有短路或半短路故障，用万用表或轨道故障测试仪进行查找，在电压突然变化处，可能就是故障点。

(2)当电压在允许范围之内时，轨道继电器仍不吸起。

此种情况故障点一般在室内，首先查找受端电压是否送到轨道继电器的 3-4 线圈，并且检查极性和相位角是否符合标准，如果电压基本正常，失调角严重超标(最大失调角超过 ±30°)，就要调整防护盒的有关端子，使失调角达到规定值。如果电压未送到轨道继电器的 3-4 线圈，查找分线盘到继电器的配线和器材。

(3)对于电码化轨道区段，由于叠加了移频信息，因此查找故障时要用移频表进行测试，判断是 25 Hz 相敏轨道电路的电压还是移频电压。

4. 案例 4

故障现象：两个相邻的轨道电路同时出现红光带。

判断分析：此现象有可能相邻轨道电路绝缘节破损，单个绝缘节破损就会引起相邻轨道电路出现红光带。

5. 案例 5

故障现象：非电气化区段一送两受道岔轨道区段红光带故障。

判断分析：

(1)靠近送电端。先测轨面电压，如果电压较高，根据经验可断定为开路故障，直接向受端查找，但一般情况下，无论电压是高还是低，应开箱测试 BG_2 Ⅱ次侧电压与变阻器电压进行比较后再作出结论。若Ⅱ次侧电压不正常，可沿Ⅰ次侧至熔丝方向查找故障点；若Ⅱ次侧电压正常，再测变阻器电压，如果变阻器电压为零或明显低于平常值(原始测试记录上的数值。下同)，表明轨道电路开路；如果变阻器电压接近Ⅱ次侧电压或明显高于平常值，表明轨道电路短路。判断是开路故障还是短路故障是处理轨道电路故障的关键所在。

(2)靠近受电端。先测受端轨面电压。根据现场经验，一送一受的受端轨面电压一般不应低于 0.6 V(距信号楼特别远的区段只会更高一些)，这个电压经受端 BG_2 变压后为 20 V 左右，再送至室内继电器两端电压有效值大于或等于 18 V(微电子接收器的室内电压有效值大于或等于 16 V)，能保证继电器可靠吸起。一送多受的受端轨面电压根据具体情况而定，但各受端电压均不能低于 0.6 V。

当受端轨面电压高于 0.6 V 时，一送一受的轨道电路故障点肯定在受端至室内方面；一送多受区段要开箱检查平常值，只要所测电压高于平时值，故障范围与一送一受区段相同。为可靠起见，还要测另外几受轨面电压进行比较后再确定。

当受端轨面电压低于 0.6 V，有四种情况：

①BG_2 短路。

测 BG_2 Ⅰ、Ⅱ次测电压是否成比例予以确定。

②轨道电路短路或半短路。

在排除第一点的情况下，拆下 BG_2 Ⅱ次侧的一根线，如Ⅱ次侧电压升高幅度不大，属第②种情况；如果Ⅱ次侧电压升高幅度较大，属③④两种情况。

③轨道电路开路或半开路。

④受端电缆混线。

对于④不要急于考虑，因第③点的机率较高，先按开路故障查到送端，如果中间某处电压突然升高，就是故障点的所在。如果电压无明显变化，再开送端变压器箱，按“靠近送端”的处理方式查找。如在送端确定为短路故障，说明受端电缆混线。

复习思考题

1. 25 Hz 相敏轨道电路设备室内部分包括哪些?
2. 25 Hz 相敏轨道电路设备室外部分包括哪些?
3. 防护盒的作用是什么?
4. 室内隔离盒(NGL)的作用是什么?
5. 室外隔离盒(WGL)的作用是什么?
6. 调整变压器(BMT)的作用是什么?
7. 进站、接车进路信号机处，钢轨绝缘可设在信号机前方或后方多少距离处?
8. 25 Hz 相敏轨道电路送电端测试项目及标准是什么?
9. 轨道电路钢轨绝缘的设置应符合哪些要求?

第四章 色灯信号机

第一节 色灯信号机结构及组成

色灯信号机以其灯光的颜色、数目和亮灯状态来表示信号，主要分为透镜式色灯信号机、LED色灯信号机两种，本节主要以透镜式色灯信号机为例。

一、机柱基础

透镜式色灯信号机机柱有高柱和矮型两种类型，高柱信号机的机构安装在钢筋混凝土信号机柱上，矮型信号机的机构安装在信号机水泥基础上。

高柱透镜式色灯信号机如图4-1-1(a)所示。它由机柱、机构、托架、梯子等部分组成。机柱用于安装机构和梯子。机构的每个灯位配备有相应的透镜组和单独点亮的灯泡，给出信号显示。托架用来将机构固定在机柱上，每一机构需上、下托架各一个。梯子用于给信号维修人员攀登及作业。

矮型透镜式色灯信号机如图4-1-1(b)所示。它用螺栓固定在信号机基础上，没有托架，更不需要梯子。

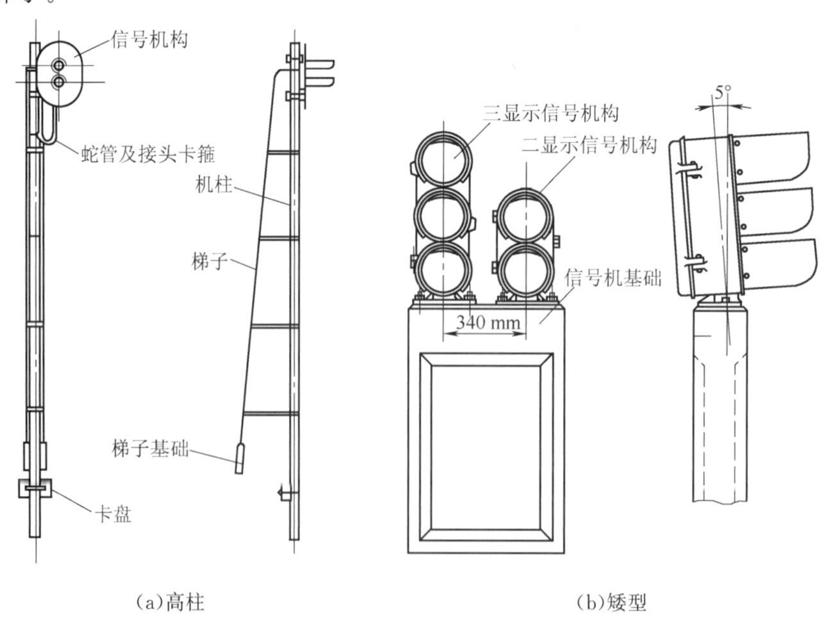

图4-1-1 透镜式色灯信号机结构

二、机构分类和组成

透镜式色灯信号机有单机构和双机构之分。单机构只有一个机构，可构成二显示、三显示和单显示信号机，图 4-1-1(a)即为单机构二显示信号机。双机构色灯信号机可构成四显示、五显示，图 4-1-1(b)为双机构五显示信号机。各种信号机根据需要还可以分别带引导信号机构、容许信号机构或进路表示器。

单显示机构有一个灯室；二显示机构有两个灯室；三显示机构有三个灯室。每个灯室内有一组透镜、一副灯座、一个灯泡和遮檐。灯座间用隔板分开，以防止相互串光，保证信号显示的正确。背板是一个机构共用的。各种信号机可根据信号显示的需要选用机构，再按灯光配列对信号灯位颜色的规定安装各灯位的有色内透镜。

对应透镜式色灯信号机的每个灯位由灯泡、灯座、透镜组、遮檐和背板等组成，如图 4-1-2 所示。

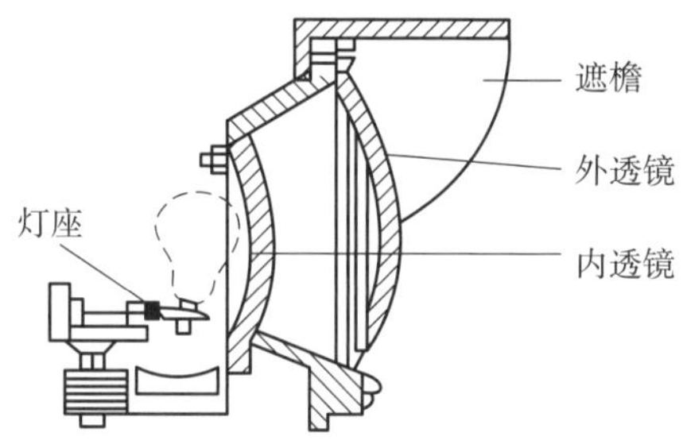

图 4-1-2 透镜式色灯信号机的机构

三、机构选用

色灯信号机的机构有单显示、二显示和三显示三种。单显示机构使用于遮断信号、复示信号、引导信号、容许信号。二显示和三显示可以单独使用，也可以组合(以及与单显示机构组合)构成各种信号显示。

(1)当根据实际情况需要减少灯位时，应以空位停用方式处理。

(2)以两个基本灯光组成一种信号显示时，应在一条垂直线上(进站复示信号机除外)。是为了防止两个灯光被误认为是不同信号机的显示。

(3)在以两个机构组成的矮型信号机上，应将最大限制信号设在靠近线路的机构上。其目的是防止和避免该信号机被误认为是邻线的信号机。

(4)双机构加引导信号是一种专门的信号机形式，唯有它能区分始端速度。

(5)一般情况下，站内高柱信号机的机构设于机柱右侧，区间高柱信号机的机构设于机柱的左侧。

四、信号光源

信号光源主要由信号灯泡、灯座、信号点灯和灯丝转换装置等 3 部分组成。

1. 直丝信号灯泡

信号灯泡是色灯信号机和信号表示器的光源。目前，铁路均采用直丝信号灯泡，其灯丝为双螺旋直丝，克服了 U 形灯丝光强度峰值不在主光轴上的缺点，光衰小，提高了显示距离，并减小了维修工作量。

透镜式色灯信号机用的直丝灯泡为 TX12-25/12-25A 型和 TX12-25/12-25B 型，其外形和主要尺寸分别如图 4-1-3(a)和图 4-1-3(b)所示。T 表示铁路，X 表示信号，12-2512-25 表示双丝灯泡，均为 12 V/25 W。

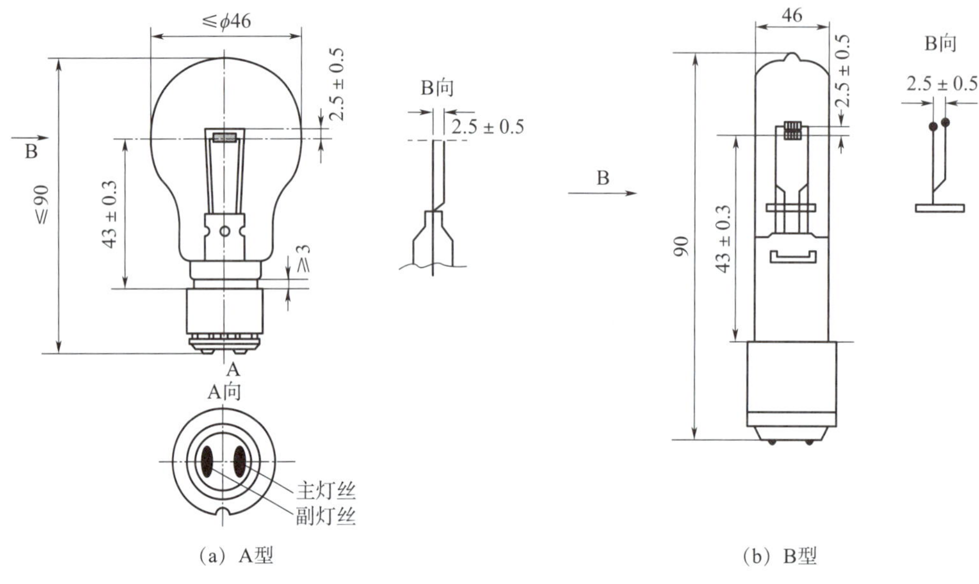

(a) A型　　(b) B型

图 4-1-3　透镜式色灯信号机的直丝灯泡(单位:mm)

主灯丝和副灯丝呈直线状且平行。主灯丝在前，副灯丝在后，以防止副灯丝挡住主灯丝的光。主灯丝在下可避免主灯丝断丝时，灯丝落下碰到副灯丝，影响副灯丝正常工作，有利于安全使用。

2. 定焦盘式铁路信号灯座

直丝信号灯泡配套的灯座是定焦盘式铁路信号灯座。定焦盘灯座三维(上下、左右、前后)可调，可调整光源位置，使主灯丝位于透镜组的焦点上，获得最佳显示效果。

3. 信号点灯和灯丝转换装置

信号点灯和灯丝转换装置由信号变压器、灯丝转换继电器组成或采用将点灯和灯丝转换结合为一体的多功能信号点灯装置和点灯单元。

(1)信号变压器

信号变压器用于色灯信号机的点灯电源，设于信号机处的变压器箱内，用以将 220 V 交流电降压为 12 V。目前使用的信号变压器有 BX-40 型、BX-30 型、BX_1-30 型、BX_1-34 型，其中使用最多的是 BX_1-34 型；以及 BXY-60 型、BXQ-80 型远程点灯信号变压器和 BGY_2-80 型远程隔离变压器。BGY_2-80 型远程隔离变压器为区间通过信号机点灯室内送电，起隔离及远距离点灯调整的作用，一台 BGY_2-80 型变压器可同时供室外两台信号变压器工作，传输距离最大为 18 km。BX_1-34 型信号变压器的结构如图 4-1-4 所示。

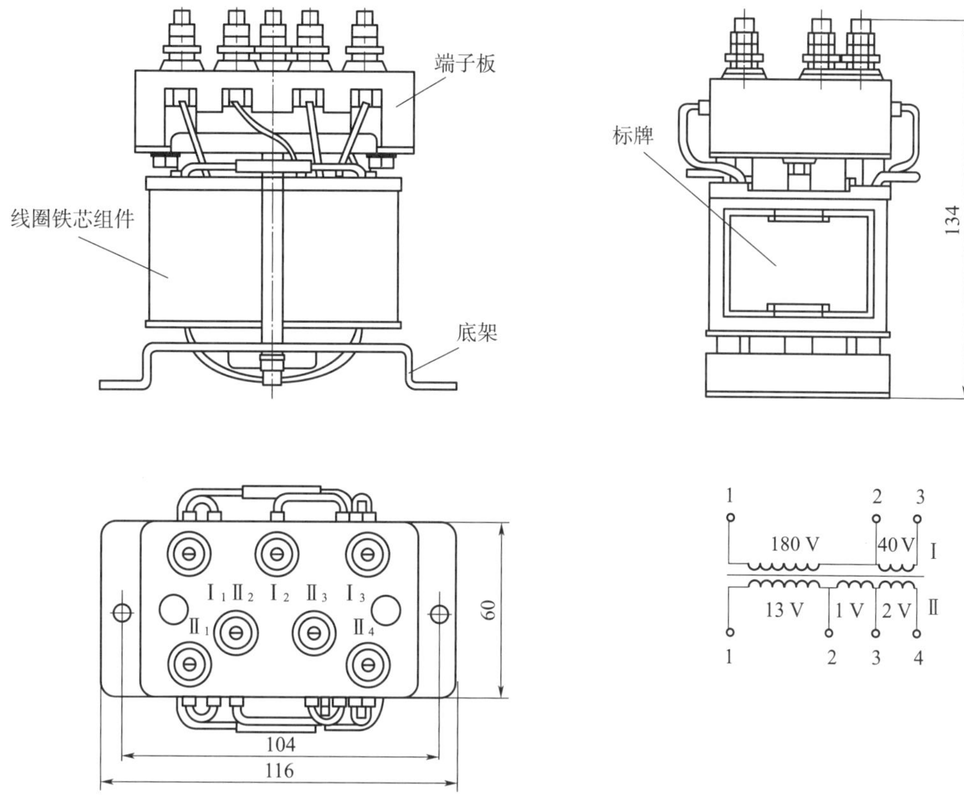

图 4-1-4 BX_1-34 型信号变压器的结构图(单位:mm)

(2)DDX 型点灯单元

DDX 型点灯单元有多种型号,包括 DDXL-34 型。

DDXL-34 型点灯单元电路原理如图 4-1-5 所示,其采用的点灯变压器为防雷变压器,以满足雷电防护的要求。灯丝转换继电器采用 JZSJC 型。当主灯丝断丝时,灯丝转换继电器断电落下,通过其后接点接通副灯丝回路,点亮副灯丝,同时发出报警。

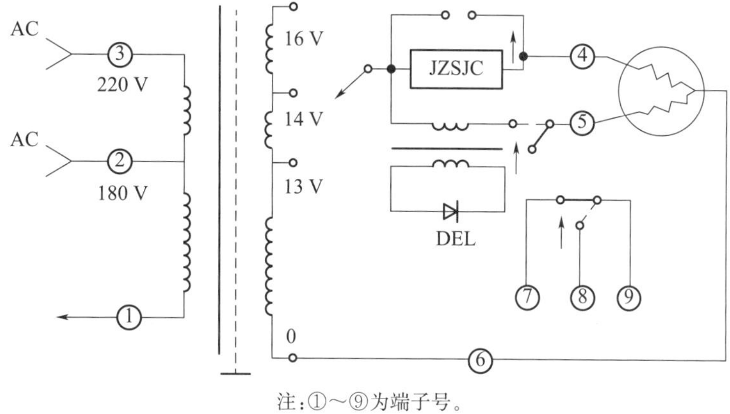

注:①～⑨为端子号。

图 4-1-5 DDXL-34 型点灯单元电路原理

第二节　色灯信号机设置及命名

一、信号机的设置及显示

我国铁路实行左侧行车制，信号机一般设于线路左侧，如果两线路之间距离不足以装设信号机时，可采用信号托架或信号桥。装在信号托架和信号桥上的信号机，可设于线路左侧，也可设于所属线路中心线的上方。在特殊情况下，如线路左侧没有装设信号机的条件或因曲线、隧道、桥梁等影响，装在右侧比装在左侧显示距离较远，在保证不致使司机误认的条件下，经铁路局集团公司批准，也可设于右侧。

在既有线提速区段，信号机的设置与显示仍采用既有线的方式。在兼顾货运 200～250 km/h 高速铁路，其信号机的设置、显示与既有线相同；在不兼顾货运的 200～250 km/h 和 300～350 km/h 的高速铁路，区间不设通过信号机，车站的进、出站信号机平时灭灯。

交流电力牵引区段设置进站、预告、通过信号机与接触网支柱同侧设置时，信号显示距离不应受接触网设备影响。如影响显示时，信号机安装方式可做适当调整。设置高柱出站信号机时，两线间距离不得小于 5 300 mm；在相邻两条线路（均通行超限货物列车）的线间设置高柱信号机时，两线间距离不得小于 5 500 mm。

（一）进站信号机

进站信号机的作用是防护车站，指示进站列车的运行条件，保证接车进路的正确和安全可靠。所以凡是车站的列车入口处都必须装设进站信号机。

1. 设置原则

进站信号机一般设置在距进站道岔尖轨尖端（顺向为警冲标）不少于 50 m 的地点，如图 4-2-1 所示，如因调车作业或制动距离的需要，一般不超过 400 m。同时进站信号机应尽量避免设在停车后启动困难的上坡道上、地势险峻地点、隧道内、桥梁上，以及在列车停车后不能全部出清桥梁和隧道的地点。

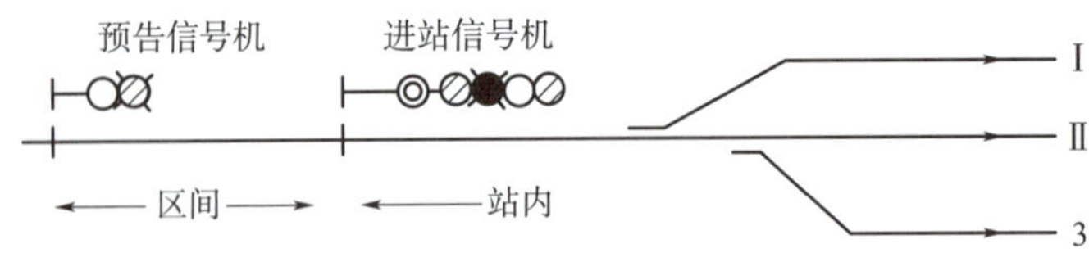

图 4-2-1　进站信号机的设置

2. 灯位设置

进站信号机一般设为高柱双机构（两个二显示机构）和一个引导信号机构，自上而下灯位为黄、绿、红、黄、月白；当设为矮型信号机时，采用一个四显示机构和一个三显示机构，四显示灯位为绿、黄、空位、黄，三显示为红、空位、月白，红灯机构设置在靠近线路侧。

在高速铁路，桥、隧地段信号机及高柱信号机构外缘与接触网带电部分不符合安全距离要求时,可采用七灯位矮型信号机。当矮型进站信号机设于线路右侧时,定型配置的三、四灯位机构换位,使红灯位于线路侧。

3. 显示含义

(1)三显示自动闭塞、半自动闭塞、自动站间闭塞区段进站色灯信号机;

①一个绿色灯光:准许列车按规定速度经正线通过车站,表示出站及进路信号机在开放状态,进路上的道岔均开通直向位置;

②一个绿色灯光和一个黄色灯光:准许列车经道岔直向位置,进入站内越过次一架已经开放的信号机准备停车;

③一个黄色灯光:准许列车经道岔直向位置,进入站内正线准备停车;

④一个黄色闪光和一个黄色灯光:准许列车经 18 号及以上道岔侧向位置,进入站内越过次一架已经开放的信号机且该信号机防护的进路经道岔直向位置或 18 号及以上道岔侧向位置;

⑤两个黄色灯光:准许列车经道岔侧向位置(但不满足上述第④项条件)进入站内准备停车;

⑥一个红色灯光:不准列车越过该信号机。

(2)四显示自动闭塞区段进站色灯信号机

①一个绿色灯光:准许列车按规定速度经道岔直向位置进入或通过车站,表示运行前方至少有三个闭塞分区空闲;

②一个绿色灯光和一个黄色灯光:准许列车按规定速度经道岔直向位置进入站内,表示次一架信号机经道岔直向位置开放一个黄灯;

③一个黄色灯光:准许列车按限速要求经道岔直向位置进入站内正线准备停车;

④一个黄色闪光和一个黄色灯光:准许列车经 18 号及以上道岔侧向位置,进入站内越过次一架已经开放的信号机且该信号机防护的进路经道岔直向位置或 18 号及以上道岔侧向位置;

⑤两个黄色灯光:准许列车按限速要求越过该信号机,经道岔侧向位置(但不满足上述第④项条件)进入站内准备停车;

⑥一个红色灯光:不准列车越过该信号机;

⑦一个红色和一个月白色灯光:准许列车在该信号机前方不停车,以不超过 20km/h 进站或通过接车进路,并须准备随时停车。

(二)出站信号机

出站信号机的作用是防护区间,作为列车占用区间的凭证,指示列车能否进入区间。与发车进路及敌对进路相联锁,信号开放后保证发车进路安全;指示列车在站内的停车位置。所以车站发车线(含救援列车停留线)端部必须装设出站信号机。同时对在装有调车信号机的车站,发车进路的始端往往也是调车进路的始端,所以出站信号机往往也兼做调车信号机,叫作出站兼调车信号机。

1. 设置原则

一般情况下,每一发车线应单独装设出站信号机。出站信号机的设置应尽量不影响股道有效长度,设置在车站的正线和到发线上的警冲标内方(对向道岔为尖轨尖端外方)适当地点。如图 4-2-2 所示。

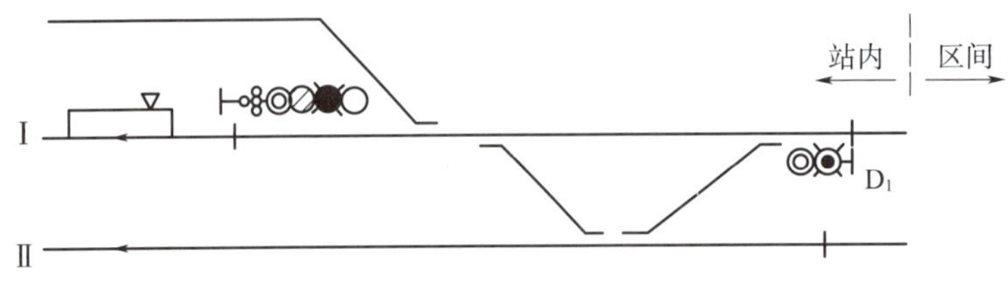

图 4-2-2　出站信号机的设置

2. 灯位设置

以四显示自动闭塞区段的出站信号机为例，高柱机构灯位自上而下是绿、红、黄、白。双机构矮型信号机其三显示机构设于左侧，上面为绿灯，下面为黄灯，中间间隔一个空灯位，二显示机构为白、红，靠近线路侧。

在信号机常态灭灯的高速铁路，出站信号机采用红、绿、白三灯位矮型信号机。与传统的出站信号机不同，增加了引导信号，可以在因发车进路轨道电路故障或出站信号机允许灯光断丝情况下，以引导方式将列车发至区间。但不装设进路表示器。

3. 显示含义

以四显示自动闭塞区段出站为例，其显示含义如下：

(1)一个绿色灯光：准许列车由车站出发，表示运行前方至少有三个闭塞分区空闲。

(2)一个绿色灯光和一个黄色灯光：准许列车由车站出发，表示运行前方有两个闭塞分区空闲。

(3)一个黄色灯光：准许列车由车站出发，表示运行前方有一个闭塞分区空闲。

(4)两个绿色灯光：准许列车由车站出发，开往半自动闭塞或自动站间闭塞区间。

(5)一个红色灯光：不准列车越过该信号机。

(6)一个白色灯光：兼作调车信号机时，准许越过该信号机调车。

二、通过信号机

通过信号机分为自动闭塞区段的通过信号机和非自动闭塞区段线路所的通过信号机。

自动闭塞区段的通过信号机的作用是用来防护闭塞分区，指示列车能否进入运行前方的闭塞分区。非自动闭塞区段线路所的通过信号机的所用是防护区间(两线路所之所间间或线路所与车站之间的区间)，用以指示列车能否占用运行前方的所间区间。

(一)设置原则

1. 非自动闭塞区段线路所的通过信号机

设于有分歧道岔线路所的通过信号机，具有进站和出站信号机的双重性质，即兼起指示接车和发车双重作用，其应采用进站信号机的结构形式(设于自动闭塞区段区间岔线处的通过信号机也同样处理)。

2. 自动闭塞区段的通过信号机

该通过信号机设于各闭塞分区入口处(第一离去闭塞分区除外，因其邻接车站，由出站信号机防护，不设通过信号机)。自动闭塞区段的通过信号机，应尽量设在直线上或便于司机瞭望(如曲线起点的前方)的地点,不宜设在大型桥梁上或隧道内。必须设于桥梁上或隧道内时,可采用矮型,但须经批准。自动闭塞区段的通过信号机不应设于停车后可能脱钩的处所,也不宜设在货物列车在上坡道上停车后启动困难的地点。

遇到特殊情况,必须设在上坡道上货物列车停车后启动困难的地点时,该通过信号机上应装设容许信号为了节约投资和方便维修,上、下行方向的通过信号机在不影响行车效率和司机瞭望信号的条件下,应尽可能并列设置。在不运行非动车组列车的高速铁路,不设通过信号机。

(二)灯位设置

非自动闭塞区段的通过信号机采用黄、绿、红三显示矮型信号机,依次对应上、中、下灯位;而自动闭塞区段的通过信号机采用绿、红、黄三显示矮型信号机,依次对应上、中、下灯位;非自动闭塞与自动闭塞相应灯位的位置有所区别。

(三)显示含义

1. 非自动闭塞区段线路所的通过信号机

(1)一个绿色灯光:准许列车按规定速度运行,表示运行前方至少有两个闭塞分区空闲;

(2)一个黄色灯光:要求列车注意运行,表示运行前方有一个闭塞分区空闲;

(3)一个红色灯光:列车应在该信号机前停车。

2. 自动闭塞区段的通过信号机

(1)一个绿色灯光:准许列车按规定速度运行,表示运行前方至少有三个闭塞分区空闲;

(2)一个绿色灯光和一个黄色灯光:准许列车按规定速度运行,要求注意准备减速,表示运行前方有两个闭塞分区空闲;

(3)一个黄色灯光:要求列车减速运行,按规定限速要求越过该信号机,表示运行前方有一个闭塞分区空闲;

(4)一个红色灯光:列车应在该信号机前停车。

三、调车信号机

调车信号机的作用是指示站内各种调车作业,如编组、解体、摘挂、取送、转线、转场、机车出入库等。

(一)设置原则

凡有调车作业的集中联锁的车站及尽头线、机车出入库线、机待线、专用线、牵出线、段管线及编组线等通向集中联锁区的入口处均应装设调车信号机。具体来说,调车信号机根据调车作业的实际需要,一般分为尽头型调车信号机和咽喉区调车信号机。按照设置有以下几种情况:

1. 尽头型调车信号机

由非联锁区向联锁区的入口处,由牵出线、场间联络线以及站内各种用途的尽头线,包括机车出入库,向站内联锁区的入口处装设的调车信号机,叫作尽头型调车信号机。一般采用高柱信号机。

2. 出站(发车进路)兼调车信号机

在股道头部装设的调车信号机叫作出站兼调车信号机或接发车进路兼调车信号机,即出站和接发车进路等信号机增设白灯后，兼做调车信号机用。

3. 咽喉区调车信号机

为增加调车作业的灵活性，提高了调车作业的效率和车站咽喉区的通过能力，在咽喉区中间设置调车信号机，叫作咽喉区调车信号机，用于指示调车车列，在车站上进行转线、转场、摘挂、取送车、等各项作业的进路。一般采用矮型信号机。

（二）灯位设置

调车信号机一般采用白、蓝二显示矮型信号机，依次对应上、下灯位；不办理闭塞的站内岔线，在岔线入口处设置的调车信号机，可用红色灯光代替蓝色灯光，采用白、红二显示矮型信号机，依次对应上、下灯位；起阻挡列车运行作用的调车信号机，采用白、红、蓝或白、蓝、红灯位三显示矮型信号机，依次对应上、中下灯。

（三）显示含义

(1)一个月白色灯光:准许越过该信号机调车；

(2)一个月白色闪光灯光:装有平面溜放调车区集中联锁设备时，准许溜放调车；

(3)一个蓝色灯光:不准越过该信号机调车；

(4)一个红色灯光:不准越过该信号机调车或其阻挡列车停车信号。

起阻挡列车运行作用的调车信号机，增加红色灯光或用红色灯光代替蓝色灯光。当该信号机的红色灯光熄灭、显示不明或显示不正确时，应视为列车的停车信号。

四、进路信号机

在车场前或引向不同车场的分歧道岔前的信号机为接车进路信号机当两个车场间线路紧密衔接，在车场入口处不能装设接车进路信号机时，可在相邻车场出口处的正线上装设接发车进路信号机。当两个车场间线路较长，为了提高车站通过能力，除在车场入口处的正线上装设接车进路信号机外，还应在相邻车场的出口处的正线上装设接发车进路信号机。

五、遮断信号机

在繁忙道口、有人看守的较大桥梁、隧道，以及可能危及行车安全的塌方落石地点，根据需要装设遮断信号机。

六、预告信号机

预告信号机的作用是预告进站信号机等主体信号机的显示，非自动闭塞区段的进站信号机应设预告信号机。

七、复示信号机

复示信号机的作用是复示主体信号机的显示。进站、出站、进路信号机及线路所的通过信号机，因受地形、地物影响，达不到规定的显示距离时，在信号机前适当地点应装设复示信号机。

八、信号设置原则

1. 显示距离要求

(1)进站、通过、遮断、接近信号机的正常连续显示距离不得小于 1 000 m,如因山区弯道多、曲线半径小、隧道接连不断的最不利条件下,显示距离实在无法达到标准时,一般设有预告信号机,显示距离降低到不小于 200 m。

(2)高柱出站、高柱进站信号机的显示距离不得小于 800 m;矮型出站、矮型进路信号机的显示距离不得小于 200 m。

(3)预告、驼峰、驼峰辅助信号机的显示距离不得小于 400 m;在最坏条件下,不得小于 200 m。

(4)调车、复示、矮型进路、矮型通过信号机,容许、引导信号及各种信号表示器的显示距离不得小于 200 m。

2. 信号机关闭时机要求

(1)集中联锁车站的进站、进路、出站信号机,线路所通过信号机及自动闭塞区段的通过信号机,当列车第一轮对越过该信号机后自动关闭。引导信号应在列车越过信号机后及时关闭。

(2)调车信号机在调车车列全部越过调车信号机后自动关闭;当调车信号机外方不设或虽设轨道电路而占用时,应在调车车列全部出清该调车信号机内方第一个轨道区段后自动关闭(因对于调车车列,机车可能在前面牵引也可能在后面推送,调车车列一进入调车信号机内方就关闭,就会使得司机在见到蓝灯情况下进行调车);根据需要也可在调车车列第一轮对进入调车信号机内方第一个轨道区段后自动关闭。

第三节 色灯信号机点灯原理

一、进站信号机点灯电路

进站信号机有五个灯位,从上至下顺为:1U、L、H、2U、YB,这五个灯泡中的 1U、L 和 H 是不会同时亮灯的,2U 和 YB 也不会同时亮灯,只有 1U 和 2U 或 H 和 YB、2U 和 L 能同时亮灯。能同时亮灯的两个灯泡,不能用一个灯丝继电器进行监督,因两个灯泡中坏一个,无法区分是哪一个。不能同时亮灯的几个灯泡,可以用同一个灯丝继电器进行监督,因它们可以用控制灯光的条件进行区分。

二、进站信号机点灯电路基本原理

进站信号机点灯电路如图 4-3-1 所示。

显示:H、L、U、双 U、LU、HB,由列车信号继电器(LXJ)、通过信号继电器(TXJ)、正线继电器(ZXJ)、绿黄信号继电器(LUXJ)、引导信号继电器(YXJ)控制。

1. 平时状态:H

XJZ_{220}—BXG—RD_1—$DJ_{5\text{-}6}$—$LXJ_{31\text{-}33}$—H—HH—$LXJ_{43\text{-}41}$—RD_2—BXG—XJF_{220}。

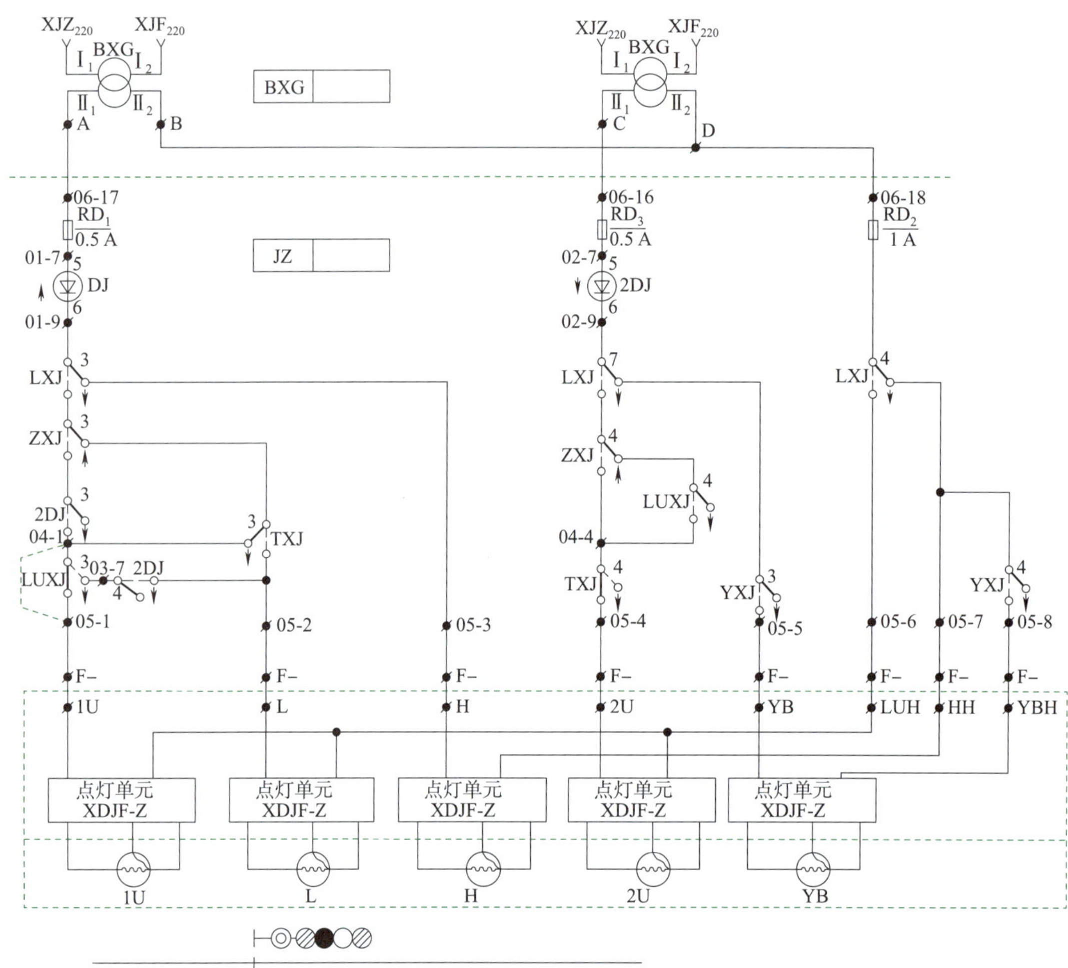

图 4-3-1　进站信号机点灯电路

检查 LXJ↓—DJ↑—点 H 灯。

2. 开放通过信号：L

XJZ_{220}—BXG—RD_1—DJ_{5-6}—LXJ_{31-32}—ZXJ_{31-32}—TXJ_{31-32}—L—LUH—LXJ_{42-41}—RD_2—BXG—XJF_{220}。

检查 LXJ↑、ZXJ↑、TXJ↑—DJ↑—点 L 灯。

3. 正线接车：U

XJZ_{220}—BXG—RD_1—DJ_{5-6}—LXJ_{31-32}—ZXJ_{31-32}—TXJ_{31-33}—$LUXJ_{31-33}$—1U—LUH—LXJ_{42-41}—RD_2—BXG—XJF_{220}。

检查 LXJ↑、ZXJ↑、TXJ↓、LUXJ↓—DJ↑—点 U 灯。

4. 开放站线接车信号：双 U

XJZ_{220}—BXG—RD_3—$2DJ_{5-6}$—LXJ_{71-72}—ZXJ_{41-43}—TXJ_{41-43}—2U—LUH—LXJ_{42-41}—RD_2—BXG—XJF_{220}。

检查 LXJ↑、ZXJ↓、TXJ↓—2DJ↑—点 2U，用 2DJ 吸起证明 2U 完好，同时构成 1U 点灯电路：XJZ_{220}—BXG—RD_1—$DJ_{5\text{-}6}$—$LXJ_{31\text{-}32}$—$ZXJ_{31\text{-}33}$—$2DJ_{31\text{-}32}$—$LUXJ_{31\text{-}33}$—1U—LUH—$LXJ_{42\text{-}41}$—RD_2—BXG—XJF_{220}。

检查 LXJ↑、ZXJ↓、2DJ↑—1DJ↑—点 1U。

（若 2U 未能正常开放，1U 就不能开放，即 1DJ↓— LXJ↓）。

5. 开放接车信号：LU

当进站信号机点 L 和 U 时，计算机联锁驱动 ZXJ、LXJ、LUXJ 吸起，此时的电路为：

2U：XJZ_{220}—BXG—RD_3—$2DJ_{5\text{-}6}$—$LXJ_{71\text{-}72}$—$ZXJ_{41\text{-}42}$—$LUXJ_{41\text{-}42}$—$TXJ_{41\text{-}43}$—2U—LUH—$LXJ_{42\text{-}41}$—RD_2—BXG—XJF_{220}。

L：XJZ_{220}—BXG—RD_1—$DJ_{5\text{-}6}$—$LXJ_{31\text{-}32}$—$ZXJ_{31\text{-}32}$—$TXJ_{31\text{-}33}$—$LUXJ_{31\text{-}32}$—$2DJ_{41\text{-}42}$—L—LUH—$LXJ_{42\text{-}41}$—RD_2—BXG—XJF_{220}。

6. 开放引导信号：HB

XJZ_{220}—BXG—RD_3—$2DJ_{5\text{-}6}$—$LXJ_{71\text{-}73}$—$YXJ_{31\text{-}32}$—YB—YBH—$YXJ_{42\text{-}41}$—$LXJ_{43\text{-}41}$—RD_2—BXG—XJF_{220}。

检查 LXJ↓、YXJ↑—2DJ↑—点 B 灯。

XJZ_{220}—BXG—RD_1—$DJ_{5\text{-}6}$—$LXJ_{31\text{-}33}$—H—HH—$LXJ_{43\text{-}41}$—RD_2—BXG—XJF_{220}。

检查 LXJ↓—点 H 灯。

三、进站信号机点灯电路分析

（1）因有时是同时点两个灯位，故设 2DJ，监督第二灯位有 2U、YB。

（2）在同时点灯的电路中，接有 2DJ 吸起接点，若 2DJ 监督的灯泡主、副灯丝均断丝，2DJ 吸起则使 1DJ 落下关闭信号。

（3）允许灯光 L、U、双 U 共用一根回线，称为 LUH；引导白灯用一根回线，称为 YBH；禁止灯光用一根回线，称为 HH。

（4）凡是同时点亮两个允许信号的灯光时，在接有 DJ 的灯光电路中都接有 2DJ 的前接点，其目的是当二黄灯灭灯时，使绿灯或一黄灯也随之灭灯，防止信号升级显示，以便用 2DJ 的第 3 组接点断开进站信号机 LXJ 电路，使信号自动改点红灯。

（5）进站信号机点灯电路中，电路控制条件均设置在电源与负载之间，满足对混线防护提出的位置法的要求。对于混线防护除采用位置法外，对允许灯光和月白灯光都采用了双断法。为了减少连线，简化电路，在点灯电路中 U、L 和 2U 灯共用一条回线。

（6）注意事项：只有集中供电方式且使用信号点灯变压器（或点灯单元）的情况下，像 U 和 2U 能同时点灯的两个灯泡，才可以共用一条回线，否则是不允许的。因为两个点灯电流共有一条回线，会产生较大的电压降，将会影响信号显示距离。

进站信号机其他灯位点灯电路以及其他出站、调车、通过信号机点灯原理一致，均通过室内联锁条件控制、室外轨道电路占用情况，通过电源、继电器接点、电缆、点灯装置形成点灯电路回路，进而达到正确控制信号显示。

第四节 色灯信号机维护

一、日常养护标准化作业流程

（一）机柱、梯子检查

1. 机柱不倾斜，无破损。
2. 水泥机柱表面光滑，水泥无严重脱落，横向裂纹不超过半周，纵向裂纹不露钢筋。
3. 引线管安装牢固无破损，机顶及各部废孔堵塞良好。
4. 梯子与机柱中心一致，安装方向与所属线路垂直。
5. 梯子各部螺丝紧固，支架水平，梯子无弯曲，梯子地线检查良好。

（二）信号机机构检查

1. 显示距离达标。
2. 机构与底座、机构门密封严密，不进水。
3. 机构安装牢固，螺丝紧固，油漆无脱落。
4. 矮型信号机外透镜清洁、无裂纹，不活动、漏水，无影响显示的斑点。

（三）信号机箱盒检查

1. 检查箱盒无损伤及漏水，加锁良好。
2. 箱（盒）体、盖、轴无裂纹、破损，密封良好。
3. 箱盒油饰良好，无明显锈蚀，加锁齐全。
4. 箱盒外观清扫。

（四）外部注油

1. 信号机各外部安装螺丝紧固检查并注油。
2. 信号机构、箱盒加锁检查并对信号锁注油。

二、集中检修标准化作业流程

（一）设备外部检查

检查程序及标准同日常养护内容。

（二）信号机机构内部

1. 检查机构门密封良好，开启灵活。
2. 检查各灯室之间隔板严密、不窜光。
3. 检查点灯单元及灯座固定牢固。
4. 检查点灯单元及灯座配线端子紧固，备帽及垫片齐全，配线无挤压、破损，绑扎良好，固定平顺。
5. 检查灯泡不变形，灯头不晃动，无发黑现象，灯泡底座接触可靠。
6. 内透镜、机构内部清扫。

7. 检查盘根、引线孔封堵,防尘整修。

(三)变压器箱、终端盒

1. 变压器箱、终端盒密封良好、无漏水,盘根及二次防尘玻璃齐全,防尘良好。

2. 变压器箱内端子板固定良好,各部螺丝无松动(万可端子应保证插接良好),线头无损伤,垫片及备帽齐全。

3. 变压器箱、终端盒内配线整齐、长度适当,绑扎良好,不老化、留有余量,备用电缆易于区分。

4. 变压器箱内器材固定牢固,底板、隔板齐全无破损。

5. 箱盒内电缆标牌、配线图表齐全。

6. 内部清扫,填写终端盒检修卡片。

(四)Ⅰ级测试

1. 变压器Ⅰ次侧电压测试:万用表使用交流 250 V 挡,两表笔分别接点灯单元“电源”端子进行测量。

2. 变压器Ⅱ次侧电压测量:万用表使用交流 25 V 挡,两表笔分别接点灯单元“主丝”端子测量。

3. 灯端主丝电压测量:万用表使用交流 25 V 挡,一表笔接灯座“公共”端子,另一表笔接灯座右侧主丝端子测量。列车信号机灯端电压应为 10.2~11.4 V,调车信号机灯端电压应为 9~11.4 V,容许信号灯端电压应为 7.8~10.2 V。

4. 断丝报警试验及灯端副丝电压测量:断开主丝端子配线,应能自动转换到副丝工作,室内控制台应显示断丝报警。此时万用表使用交流 25 V 挡,一表笔接灯座中间“公共”端子,另一表笔接灯座左侧“副丝”端子进行测试。

5. 灯端电压不达标时的调整:改变点灯单元的变比,使Ⅱ次侧输出不同的电压,直至灯端电压达标。

6. 填写测试卡片。将测试结果填入信号机测试记录卡中

(五)作业完复查、加锁

检查箱盒、机构密封良好,并紧闭;箱盒、机构加锁并注油

第五节　色灯信号机的日常检修测试

一、主要技术指标

1. 色灯信号机灯泡的端子电压为灯泡额定值(AC 12 V)的 85%~95%(10.2~11.4 V),调车信号为 75%~95%(9.0~11.4 V),允许信号为 65%~85%(7.8~10.2 V)。副丝电压为主丝电压的 90%~95%。

2. 双丝灯泡的自动转换装置,当主丝断丝后应能自动转换至副丝,有断丝报警功能的,应报警。

3. 信号机外壳、梯子安全地线和屏蔽地线的接地电阻应不大于 10 Ω。

二、测试项目、内容、标准和周期（表 4-5-1）

表 4-5-1　测试项目、内容、标准和周期

序号	测试项目和内容	技术标准	测试周期	备　注
1	点灯变压器Ⅰ、Ⅱ次侧电压	—	每年一次	
2	主灯丝点灯端电压	列车信号 10.2～11.4 V； 调车信号 9.0～11.4 V； 允许信号 7.8～10.2 V	每年一次	更换灯泡时测
3	副灯丝点灯端电压	为主丝电压的 90%～95%	每年一次	更换灯泡时测
4	灯丝继电器交直流电压、电流	—	每年一次	
5	信号机地线接地电阻	不大于 10 Ω	每年一次	
6	电源屏点灯输出电压	—	每年一次	

三、测试方法及要求

1. 在色灯信号机调整前，先测试、调整电源屏信号机点灯输出电压。

电源屏输出电源在外电网波动变化条件下，信号机点灯输出电压应控制在 220 V±10 V。

2. 测试点灯变压器Ⅰ、Ⅱ次侧电压。

将万用表置交流电压挡，表笔分别接信号点灯变压器Ⅰ、Ⅱ次侧接线端子，应带负载时测试。

3. 测试灯泡主、副灯丝点灯端电压。

将万用表置交流电压挡，表笔分别接触灯座后主灯丝、回线端子和副灯丝、回线端子。测试副丝电压时需按压转换按钮，灯端电压不符合标准时对点灯变压器输出电压进行调整。

4. 测试灯丝继电器交、直流端电压或电流。

将万用表置交流或直流电压挡，表笔接灯丝继电器插座板 53、63 端测交流电压，接灯丝继电器线包 2、3 端上测直流电压。测电流用钳型表卡在 DJ 回线上。

5. 测试信号机外壳、梯子安全地线对地电阻。

用 500 V 兆欧表测试信号机外壳对地电阻，发现不良再分解测试信号机与梯子间、梯子与地线间绝缘电阻值，应不大于 10 Ω。

四、测试标准说明

1. 点灯变压器Ⅰ、Ⅱ次侧电压测试。

用万用表的交流电压挡测量。变压器Ⅰ次侧：正常电源屏输出信号点灯电压为 220 V，允许电压降不大于额定电压的 5%，因此，点灯变压器Ⅰ次侧电压应保持在 209～220 V。变压器Ⅱ次侧：变压器Ⅱ次电压校准，应根据信号机灯泡端电压和变压器型号的不同，采用调整使用端子来达到使用标准而定，如：

BX-30 型变压器Ⅱ次侧有三个端子，输出电压有 13 V、14 V 两个挡。

BX_1-30 型变压器Ⅱ次侧有四个端子，输出电压有 13 V、14 V、16 V 三个挡。

BX_1-34 型变压器Ⅱ次侧有四个端子，输出电压有 13 V、14 V、16 V 三个挡。

BX-40 型变压器Ⅱ次侧有五个端子，输出电压有 10～16 V 七个挡。

2. 信号灯泡主灯丝端电压测试。

测量时，注意应与本站值班员联系，依次开放各种信号显示，测得各灯泡的主灯丝电压。在测量其他灯泡电压时，应注意不可向红灯的信号变压器Ⅰ次或Ⅱ次侧借电源，因为各点灯回路电气特性有差别。

3. 人为断开主灯丝回路改点副灯丝，依次测得各灯泡的副灯丝端电压。对于采用一般的灯丝转换装置的可用竹片将灯座与灯泡的主灯丝灯头顶锡垫起断开主灯丝回路；对于采用 DDXL-34 型点灯单元的可将 JZSJC 灯丝转换断电器线圈封连，LED 点亮则副灯丝点亮。

4. 灯丝继电器交、直流电压或交流电流测试。

JZXC-H18 型继电器电压：交流 3.8～4.4 V，直流 1.8～2.2 V ，电流：100～150 mA；JZXC-H18F 型、JZXC-16/16 型继电器电流：140～155 mA。

5. 使用 500 V 兆欧表测试点灯变压器(点灯单元)Ⅱ次侧对地绝缘电阻值应不低于 1 MΩ。

五、分析时限

灯丝继电器电压变化达 0.2 V 或电流变化 10 mA 时，对不符合标准的灯位应通过调整信号点灯变压器的输出电压，使灯泡灯丝电压符合要求。

第六节　色灯信号机故障处理

一、故障处理流程及要求

(一) 应急处理流程

信号机故障应急处置应按规定流程进行抢修处置，一般处置流程如图 4-6-1 所示。

(二) 应急处理流程步骤

1. 调阅信号集中监测，初步确定信号机故障性质。

2. 开放信号，在分线盘测试判断室内、室外故障(常点灯位可直接测量)。

3. 分线盘测不到电压，查室内电路故障，分线盘测到电压，查室外故障。

4. 室外设备检查信号机构、箱盒是否损坏，损坏启动应急机制，更换损坏设备，设备完好，进一步测试查找故障点。

5. 室外变压器箱或电缆盒端子测点灯电压，电压有，则检查变压器是否良好，若不良，更换变压器；若良好，进一步检查信号灯泡是否良好，不良更换信号灯泡。测不到电压，检查配线或端子，无异常，到方向盒测点灯电压，仍无，则为电缆故障，按电缆故障处置流程处置。方向盒点灯电压有，说明方向盒至变压器箱或终端电缆盒间电缆故障，按电缆故障处置流程处置。

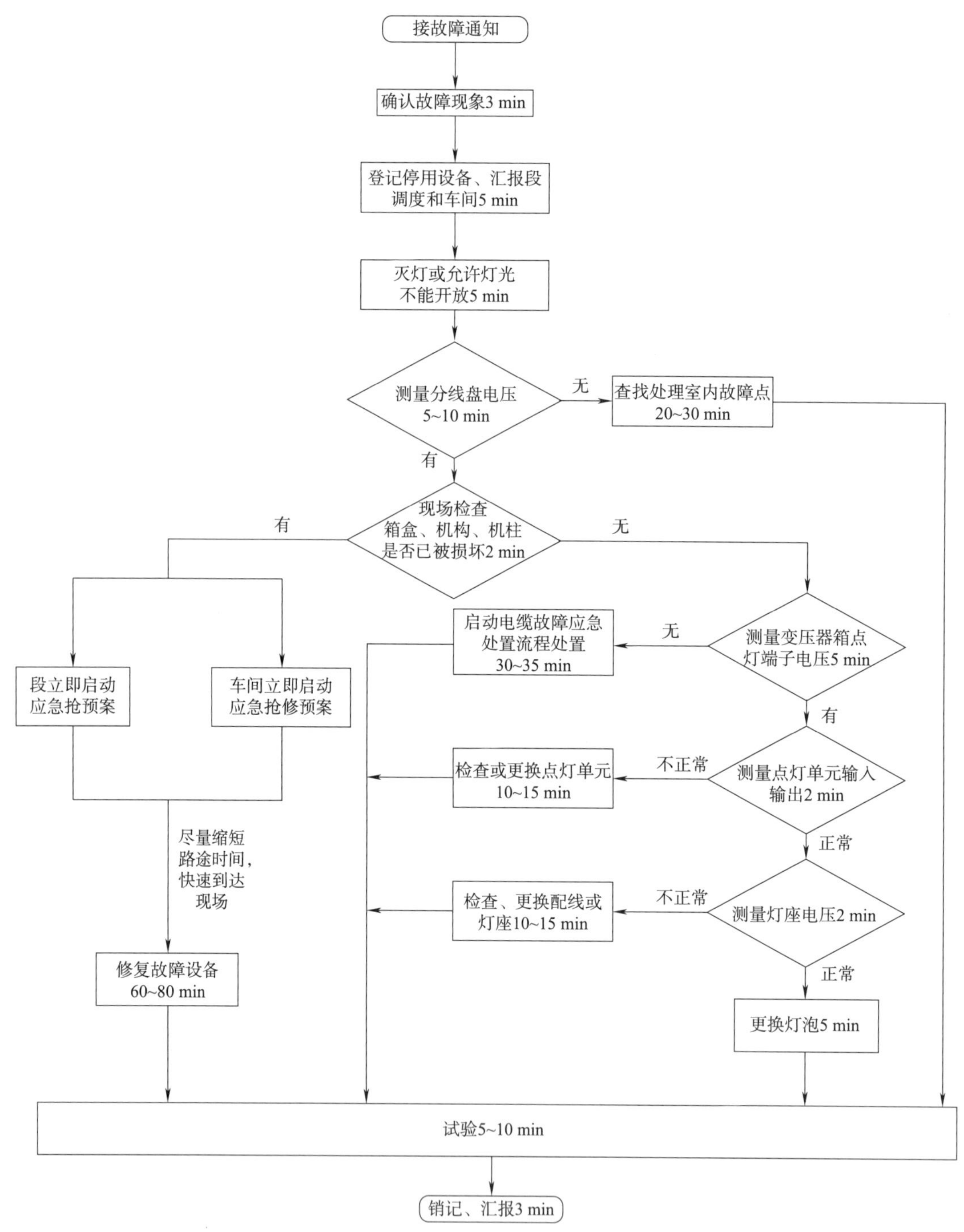

图 4-6-1　信号机故障应急处置流程

6. 处置完毕，试验交付使用。

（三）故障处理要求

1. 基本规定

信号机故障处理应严格执行“一停用（即按规定停用相关故障设备）、二汇报（即按规定逐级汇报)、三处理(即按有关规定进行处理)、四确认(即确认试验良好和首趟列车通过时电务设备状态良好)"和"三不动""三不离""七严禁""三不放过"等基本安全制度。

2. 相关要求

(1)在接到信号设备故障通知后,要立即赶到车务运转(行车)室,允许情况下可让车务在控制台上应单独操纵试验 2～3 次,然后了解确认故障的基本情况,按《技规》相关要求进行登记,办理设备停用手续,并在 10 min 内向电务段调度汇报。

(2)在处理信号设备故障的过程中,必须严格执行电务技术纪律,防止信号故障升级(坚决杜绝违法使用封连线构成信号设备出现非正常显示)。

(3)必须按照先室内后室外、先近后远、先正线后侧线的原则,组织进行故障修复,最大限度地压缩信号故障延时。

(4)在初步判断故障范围为室外故障时(特别是区间设备故障),应迅速出动,会同工务、车务等相关人员对故障情况进行确认,并排除故障。

(5)在到达故障现场后严禁盲目开盖进行故障处理,首先要与室内取得联系,室内人员应配合检查设备运用状态,并进行操纵试验。

(6)在处理电气化区段信号设备故障时,必须在确保牵引电流畅通的情况下恢复故障。

(7)信号电缆中断后,应根据故障现象判定电缆中断所影响的范围,并查看电缆配线图纸,确定是一条电缆中断还是多条电缆中断,并迅速组织备齐相应的备用电缆、接续材料、接续工具。

(8)在外界妨害造成的信号设备损坏、丢失导致设备停用时,要及时通知公安、车务、工务等有关部门到现场确认,并积极组织进行修复。

(9)在遇雷电及高压侵入造成的信号设备故障时,必须在确认外电压已消失或稳定后方可进行故障处理,严禁盲目处理高柱信号设备故障。

(10)在信号设备故障处理中,室内外要设专人进行安全联系和现场监护,确保人身安全。

(11)在设备故障恢复后,要进行联锁试验检查,确认设备状态良好后,按规定销记,交付使用,并向电务段调度汇报。

(12)电务段应根据管内设备实际需要,在信号工区(或无人值守车站)配置应急故障处理工具包,分区间和站内两种。

二、处理方法和技巧

对信号机点灯电路故障应急处置判断方法,通常是把点灯电路分成室内和室外两大范围进行判断。因为室外部分范围较远,往往造成室外查找目标不明确,一路测试难以确定故障部位,白白浪费时间;因此当信号点灯电路发生故障时,可以在分线盘上快速区分故障的范围及性质,方法如下(设允许灯光故障)。

1. 将万用表置于交流 250 V 挡位,在分线盘测量(重复开放信号时),有电压,则为室外故障;无电压,则为室内故障。进行此项操作时须确认室内的电压已经送出。

2. 若是室内电压已经送出,则故障在室外,可以将万用表置于 $R\times1$ 挡位,在分线盘测量:

(1)若阻值在 100 Ω 左右，说明分线盘至信号机点灯单元的Ⅰ次正常，Ⅱ次或信号机内部故障。

(2)若阻值在 0 Ω 左右，说明分线盘至信号机处的电缆短路，此故障使熔断器熔断。

(3)若阻值在 20 Ω 左右，说明点灯单元Ⅰ次短路(视该信号机距信号楼的距离，应注意判断)。

(4)若阻值为∞，说明电缆或点灯单元Ⅰ次断路。

注意：

(1)点灯单元Ⅰ次的直流阻值为 80 Ω 左右，电缆芯线的阻值为 23.5 Ω/km。两者的阻值之和应大于或等于 100 Ω。

(2)使用电阻挡测量时，应与室内加强联系，不得开放信号，防止烧坏万用表或室内熔断器。同时，根据所测阻值的大小，可以判断出短路点距信号楼的距离。

三、常见故障判断分析

(一) 进站信号机红灯断线故障

1. 故障现象：未排列进路，控制台表示灯闪红灯。

2. 分析原因：红灯电路故障。

3. 查找步骤：用万用表交流 250 V 挡在分线盆测试 H、HH 间电压。

(1)用万用表 AC 250 V 挡测量分线盘上该信号机 F-H(分线盘上红灯去线)至 F-HH(分线盘红灯回线)端子间是否有交流 220 V 电压，若有交流 220 V 电压，说明信号电源已送出，是室外开路故障。

(2)用万用表 AC 250 V 挡测量变压器 XB 箱内端子 3、7 间是否有交流 220 V 电压，若有交流 220 V 电压，证明电源已送至此处，电缆无故障。

(3)用万用表 AC 250 V 挡测量变压器箱内红灯点灯单元Ⅰ次侧是否有交流 220 V 电压，若有 220 V 电压，可证明电源已送至点灯单元的Ⅰ次侧，前续电路无故障。

(4)将万用表调至交流 25 V 挡，测量变压器箱内红灯点灯单元Ⅱ次侧是否有交流 12 V 电压，若有交流 12 V 电压，证明点灯单元无故障现象。

(5)用万用表 AC 25 V 挡，测量变压器箱内端子 17、19 间是否有交流 12 V 电压，若有 12 V 电压，证明由红灯点灯单元Ⅱ次侧至变压器箱内端子 17、19 完好无故障。

(6)用 AC 25 V 挡测量信号机构内红灯灯泡的电压有交流 12 V 电压否？红灯灯泡端电压有交流 12 V 电压，说明红灯灯泡主、副丝断或灯泡接触不良。

4. 查找结果：红灯灯泡主、副丝均断。

5. 处理：更换红灯灯泡，经试验，故障消除。

6. 说明 ：

(1)本例故障为常见故障。

(2)灯泡功率为 12 V、25 W；

(3)更换灯泡后应重新调整信号显示；

(4)查找步骤中第一步将故障压缩到室外开路故障这个范围，第二步至第六步则是查找具体故障点。

（二）进站信号机绿灯电缆断线

1. 故障现象：X 信号机不能开放通过信号。

2. 分析判断：

(1)如进站信号能够开放黄灯，不能开放绿灯，说明绿灯点灯电路问题；

(2)在分线盘测量，区分室内外故障；

(3)再逐点检查测试，确定故障点。

3. 查找过程：

(1)确认故障现象，试验下行正线一黄显示正常，办理Ⅱ道通过时，进站绿灯信号不能开放，为进站绿灯回路故障。

(2)用万用表在室内分线盘测 L、LH 端子，重复开放信号有电压，甩线后测室外回路电阻为无穷大，可以判断为室外断线。

(3)到室外逐个电缆盒查找，最终查找到室内至 XB2 箱盒电缆断线。

4. 查找结果：进站信号机 L 灯电缆断线。

5. 处理：倒用备用芯线后，经试验，故障消除。

（三）点灯单元内部断线故障

1. 故障现象：出站信号机 L 灯灭灯。

2. 查找过程：

(1)用万用表交流 250 V 挡，在室内测试该信号机点灯变压器(BGY-80 型)Ⅱ次侧输出电压为 245 V。

(2)在区间组合柜侧面端子 04-15、05-15 间，测量电压为 245 V。

(3)在区间综合柜 L、LH 相应端子间，测量电压为 245 V，表明电源已送出，故障在室外。

(4)到达现场后，在该信号机变压器箱内 D5、D6 端子间，测量电压 210 V。

(5)点灯单元 B8、B9 间，测量电压为 210 V，A1、A2 间、A1、A3 间无电压，判断为 L 灯点灯单元内部断线。

3. 查找结果：出站信号机点灯单元内部断线。

4. 处理：更换点灯单元后故障恢复。

5. 说明：对该故障来说，为信号机点灯电路发生断线故障，电路中电流明显降低，室内 1DJ 不能吸起。

（四）回线电缆混线

1. 故障现象：D15 信号机复示器闪光。

2. 分析判断：检查 D15，XJZ、XJF 空开跳，而且推不上。考虑有混线故障，甩开分线盘电缆，空开能推上，说明室外有短路故障点。

3. 查找过程：现场把信号变压器Ⅰ次侧甩开，在分线盘甩外线用万用表电阻挡测量测蓝灯和蓝灯回线电阻为 15 Ω，判断为电缆短路。逐段甩线查找，发现从方向盒到 D15 之间 A、BAH 电缆混线。

4. 查找结果：回线电缆混线故障。

5. 处理：倒备用电缆，故障恢复。

（五）调车信号机灯泡断丝

1. 故障现象：控制台 D8 信号机复示器闪。

2. 分析判断：信号机复示器闪，一般是蓝灯电路故障，先在室内测点灯电压，若电压正常是室外故障，同时测试环组若为 90 Ω，说明室外电缆至Ⅰ次侧良好。

3. 查找过程：在室内测量点灯电压正常，室外变压器箱内测量蓝灯Ⅱ次侧电压 12 V 正常，判断为灯泡断丝。

4. 查找结果：调车信号机灯泡主丝断丝。

5. 处理：更换灯泡后故障消除。

复习思考题

1. 进站信号机的作用是什么？
2. 出站信号机设置原则是什么？
3. 调车信号机的显示含义是什么？
4. 进站信号机的命名规则是什么？
5. 对信号机显示距离的要求是什么？
6. 色灯信号机、调车信号机、允许信号机灯泡的端子电压为灯泡额定值的多少？
7. 如何测试灯丝电流？
8. 信号机的限界设置有何要求？
9. 四显示自动闭塞区段进站色灯信号机的显示意义是什么？
10. 自动闭塞区段的通过信号机设置原则是什么？
11. 遮断信号机对设置地点的要求是什么？
12. 信号机关闭时机要求是什么？

第五章 计算机联锁设备

第一节 计算机联锁设备的基本原理及结构

一、基本原理

继电联锁是靠继电器的接点线圈组成一套复杂的开关量控制电路，实现对信号设备的联锁控制。而计算机是一个能够对二进制代码进行各种复杂运算的智能机器，要用计算机取代继电器实现联锁控制就必须将各种开关量转换为1、0相间的代码，构成一套复杂的控制系统。

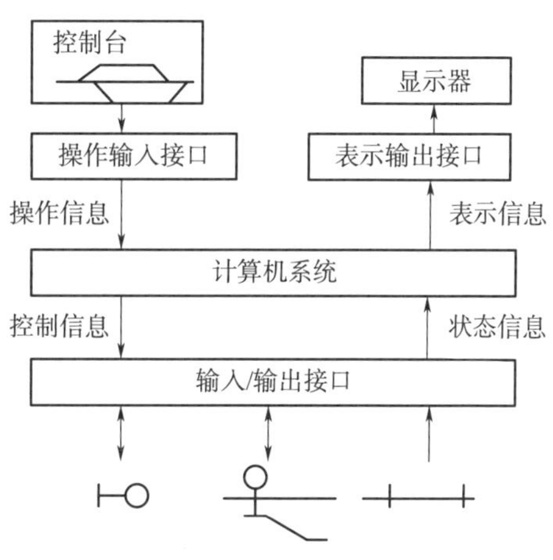

图5-1-1 计算机联锁系统基本原理

图5-1-1是计算机联锁控制的基本原理，实现联锁操作信息表示信息控制主要经过信息输入、联锁运算和信息输出三个环节，计算机一方面通过操作输入通道和接口接收由操作设备（控制台）产生的操作信息；另一方面通过状态输入通道和接口采集室外信号设备的状态信息，将上述两种开关量的动作变为二进制代码送入计算机。信息代码进入计算机以后，计算机按照联锁程序的要求对输入的信息进行分析处理和复杂的逻辑运算（这里称为联锁运算），其结果形成了对信号设备的控制信息和各种表示信息。控制信息通过输出通道和接口控制道岔转换和信号变换显示；表示信息则通过表示输出通道和接口控制显示器的显示。

二、系统结构

各种型号的计算机联锁系统由于设计思路不同，所采用的硬件不完全相同，即使同一种型号的系统，因其控制的车站规模不同，所需要的硬件数量也不相同。但各种系统的基本功能和基本任务大致一样，因此它们的硬件组成的基本形式差异不大，计算机联锁系统主要由人机对话设备、联锁控制计算机系统（简称主机）、输入/输出通道与接口继电器结合电路及其监控对象（信号机、道岔、轨道电路）等部分组成。计算机联锁系统的硬件结构如图5-1-2所示。

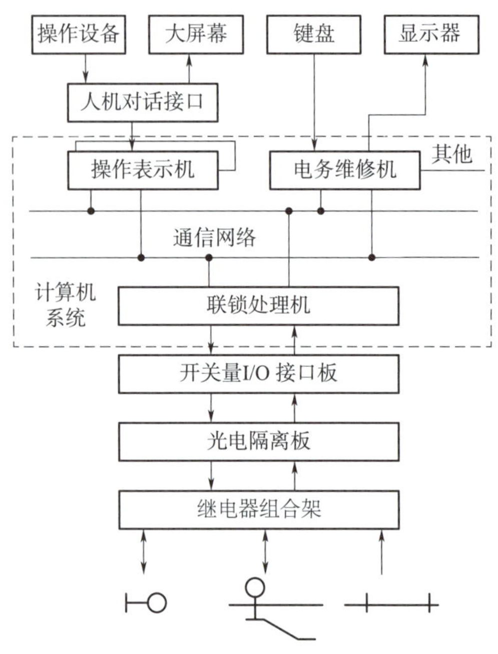

图 5-1-2　计算机联锁系统硬件结构

(一)主　机

主机是计算机联锁系统的核心,它要完成所有信息的处理、接口管理及与外部设备的信息交换。由于计算机联锁系统接收和处理的信息很多,而且许多信息在时间上重叠,为了避免信息丢失,提高系统的运行速度,目前应用的各种型号的计算机联锁设备均采用多主机系统,即将人机对话、联锁运算、系统监测等功能分别用不同的主机来处理。因此,计算机系统(主机)是由几个子系统组成,一般包括上位机(也称操作表示机或控制显示机或监视控制机)、下位机(也称联锁处理机)、电务维修机(也称监测机)等。为了提高系统的可靠性,上位机采用双机冗余控制,联锁机采用双机或三机冗余控制,各部分计算机的功能如下:

1. 上位机:一是接收车务人员的操作命令,将操作信息通过网络通信传给联锁机;二是接收来自联锁机的状态信息和提示信息等,控制显示器显示系统及监控对象的状态,及时显示各种提示信息和报警信息;三是将各种表示信息、报警信息及时转发给电务维修机。

2. 下位机:一方面接收操作表示机下发的操作命令,另一方面通过输入接口采集现场信号设备的状态信息。对输入的信息进行逻辑处理、联锁运算。根据运算结果,形成控制命令和表示信息。控制命令通过输出接口电路控制组合架的继电器动作。表示信息,即现场信号设备的状态信息、提示信息、报警信息等及时传给上位机。

3. 电务维修机:用来专门为电务维修人员配备的机器。其主要任务是接收操作表示机发来的状态信息、操作信息、提示信息和报警信息等,通过显示器可及时显示,同时将各种信息的数据储存记忆,以便查询。

(二)人机对话设备

目前使用的计算机联锁系统,人机对话设备均采用操纵与表示分离的方式,操纵设备主要有按钮盘或数字化仪、鼠标等，表示设备有大屏幕显示器及大屏幕表示盘。此外还有供电务维修人员维护监测使用的键盘、鼠标及显示器等。

（三）通道与接口

通道与接口是连接主机与外部设备的纽带。在计算机联锁系统中，主机一方面通过人机接口接收值班员的操作命令，同时为显示设备提供各种表示信息；另一方面通过与监控对象之间的输入通道和接口采集现场设备的状态信息，经过逻辑运算后，形成控制命令，通过与监控对象之间的输出通道和接口控制现场的信号设备。

由于在现有的计算机联锁系统中，监控对象的执行部件仍然是继电器，因此，与主机相连时，需要通过输入通道将继电器接点的开关状态变换成计算机能够接收的数字信号（数据）后，才能经由接口送入计算机。同样，计算机输出的控制命令也需要输出通道的变换和传送才能驱动继电器。

外部设备与主机之间的连接还必须解决两者之间诸如工作速度匹配、通信联络，有时还要完成信息数据的串/并或并/串数据转换等问题。这些任务都是通过接口电路来完成的。

由于操作信息和表示信息与安全不直接相关，因此，称这类信息为非安全性信息。传输非安全性信息的人机对话接口通常采用通用的标准接口。而表示现场设备状态的信息和计算机输出的控制信息直接关系到行车的安全，因此，称这类信息为安全性信息。传输安全性信息的计算机与监控对象之间的接口必须采用为计算机联锁系统专门设计的“故障—安全”接口。

（四）继电器结合电路

由于铁路信号对系统的安全性要求非常高，目前国内的计算机联锁系统受到软、硬件技术水平的限制，还不能完全取消继电器。控制、监督室外信号设备的最后一级执行部件仍然用继电器。一般的系统，轨道区段保留轨道继电器（GJ），对应信号机保留信号继电器（XJ）和灯丝继电器（DJ）等，对应道岔控制电路保留道岔启动继电器（1DQJ、2DQJ）和表示继电器（DBJ、FBJ）等。这样可以保证继电器对室外信号设备的控制与6502电气集中基本一样。

第二节　计算机联锁系统接口电路

计算机与外部设备进行信息交换时，必须经过通道与接口电路（以下简称接口）将信息进行变换处理。同时，为了防止外部电路的干扰信号进入计算机，必须通过接口电路实现计算机与外部设备电路的隔离。

计算机联锁系统接口电路一部分是人机对话接口，这一接口是传输操作信息和表示信息的，这两个信息属于非安全性信息，因此人机对话接口可以采用通用的接口。由于表示信息的输出是通过与系统总线连接的通用显示卡直接驱动显示器，这里不做介绍。

计算机联锁系统接口电路的另一部分是计算机与监控对象之间的接口，通过这部分接口要采集设备状态信息和输出对现场信号设备的控制信息，这两个信息都属于安全性信息，因此，这部分接口不能采用通用的接口，而必须采用专门为计算机联锁设计的“故障—安全”接口，这也是计算机联锁系统不同于其他领域自动控制系统的特点。

下面分别介绍操作信息采集接口、状态信息采集接口和控制信息输出接口的电路原理。

（一）操作信息输入接口电路

如图 5-2-1 所示是矩阵式输入接口电路，这是操作信息采集接口的一种典型电路形式。如图 5-2-2 所示是一个按钮采集单元的电路，按钮的操作是通过光电耦合管 G 送入计算机的，光电耦合管具有光电隔离的功能，即外部电路与计算机只能通过光电耦合传送信息。没有电路联系，这样就防止了外电路的电流进入计算机。

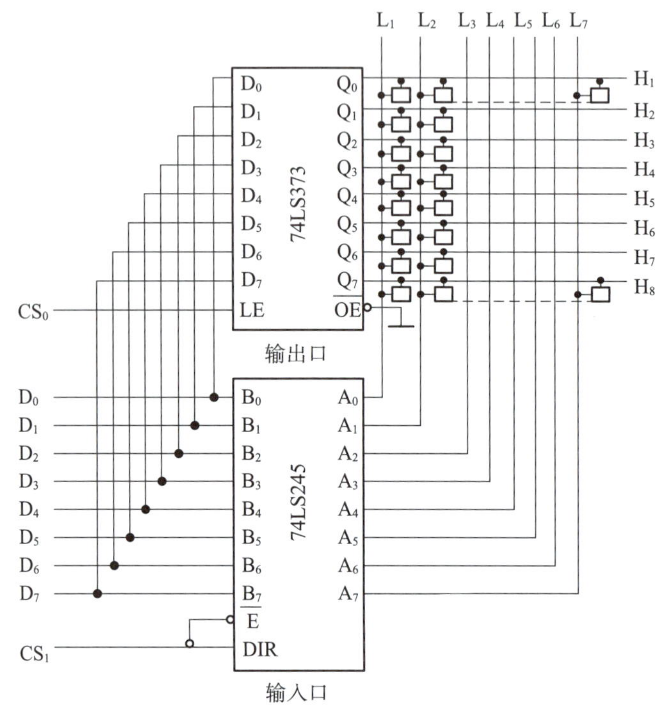

图 5-2-1　矩阵式输入接口电路

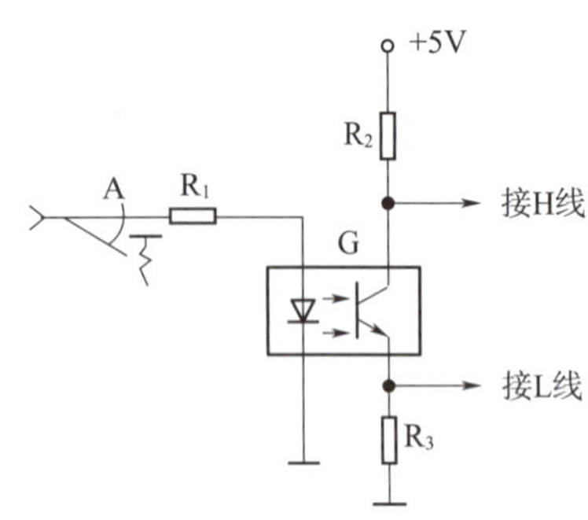

图 5-2-2　按钮采集单元电路

从图 5-2-1 可以看出，各按钮以矩阵的形式将输出口的行线“H 线”和输入口的列线“L 线”相连。由 CPU 控制向输出口发送扫描信号，控制 H 线电位。H 线为“0”时，按钮按下动作无效；H 线为“1”时，按钮按下动作有效。即将行线的“1”转成 L 线的“1”，该信息经输入口送入计算机，计算机即采集到该按钮被按下的操作信息。

在图 5-2-2 中，按钮接点断开时，光电耦合管 G 截止，相应的列线（L 线）为低电位。若行线（H 线）为低电位时，即使按压了按钮光电耦合管 G 也不能导通，相应的列线上仍为低电位。只有行线为高电位时，按压按钮后，光电耦合管 G 导通，相应的列线变为高电位。

（二）状态信息采集接口电路

状态信息采集接口电路有两种形式：一种是对静态信息的采集，另一种是对动态信息的采集。两种电路都是“故障—安全”输入电路，下面分别介绍。

1. 静态“故障—安全”输入接口

静态“故障—安全”输入接口电路的设计思想是采用编码方式，将反映监控对象状态的二开关量用多元代码来表示。假设代码的码长为 n，取其中一个作为危险侧代码，一个作为安侧代码，那么其余 $2n-2$ 个代码为非法码。当 n 足够大时，一个安全侧代码错成危险侧代码的概率极小，而错成非法码的可能性很大。系统对非法码均作安全侧信息处理。利用这种非对称的出错性质，就可以实现二值信息在存储、传送和处理过程中的“故障—安全”。这种输入接口电路的结构如图 5-2-3 所示。图中以采集轨道继电器(GJ)的状态为例，当 GJ 励磁吸起时，四个光电耦合管全部导通，各端输出均为高电平。这样轨道电路的危险侧状态由电平信息变成 代码 1111，经由通用并行输入口送入计算机。反之，当 GJ 失磁落下时，光电耦合器全部截止，其输出端均为低电平，轨道电路的安全侧状态变换成代码 0000，经由通用并行输入口送入计 全输入接口电路算机。计算机对四个码元进行“与”运算，结果为“1”说明轨道电路在空闲状态；如果结果为“0”，说明轨道电路在占用状态。显然电路发生故障时，运算的结果为“0”的概率远远大于运算结果为“1”的概率，实现了“故障—安全”。

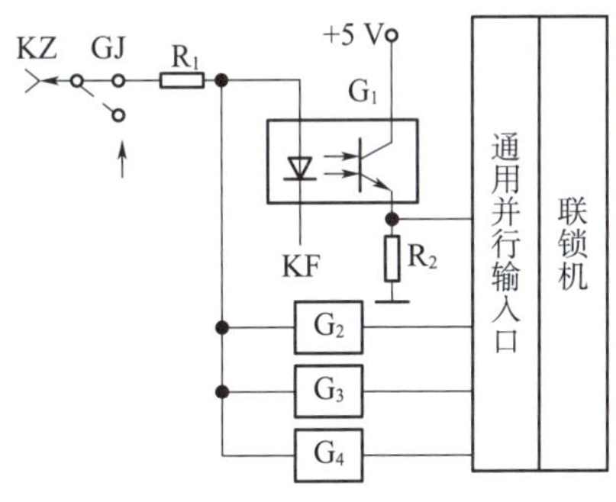

图 5-2-3　故障—安全输入接口电路

从理论上讲，这是一种信息冗余技术。冗余程度愈高，即码元数愈多，安全性愈高，但可靠性和经济性也愈低。实际应用时，一般选 4 位或 8 位码元代表一个信息。

2. 动态“故障—安全”输入接口

动态“故障—安全”输入接口的电路形式如图 5-2-4 所示，仍以采集轨道继电器的状态为例。图中用了两个光电耦合器 G_1 和 G_2。G_1 的输入级和 G_2 的输出级串联。G_2 导通时，由 GJ 前接点控制 G_1 的导通与截止。G_2 的输入级由计算机的输出口控制它的通断，G_1 的输出则接向计算机的输入口。在 GJ 前接点闭合的情况下，若计算机输出高电平“1”信号，则使 G_2 导通，从而使 G_1 亦导通。于是 G_1 输出端输出一个低电平“0”信号送入计算机。反之，若计算机输出一个低电平“0”信号，则 G_2 截止，G_1 亦截止，读入计算机的则是高电平“1”信号。因此，计算机的输入输出互为反向关系。

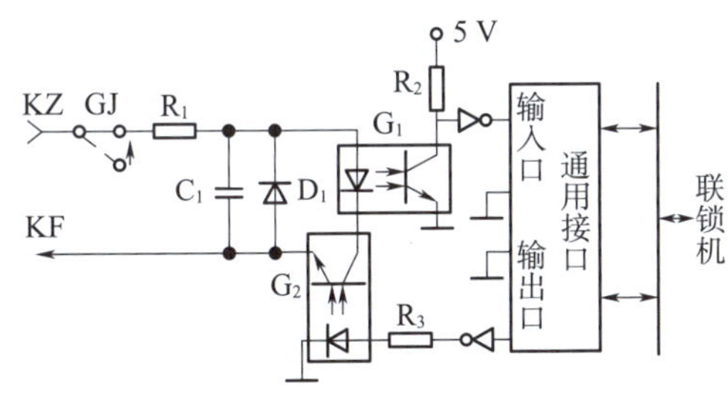

图 5-2-4　动态“故障—安全”输入

当系统需要采集 GJ 的状态信息时，由计算机输出脉冲序列，如 1010，在 GJ 前接点闭合(危险侧)且电路未发生故障的情况下，返回计算机的必然是反向脉冲序列 0101；而当 GJ 落下(安全侧)或电路任何一点发生故障时，G_2 的输出端必然呈稳定电平(1 或 0)。计算机读入该稳定信号，则表明收到了安全侧信息。

动态输入输出接口，从计算机输入输出的关系看，实际上是一个闭环形式的动态脉冲电路。它是通过计算机校验输入代码是否畸变来判断输入电路是否故障，从而实现“故障—安全”。

（三）控制信息输出接口电路

计算机输出控制信息的目的是要控制执行部件信号继电器，为了实现“故障—安全”，大多数情况下均采用动态输出驱动的方式，即采用动态继电器。

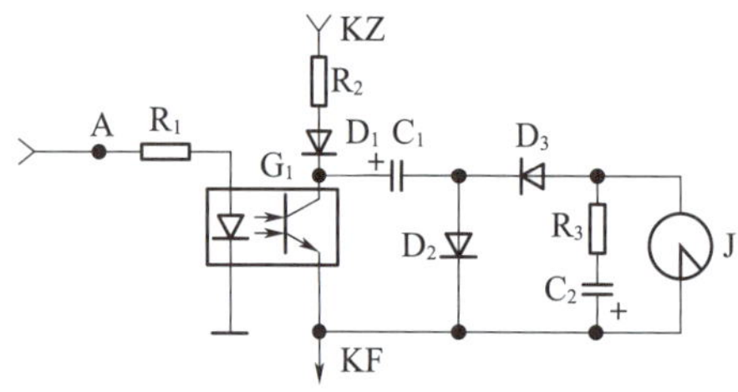

图 5-2-5　动态继电器接口电路原理

动态继电器接口电路原理如图 5-2-5 所示。在电路正常情况下，当计算机没有控制命令输出时，A 端为低电平，光电耦合器 G_1 截止，由控制电源经由 R_2、D_1 和 D_2 向电容器 C_1 充电。当充电电压接近电源电压时，充电过程结束，此刻电路处于稳态。由于 R_2、C_2 没有电流流过，电容器 C_2 两端没有电压，此时偏极继电器 J 处于释放状态。

当有控制命令输出时，传送到 A 端的则是脉冲序列。当 A 端处于高电位时，G_1 导通，电容器 C_1 放电，C_1 放电的电流一方面通过 G_1 的集-射极、偏极继电器 J 的线圈、D_3 形成回路，使 J 吸起；另一方面经 R_3 向电容器 C_2 充电。当 A 端由高电平变为低电电平时，G_1 又重新截止，电容器 C_1 恢复充电。此时靠 C_2 的放电时 J 维持不落。这样，在脉冲序列作用下，随着 A 端电平的高低变化，G_1 不断地导通截止，C_1 和 C_2 也就不断地充放电，使继电器励磁并保持吸起，直到 A 端无控制命令（脉冲序列）输入，G_1 截止，C_2 得不到能量补充，待其端电压降到继电器落下值时，J 才失磁落下。该电路不仅能防止一两个脉冲的干扰而使继电器误动。同时由于 J 采用了偏极继电器，能够鉴别电流方向，还可以防止当 C_1 和 D_3 都被击穿时造成继电器错误吸起。

各厂家实际的动态继电器控制电路虽然不尽相同，但都是基于上述电路的基本原理设计的。

第三节　计算机联锁系统的软件

计算机联锁系统的软件由联锁数据和联锁程序组成，各种型号的计算机联锁系统最大的区别就是软件的不同。

一、软件设计特点

由于计算机联锁系统的软件直接影响着车站联锁设备的可靠性和安全性，关系着行车安全，因此软件设计不同于其他通用的工业控制软件，必须充分考虑“故障—安全”。一般的联锁程序均具有以下特点：

1. 双套程序比较

联锁控制、输入输出等程序均采用双套程序，独立版本，同时运行，将程序运行结果进行比较，两者一致时才可输出，即软件设计采用了安全性冗余的方式，提高了系统的安全性。

2. 程序的数据模块化

对应每一信号设备均有一个相对独立的数据模块，站场改造时，便于软件修改。

3. 程序结构分层次

借鉴 6502 电气集中电路网状电路结构的设计思路，联锁程序分层次运行，便于联锁条件的检查和发现程序运行错误。

4. 采用信息冗余技术

由多位二进制代码表示一个信息，增加信息的冗余度，减少危险侧信息的输出概率，防止发生信息干扰故障时，产生危险侧的输出。

5. 有完善的自诊断功能

除了联锁程序之外，系统还有自诊断程序，随时监督系统的硬件和软件运行故障，发生故障时，停止危险侧输出，并及时提供报警信息。

二、软件实现功能

（一）联锁数据

在计算机联锁系统中，所有的信息进入计算机后均变为数据，计算机只能对这些数据进行运算处理，凡参与联锁运算的有关数据统称为联锁数据。在联锁运算中有些数据是固定不变的，如表示设备的编号或位置的数据，这些在联锁运算中不发生变化的数据被称为静态数据，也称常量。而在联锁运算中发生变化的数据，如表示状态输入信息、操作输入信息的数据，被称为动态数据，也称作逻辑变量。在联锁程序运行的过程中有大量的静态和动态数据参与联锁运算，各种数据存放在存储器中，数据在存储器中的组成方法被称为数据结构。

（二）联锁程序

计算机联锁系统的软件大体上分为系统软件和应用软件。系统软件包括实时处理软件、设备管理软件、调试软件。应用软件，也称联锁程序，设计时将程序分为若干个程序模块（软件包），一般包括联锁控制软件包、输入输出软件包、监测软件包及网络通信软件包等，每个程序模块又分为若干各子模块。各个程序模块相互独立，同时在主程序的调度下又可协调工作。

计算机联锁的联锁程序是标准的、模块化的，共有七个模块，分别是：操作输入模块、操作命令形成模块、操作命令执行模块、进路处理模块、状态输入模块、控制命令输出模块、表示信息输出模块。

1. 操作输入模块

该模块的作用是将值班员操作按钮、键盘、光笔或鼠标等形成的操作信息输入到计算机中并记录下来。

2. 操作命令形成模块

该模块的作用是记录操作信息，分析判断操作信息是否合法，能否构成操作命令。不合法时（如误碰按钮或按下不能互成始终端的按钮）则向操作人员进行提示。

该模块由人机对话机完成。人机对话机将生成的操作命令通过串行数据通道送入联锁机内，并储存在操作命令表中。

3. 操作命令执行模块

该模块由若干个子模块构成。通过各子模块完成如下作用：根据操作命令进行进路搜索，选出最佳进路；判明是否有建立进路的可能，如果能够建立，就设置一个占用标志来锁闭敌对进路；指明与进路有关的道岔应处的位置；形成进路表，供进路处理模块使用。

4. 进路处理模块

进路处理模块也由若干子模块构成。主要完成以下作用：检查进路上有无区段占用；检查进路上道岔位置是否正确，生成转换命令并进行选排一致性的检查；锁闭进路，生成信号控制命令；保持信号控制命令，不间断检查基本联锁条件及信号点灯条件；进路自动解锁与进路中途返回解锁。

5. 状态输入模块

通过该模块将室外道岔、信号机、轨道电路等的实现状态信息输入到联锁计算机。

6. 控制命令输出模块

该模块将进路处理模块中生成的道岔控制命令、信号控制命令送向相应的输出通道，以控制道岔控制电路和信号控制电路。

7. 表示信息输出模块

该模块的作用是将进路处理模块中生成的各种表示信息送向相应的输出通道，以驱动表示灯和屏显。

第四节　控制台的基本操作及设备状态显示含义

一、基本操作

计算机联锁系统控制台有进路的建立和解锁两个进路控制过程，按照联锁表中进路性质排列始、终端，并顺序按压按钮。

（一）基本进路办理

在办理进路时，操作人员按压进路的始、终端按钮以确定进路的范围、方向和性质（指列车进路，还是调车进路）。计算机联锁设备根据进路范围，自动选出与进路有关的道岔，并确定它们符合进路开通位置，将选出的道岔转到所需的位置。道岔转换完毕后，将进路上道岔和敌对进路（包括迎面敌对进路）予以锁闭。进路锁闭后，信号开放（给出允许显示），指示列车或车列可驶入进路。

（二）引导接车办理

进站信号机因故不能正常开放、接车进路上轨道电路出现故障时可办理引导进路，接车进路上道岔没有表示办理引导总锁。

1. 引导进路：办理引导进路时，进路依然要锁闭（进路上有白光带），开放信号（红白灯），列车压入进路后信号关闭。

2. 引导总锁闭：办理引导总锁闭时，办理引导总锁的半边咽喉的所有道岔均被锁闭，选择组和执行组网络不参与工作（不选路，进路上无白光带）。

（三）进路解锁办理

1. 取消进路：人工办理取消进路手续，关闭进路始端信号，进路自动解锁。

2. 人工解锁：人工办理人工解锁手续，关闭进路始端信号。

延时 30 s 或 3 min(接车进路和正线发车进路，延时 3 min；侧线发车进路和调车进路，延时 30 s)，延时结束后，进路自动解锁(车列未进入进路)。

3. 故障解锁：在控制台上点击区段故障解按钮后再点击未解锁区段(列车通过进路时，因进路中设备故障或进路区段未满足三点检查，无法正常解锁时，需采用故障解锁使为解锁的部分解锁)。

(四)区间改方办理

1. 区间改方正常办理：区间空闲，由接车方向改发车方向时，车站办理发车进路，区间方向自动转换。

注意：向反向发车口办理发车进路时，需首先确认已按下相应发车口的“改方”按钮，若该区间口已经为发车方向则不需要按下“改方”按钮。

2. 区间辅助改方办理：区间故障或方向电路因故出现相邻的两站同为接车站的“双接”现象(即它们均点亮接车箭头且区间灯为红色)时，必须采用辅助办理方式才能改变运行方向。此时两站值班员通过电话共同确认区间无车，双方都未办理发车进路、区间灯为红色是因设备发生故障所致，均按规定手续登记破铅封，共同进行辅助办理。

第一步：原接车站值班员顺序按下相应的总辅助按钮、发车辅助按钮，出现发车辅助按钮的倒计时(25 s)，表示该按钮保持在按下状态，辅助灯亮白灯，本站开始辅助办理。

第二步：在原接车站发车辅助按钮按下 25 s 之内，本站值班员顺序按下相应的总辅助按钮、接车辅助按钮，辅助灯点亮白灯，开始区间改方。

第三步：接发车方向完成改方后，辅助灯熄灭，双方站抬起总辅助按钮，辅助办理完毕。

(五)延续进路办理

办理相关接车进路时，首先顺序按压接车进路的始端按钮和终端按钮，再按压延续进路的终端按钮。接车进路及延续进路均锁闭后，进站信号即可开放。当延续进路通向车站的发车口时，如需连续发车，只需按压延续进路的始端列车按钮，检查区间条件满足后出站信号即可开放。当延续进路通向反向发车口时，如需连续发车，首先按下此发车口对应的“改方”按钮，然后再按压延续进路的始端列车按钮，区间运行方向由接车方向自动改变为发车方向，出站信号即可开放。

二、设备状态显示含义

用户界面按显示区域一般可划分为报警信息窗、设备状态信息窗、预警信息窗、提示信息窗、时钟信息区等。

(一)用户界面各区域具体含义

1. 报警信息窗：主要显示影响行车及使用的故障信息。

2. 设备状态信息窗：主要显示联锁双系、操作双机、维修机的工作状态。

3. 预警信息窗：主要显示设备局部故障信息。

4. 提示信息窗：主要包括操作、设备提示等信息。

5. 时钟信息区：主要包括本机状态、系统时间及系统资源三部分。

（二）设备状态显示

1. 道岔的状态显示：道岔通过所在轨道区段断开和连接的状态表示当前开通位置，提供道岔定位、道岔反位、道岔失去表示、道岔锁闭、道岔封锁和道岔挤岔等 6 种状态信息，道岔名称用道岔号的数字表示。操作人员可以通过“辅助菜单”中的“道岔位置显示”或“道岔位置隐藏”菜单人工显示或隐藏全站道岔的岔心短线光带。

2. 轨道区段的状态显示：系统提供轨道区段空闲、占用、锁闭和分路不良等状态信息。显示的优先级按占用、锁闭和空闲依次递减。无岔区段和股道名称固定显示在对应轨道区段附近。列车或车列占用出清后，轨道区段在延时 3 s 解锁期间，显示锁闭状态。

3. 信号机的状态显示：列车信号机关闭时状态显示红灯，开放时显示相应的允许信号。若室外信号点灯，则与室外信号机显示一致；若室外信号灭灯，则信号机在显示相应的允许信号灯位上增加黑色“×”。调车信号机关闭时状态显示蓝灯（或红灯），开放时显示白灯。信号机的名称用拼音字母与阿拉伯数字组合表示。

只有在室外点灯时出现灯丝断丝才会出现信号机灯丝断丝报警，信号机状态显示为关闭信号闪烁，同时屏幕左上方的报警信息区会有相应文字报警。

4. 信号按钮的状态显示：信号按钮的名称用银白色字符表示；列车进路相关的列车按钮为有凸出效果的暗绿色方框图形，引导进路相关的引导按钮为有凸出效果的深蓝色方框图形；调车进路相关的调车按钮：当有信号机时采用信号机图形作为按钮，无信号机时为有凸出效果的灰色方框图形。

5. 其他功能按钮的状态显示：其他功能按钮一般为矩形、圆形、三角形；一般分抬起和按下两种状态，抬起有凸起效果，按下有凹下效果。

6. 铅封按钮计数显示：铅封按钮的操作次数由操作表示机自动累计计数，铅封采用输入口令并计数方式。计数值不能被维护人员人工消除或修改，计数值平时不显示，可通过“辅助菜单”中“破封统计显示”菜单查看破封按钮次数。

7. CTC 状态信息显示：有 CTC 的车站控制台设非常站控按钮，非常站控、允许自律、自律控制三个表示灯。

当非常站控按钮按下时，非常站控表示灯显示红灯；当非常站控按钮抬起时，非常站控表示灯显示灭灯。

当与 CTC 连接正常时，根据 CTC 的反馈状态决定允许自律和自律控制表示灯的显示状态：当反馈允许自律时，允许自律表示灯显示黄灯；当反馈自律控制时，自律控制表示灯显示绿灯。

注意：当需要把“非常站控”按钮由按下转为抬起时，必须确认站场界面无按钮处于按下状态，无信号按钮处于闪烁状态。

8. 与区间相关表示信息：

(1)信号限速标识：当收到列控下发的对应信号机限速标识时，在相应信号机处设置表示灯。

(2)区间接车方向表示：接车箭头黄色表示区间空闲且对方站未办理发车进路；接车箭头红色表示区间占用、对方站已办理发车进路或处于上电锁闭状态；无箭头显示时表示与列控中心通信中断或列控中心处于无方向状态（若为继电电路时表示未采集到接车表示继电器)。

(3)区间发车方向表示:发车箭头绿色表示区间空闲且本站未办理发车进路;发车箭头红色表示区间占用、本站已办理发车进路或处于上电锁闭状态;无箭头时表示与列控中心通信中断或列控中心处于无方向状态(若为继电电路时表示未采集到发车表示继电器)。

(4)区间占用表示:区间占用时,显示红灯;区间空闲时,显示灭灯(若为继电电路时,存在闪红灯表示,表示发车锁闭继电器落下同时一方已经按压辅助办理,不能继续进行辅助办理)。

(5)辅助灯:白闪表示改方动作过程中;白灯表示改方成功且辅助按钮按下;灭灯表示无改方或改方结束,辅助按钮恢复。

(6)标记窗功能:股道、进站口外方可以设置标记窗。标记窗内容采用人工输入方式,无标记时不显示。标记窗图形在轨道区段图形上显示,颜色采用黄色底色,汉字、字符为蓝色,字体大小与股道名称大小相同。标记窗固定长度,股道标记窗前两个为汉字,后八个为字符;进站口标记窗为两个汉字,显示在进站口最外侧的接近区段图形上方。

(三)计算机联锁系统动作程序

1. 按钮操作

控制台操作人员按压按钮发出相关控制命令,联锁机根据命令内容进行运算,发布驱动指令。由驱动板驱动被控制对象,采集板采集被控制对象的执行结果,并将采集的信息反馈给联锁机,联锁机将执行的最终结果信息发布到控制台上。

(1)信号按钮

信号按钮的名称用银白色字符表示;列车进路相关的列车按钮为有凸出效果的暗绿色方框图形,引导进路相关的引导按钮为有凸出效果的深蓝色方框图形;调车进路相关的调车按钮,当有信号机时采用信号机图形作为按钮,无信号机时为有凸出效果的灰色方框图形。信号按钮边框均为灰色,按钮的作用域等同于按钮的尺寸。办理进路时先按压进路的始端按钮后按压终端按钮。

(2)道岔按钮

道岔按钮区域为道岔号的数字或岔心区域位置。双动道岔的任一道岔按钮,对于道岔操作时功能是等同的。当鼠标移动至道岔按钮区域时,突出显示道岔的名称。点击鼠标右键,弹出对话框,再点击框内内容进行操作。

(3)区段按钮

区段按钮区域为轨道区段的名称位置。

(4)常用功能按钮及其用途

①引导总锁按钮按咽喉设置,用于对本咽喉的全部道岔实施引导总锁闭操作。

②坡道解锁按钮作为特殊操作时不限时解锁延续进路。

③总取消按钮用于取消进路操作。

④总人解按钮用于人工解锁进路操作。

⑤区故解按钮用于解锁进路中漏解锁的区段。

⑥总定位按钮用于对道岔单独操纵至定位的操作。

⑦总反位按钮用于对道岔单独操纵至反位的操作。

⑧清除按钮用于复原当前操作界面中已按下的常用功能按钮区自复式按钮(不包含“分路不良”“标记窗”)。

⑨道岔单锁按钮用于对道岔进行单独锁闭。

⑩道岔单解按钮用于对道岔进行单独解锁。

⑪按钮封锁按钮用于对信号按钮进行封锁。

⑫按钮解封按钮用于对信号按钮进行解封。

⑬道岔封锁按钮用于对道岔进行单独封锁。

⑭道岔解封按钮用于对道岔进行单独解封。

⑮上电解锁按钮用于设备上电时全站/场解锁。

⑯辅助菜单按钮用于扩展操作显示界面上联锁操作之外的其他辅助功能。

⑰分路不良按钮用于对区段添加分路不良标识。

⑱标记窗按钮用于对股道、进站口标记窗添加标识。

2. 特殊电路按钮及操作

(1)允许改方按钮及操作

移动鼠标到对应发车口的改方按钮上，当光标变成小手状时点击左键，出现口令框后输入口令并点击确认按钮，此时改方按钮处于按下状态，并在其按钮旁显示黄闪灯光，可以办理反方向发车。使用完毕，再次按压改方按钮，按钮转为抬起状态，不能办理反向发车进路。

注意：办理反向发车时，应首先确认已按下改方按钮，否则无法办理发车进路，若该区间口已经为发车方向则不需要按下改方按钮。

(2)区间辅助改方按钮及操作

对应每个接发车口，分别设置总辅助按钮(铅封非自复)、接车辅助按钮(铅封自复)及发车辅助按钮(铅封自复)。

①总辅助按钮：辅助办理时，必须首先点击该按钮，输入口令后点击确认按钮，其按钮方块变化为黄色，表示该按钮在按下状态；再次点击该按钮，输入口令后点击确认按钮，按钮抬起，其按钮方块恢复为灰色。

②接车辅助按钮：在总辅助按钮按下后点击该按钮，输入口令后点击确认按钮，其按钮方块变化为黄色，同时出现该按钮的倒计时(15 s)。在此倒计时内该按钮保持按下状态，倒计时结束后，该按钮自动抬起，其按钮方块恢复为白色。在该按钮 15 s 倒计时结束前，如果重复点击接车辅助按钮，该按钮重新计时，可使其连续保持按下状态(超过 50 s 重复点击无效)。

③发车辅助按钮：在总辅助按钮按下后点击该按钮，输入口令后点击确认按钮，其按钮方块变化为黄色，同时出现该按钮的倒计时(25 s)。在此倒计时内该按钮保持按下状态。倒计时结束后，该按钮自动抬起，其按钮恢复为白色。在该按钮 25 s 倒计时结束前，如果重复点击发车辅助按钮，该按钮重新计时，可使其连续保持按下状态(超过 50 s 重复点击无效)。若按钮按下超过 25 s 且区间已经改为发车方向后，发车辅助按钮自动抬起。

复习思考题

1. 简述计算机联锁系统的基本原理。
2. 计算机联锁系统的硬件组成有哪些?
3. 对计算机联锁系统的联锁程序模块化是如何规定的?
4. 计算机联锁系统软件设计的特点有哪些?
5. 控制台表示灯的含义有哪些?

第六章 区间闭塞设备

第一节 ZPW-2000A 型轨道电路技术特点

ZPW-2000A 型轨道电路是在法国 UM71 无绝缘轨道电路技术引进、国产化基础上，结合我国国情进行的技术再开发。前者较后者在轨道电路传输安全性、传输长度、系统可靠性、可维修性以及结合国情提高技术性能价格比、降低工程造价上都有了显著提高。

2002 年 5 月 28 日，ZPW-2000A 型轨道电路通过铁道部技术鉴定，确定推广应用。2002 年 10 月 17 日至今，该系统对适用于地下铁道短调谐区 ZPW-2000 技术方案进行了运用试验，情况良好。

ZPW-2000A 型轨道电路由较为完备的轨道电路传输安全性技术及参数优化的传输系统构成。国家知识产权局已受理了有关“钢轨断轨检查”“多路移频信号接收器”等 8 项专利，ZPW-2000 系列轨道电路已成为我国目前安全性高、传输性能好、具有自主知识产权的一种先进自动闭塞制式，为“机车信号作为主体信号”创造了必备的安全基础条件。

1. 充分肯定、保持 UM71 无绝缘轨道电路整体结构上的优势。

2. 通过解决调谐区断轨检查，实现了轨道电路全程断轨检查。

3. 减少了调谐区分路死区。

4. 实现了对调谐单元断线故障的检查。

5. 实现了对拍频干扰的防护。

6. 通过系统参数优化，提高了轨道电路传输长度。

7. 提高了机械绝缘节轨道电路传输长度，实现了与电气绝缘节轨道电路等长传输。

8. 轨道电路调整按固定轨道电路长度与允许最小道砟电阻方式进行，既满足了 1 Ω· km 标准道砟电阻、低道砟电阻最大传输长度要求，又为一般长度轨道电路最大限度提供了调整裕度，提高了轨道电路工作的稳定性。

9. 用 SPT 国产铁路数字信号电缆取代法国 ZCO3 电缆，减小了铜芯线径，减少了备用芯组，加大了传输距离，提高了系统技术性能价格比，降低了工程造价。

10 砟采用钢包铜引接线取代截面积为 75 mm^2 铜引接线，方便了现场维修。

11. 系统中发送器采用“$N+1$”冗余，接收器采用成对双机并联运用，提高系统可靠性，大幅度提高了单一电子设备故障不影响系统正常工作的时间。

第二节 ZPW-2000A 型轨道电路系统构成

ZPW-2000A 型轨道电路系统主要由室外设备和室内设备两部分组成，如图 6-2-1 所示，具体设备包括：

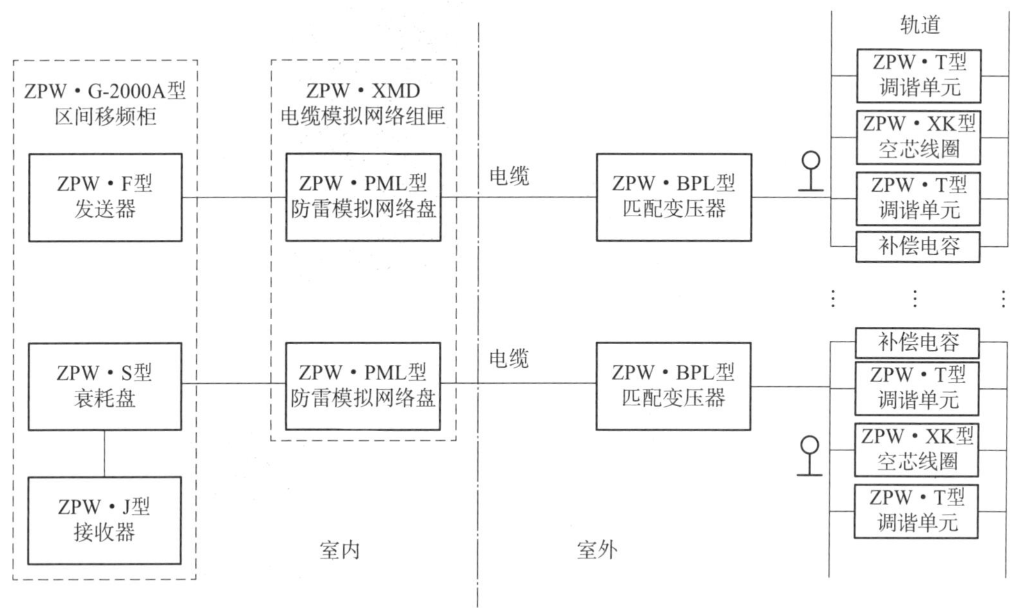

图 6-2-1 ZPW-2000A 型轨道电路系统主要设备构成

1. ZPW·G-2000A 型区间移频柜。
2. ZPW·GFM-2000A 型站内电码化发送机柜。
3. ZPW·GL-2000A 型网络接口柜。
4. ZPW·GZM-2000A 型站内电码化综合柜。
5. ZPW·XMD 电缆模拟网络组匣。
6. ZPW·F 型发送器。
7. ZPW·J 型接收器。
8. ZPW·S 型衰耗盘。
9. ZPW·PML 型防雷模拟网络盘。
10. ZPW·JFM 型电码化发送检测盘。
11. ZPW·BPL 型匹配变压器。
12. ZPW·XK 型空芯线圈。
13. ZPW·T 型调谐单元。

设备实物如图 6-2-2 所示。

(a) 发送器

(b) 接收器

(c) 衰耗盘

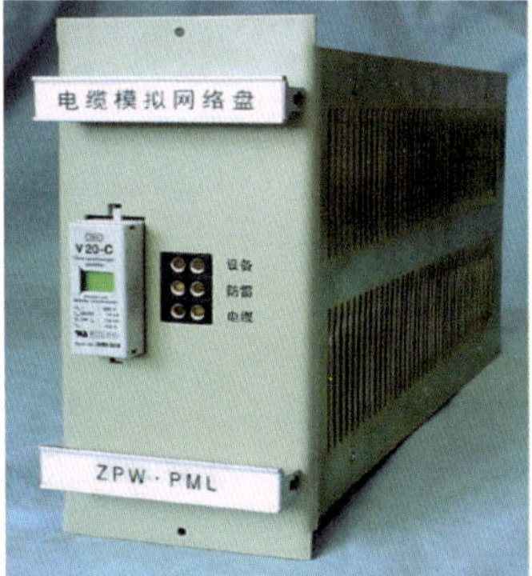

(d) 防雷模拟网络盘

(e) 电码化发送检测盘

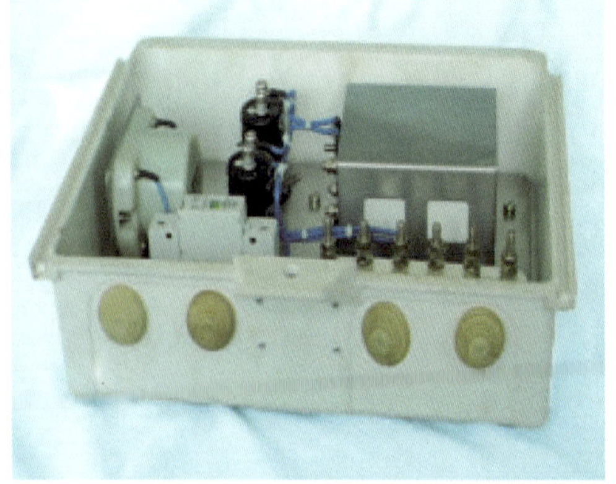

(f) 匹配变压器

图 6-2-2

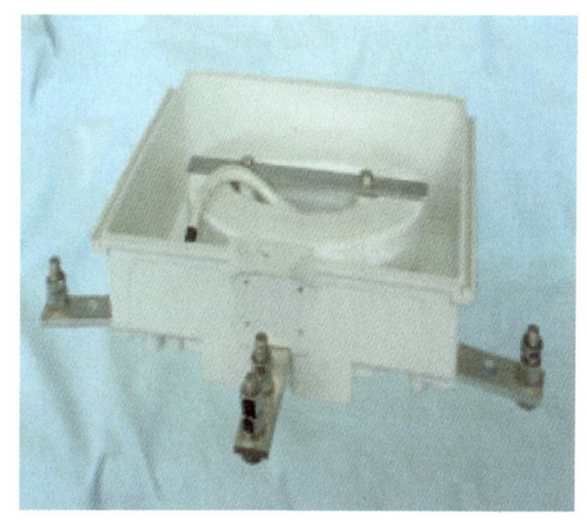

(g) 空芯线圈

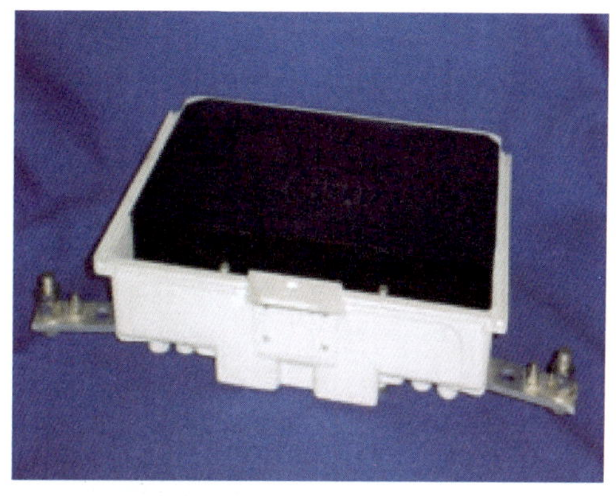

(h) 调谐单元

图 6-2-2 设备实物

一、室外设备

1. 调谐区(JES-JES):调谐区按 29 m 设计,设备包括调谐单元及空芯线圈,其参数保持“UM71”参数。功能是实现两相邻轨道电路电气隔离。

2. 机械绝缘节:由“机械绝缘空芯线圈”(载频分为 1 700 Hz、2 000 Hz、2 300 Hz、2 600 Hz 四种)与调谐单元并接而成,其特性与电气绝缘节相同。

3. 匹配变压器:一般条件下,按 0.25~1.0 Ω·km 道砟电阻计,实现轨道电路与 SPT 传输电缆的匹配连接。

4. 补偿电容:根据通道参数兼顾低道砟电阻道床传输,选择电容器容量,使传输通道趋于阻性,保证轨道电路具有良好传输性能。

5. 传输电缆:采用国产 SPT 铁路信号数字电缆,线径为 ϕ1.0 mm,一般条件下,电缆长度按 10 km 考虑。根据工程需要,传输电缆长度可按 12.5 km、15 km 设计。

6. 调谐区设备引接线:采用 3 600 mm、1 600 mm 钢包铜引接线构成。用于 BA、SVA、SVA′等设备与钢轨间的连接。

二、室内设备

1、发送器:用于产生高精度、高稳定移频信号源,系统采用 $N+1$ 冗余设计。故障时,通过 FBJ 的接点转至“+1”FS。

2. 接收器:用于接收本主轨道电路信号,并在检查所属调谐区短小轨道电路状态(XGJ、XGJH)条件下,动作本轨道电路的轨道继电器(GJ)。另外,接收器还接收相邻区段小轨道电路的信号,向相邻区段提供小轨道电路状态(XG、XGH)条件。接收器采用 DSP 数字信号处理技术,将接收到的两种频率信号进行快速傅氏变换(FFT),获得两种信号能量谱的分布,并进行判决。系统采用接收器成对双机并联冗余方式。

3. 衰耗盘:用于实现主轨道电路、小轨道电路的调整。给出发送和接收故障、轨道占用表示及发送、接收用+24 V 电源电压、发送功出电压、接收 GJ、XG 测试条件等。

4. 防雷模拟网络盘:电缆模拟网络设在室内,按 0.5、0.5、1、2、2、2×2 km 六段设计,用于对 SPT 电缆长度的补偿，电缆与电缆模拟网络补偿长度之和为 10 km 。

室内设备布置如图 6-2-3 所示。

图 6-2-3　室内设备布置

三、系统防雷设备

系统防雷设备也可分为室外和室内两部分。

1. 室外部分

(1)一般防护从钢轨引入雷电信号，含横向、纵向。

①横向：限制电压在 75 V、10 kA 以上。

②纵向：a. 根据设计，一般可通过空芯线圈中心线直接接地进行纵向雷电防护。b. 在不能直接接地时，应通过空芯线圈中心线与地间加装纵向防雷元件。c. 电气化牵引区段考虑牵引回流不畅条件下，出现的纵向不平衡电压峰值，限制电压选在 500 V、5 kA 以上。d. 非电气化区段则只考虑 50 Hz、220 V 电流影响，纵向限制电压选在 280 V(或 275 V)，10 kA 以上。

(2)防雷地线电阻要严格控制在 10 Ω 以下。对于采取局部土壤取样不能真实代表地电阻的石质地带，必须加装长的铜质地线，具体长度需视现场情况定。

(3)对于多雷及其以上地区，特别对于石质地层的地区，应加装贯通地线。在电气化区段，该地线为区间防雷、安全、电缆等地线以及上下行等电位连接线共同使用。该贯通地线与两端车站地网线相连接。

2. 室内部分

防护由电缆引入的雷电信号。

(1)横向：限制电压在 280 V、10 kA 以上。

(2)纵向：利用低转移系数防雷变压器进行防护。

第三节　ZPW-2000A 型轨道电路组成设备功能

一、电气绝缘节

电气绝缘节由调谐单元、空芯线圈及 29 m 钢轨组成。用于实现两相邻轨道电路间的电气隔离。在调谐区中部设置的 SVA，其 50 Hz 的交流阻抗仅约 10 mΩ，其电阻分量也改善了并联谐振槽路的 Q 值，使调谐区并联谐振阻抗约为 2 Ω，该考虑对提高电气绝缘节工作稳定性带来好处。

电气绝缘节长 29 m，在两端各设一个调谐单元(下称 BA)，对于较低频率轨道电路(1 700 Hz、2 000 Hz)端，设置 L_1、C_1 两元件的 F_1 型调谐单元；对于较高频率轨道电路(2 300 Hz、2 600 Hz)端，设置 L_2、C_2、C_3 三元件的 F_2 型调谐单元。

F_1(F_2)端 BA 的 L_1C_1(L_2C_2)对"F_2"(F_1)端的频率为串联谐振，呈现较低阻抗(数十毫欧姆)，称"零阻抗"相当于短路，阻止了相邻区段信号进入本轨道电路区段，如图 6-3-1 所示。

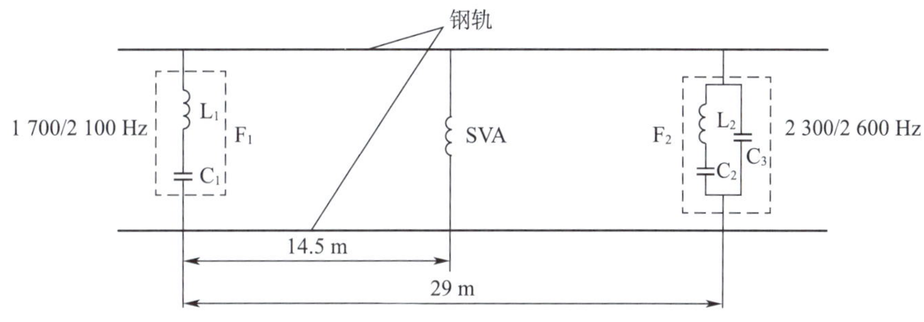

图 6-3-1 零阻抗原理

F_1(F_2)端的 BA 对本区段的频率呈现电容性，并与调谐区钢轨、SVA 的综合电感构成并联谐振，呈现较高阻抗，称"极阻抗"(约 2 Ω)，相当于开路，以此减少了对本区段信号的衰耗，如图 6-3-2 所示。

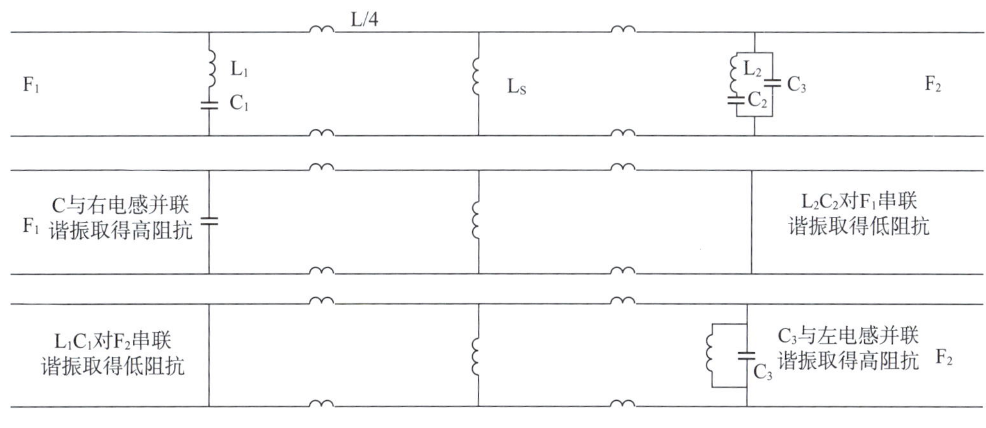

图 6-3-2 极阻抗原理

二、空芯线圈(SVA)

在无绝缘轨道电路区段，在每一个轨道电路区段设置一个起到平衡牵引电流的空芯线圈。在两轨间该线圈应对 50 Hz 形成较低的阻抗，对不平衡电流电势起到短路、平衡作用。

另外，该线圈若设在调谐区中间，适当确定参数，并可起到改善调谐区阻抗作用。该线圈也可用作复线区段，上下行线路间等电位连接、渡线绝缘两端牵引电流平衡以及防雷接地等作用。

（1）平衡牵引电流回流。

（2）对于上、下行线路间的两个 SVA 中心线可做等电位连接。

（3）作为抗流变压器。例如，在道岔斜股绝缘两侧各装一台 SVA，两中心线连接（长时间通电其总电流≤200 A）。

（4）作为并联谐振槽路的组成部分。

（5）做调谐区两端设备纵向防雷的接地连接，如图 6-3-3 所示。

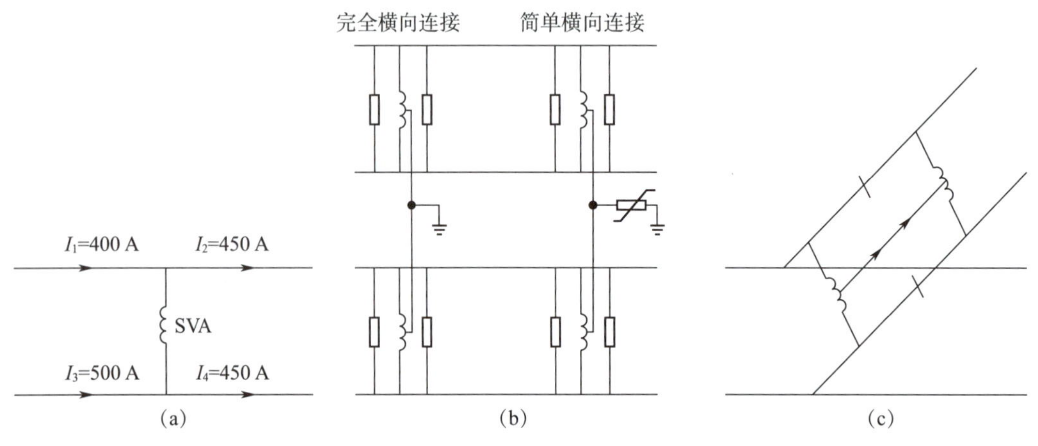

图 6-3-3　纵向防雷的接地连接

三、机械绝缘空芯线圈（SVA′）

在轨道电路进站和出站口均设有机械绝缘节。为使机械绝缘节轨道电路与电气绝缘节轨道电路有相同的传输参数和传输长度，根据 29 m 调谐区四种载频的综合阻抗值，设计机械绝缘空芯线圈（SVA′）。并将该 SVA′与调谐单元（BA）并联，即可获得预期效果。

SVA′按载频分为：SVA′-1 700 Hz、SVA′-2 000 Hz、SVA′-2 300 Hz、SVA′-2 600 Hz 四种，与相应频率 BA 并接使用，如图 6-3-4 所示。

四、匹配变压器（BPL）

匹配变压器（BPL）用于钢轨（轨道电路）与 SPT 铁路数字信号电缆的匹配连接。

1. V1V2 经调谐单元端子接至轨道，L1L2 经 SPT 电缆接至室内。

2. 考虑到 1.0 Ω·km 道砟电阻，并兼顾低道砟电阻道床，该变压器变比优选为 9∶1。

3. 钢轨侧电路中，串联接入二个 16 V、4 700 μF 电解电容（C_1、C_2）该二电容按相反极性串接，构成无极性联接，起到隔直通交作用。保证该设备在直流电力牵引区段运用中，不致因直流成分造成匹配变压器磁路饱和。

4. F 为 BPL 的雷电横向防护元件，为 75 V 防护等级。

5. 电感 L 用作 SPT 电缆表现出容性的补偿。同时，与匹配变压器相对应处轨道被列车分路时，它可作为一个阻抗（1 700 Hz 时约为 106.8 Ω）。

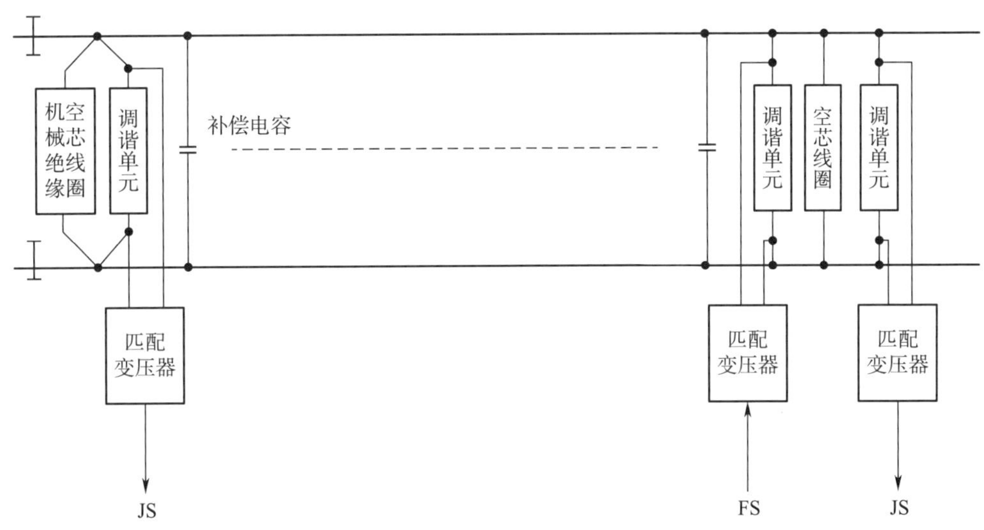

图 6-3-4 机械绝缘空芯线圈与相应频率并接使用示意

五、发送器

1. 产生 18 种低频信号、8 种载频(上下行各四种)的高精度、高稳定的移频信号;
2. 产生 70 W 功率的输出信号;
3. 调整轨道电路;
4. 移频信号特征的自检测,故障时给出报警及 $N+1$ 冗余运用的转换条件,如图 6-3-5 所示。

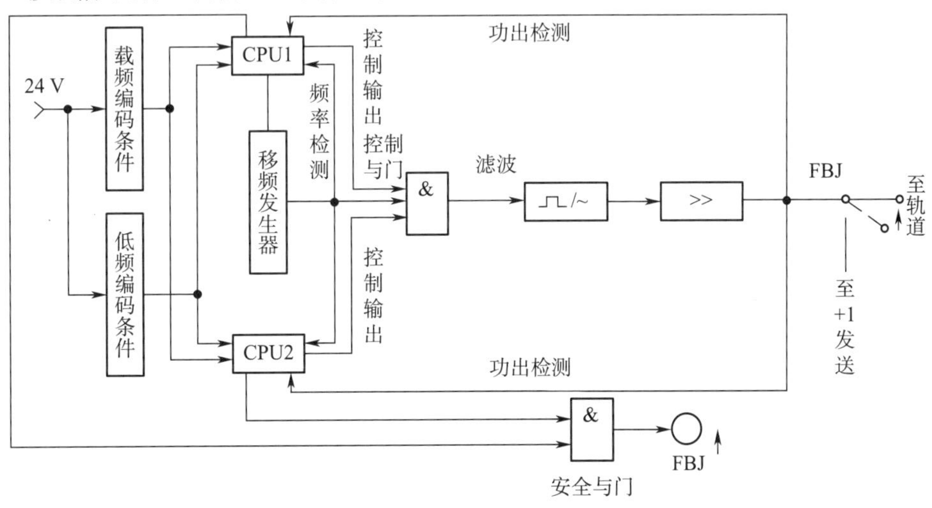

图 6-3-5 发送器作用与原理

六、接收器

1. 用于对主轨道电路移频信号的解调,并配合与送电端相连接调谐区短小轨道电路的检查条件,动作轨道继电器。

2. 实现对与受电端相连接调谐区短小轨道电路移频信号的解调，给出短小轨道电路执行条件，送至相邻轨道电路接收器。

3. 检查轨道电路完好，减少分路死区长度，用接收门限控制实现对 BA 断线的检查。

接收器原理如图 6-3-6 所示。

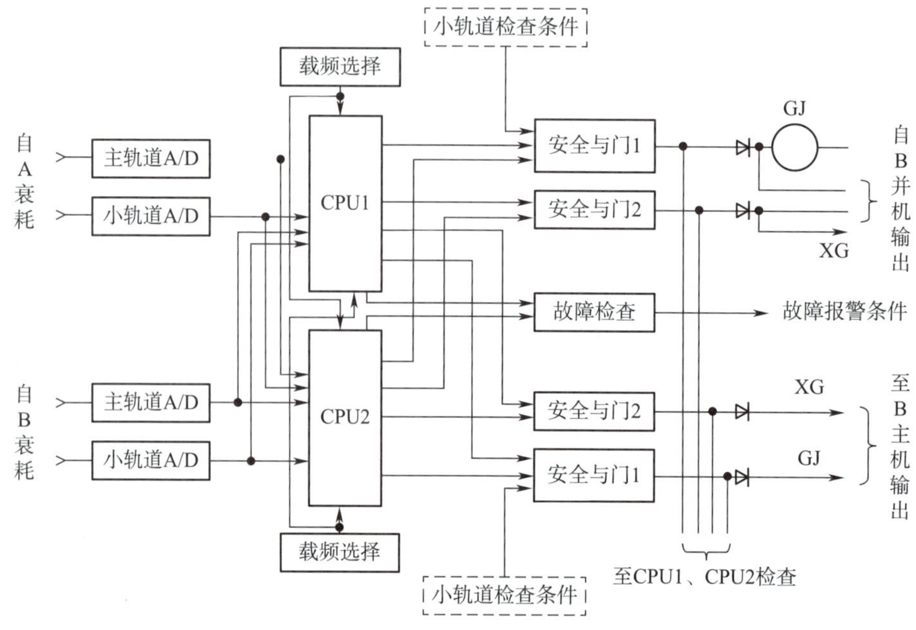

图 6-3-6　接收器原理

七、衰耗盘

1. 用作对主轨道电路的接收端输入电平调整。

2. 对小轨道电路的调整含正反向。

3. 给出有关发送、接收用电源电压、发送功出电压、轨道输入输出 GJ，XG 测试条件。

4. 给出发送、接收故障报警和轨道指示灯等。

5. 在 $N+1$ 冗余运用中实现接收器故障转换时主轨道继电器和小轨道继电器的落下延时。

6. 移频总报警继电器（YBJ）控制电路仅在移频柜第一位置设置。

7. 电容 C_1 起到缓放作用，防止各报警条件瞬间中断，造成 YBJ 跳动。

8. 只有“+1”发送没有接收设备时仅接入 BJ-1、BJ-2 条件。在接收设置总数为奇数，单独设置并机备用时，仅接入 BJ-2、BJ-3 条件。

衰耗盘端子代号及用途见表 6-3-1。

表 6-3-1　衰耗盘端子代号及用途

序号	端子号	代　号	用　途
1	C1、C2	V1、V2	轨道信号输入
2	A24	ZIN	正向小轨道信号输入
3	C24	FIN	反向小轨道信号输入

续上表

序号	端子号	代　号	用　途
4	A1～A10、C3、C4	—	主轨道电平调整
5	A11～A23	—	正向小轨道电平调整
6	C11～C23	—	反向小轨道电平调整
7	C5、C6	ZIN(Z)	主机主轨道信号输出
8	C7、C8	XIN(Z)	主机小轨道信号输出
9	B5、B6	ZIN(B)	并机主轨道信号输出
10	B7、B8	XIN(B)	并机小轨道信号输出
11	B16、B17	G(Z)、GH(Z)	主机轨道继电器
12	B18、B19	G(B)、GH(B)	并机轨道继电器
13	A30、C30	G、GH	轨道继电器
14	B20、B21	XG(Z)、XGH(Z)	主机小轨道继电器
15	B22、B23	XG(B)、XGH(B)	并机小轨道继电器
16	A31、C31	XG、XGH	小轨道继电器
17	A29、C29、C9	FS+、JS+、024	发送、接收 24 V 直流电源
18	A25、C25	FBJ-1、FBJ-2	发送报警继电器
19	A26、C26	JB+、JB−	接收报警条件
20	B29、B31	ZFJ+、FH	正方向继电器
21	B30、B32	FFJ+、FH	反方向继电器
22	A27	YBJ	移频报警继电器
23	C27	YB+	移频报警检查电源
24	A28、B28、B24、B25	BJ-1、BJ-2、FBJ+、FBJ−	发送报警条件
25	B28、C28、B26、B27	BJ-2、BJ-3、JBJ+、JBJ−	接收报警条件
26	A32、C32	S1、S2	发送功放输出
27	B1、B2	ZIN(Z)	备用
28	B3、B4	XIN(Z)	备用

八、防雷模拟网络盘

(1)用作对通过传输电缆引入室内雷电冲击的防护(横向、纵向)。

(2)通过 0.5、0.5、1、2、2、2×2 km 六节电缆模拟网络，补偿实际 SPT 数字信号电缆，使补偿电缆和实际电缆总距离为 10 km，以便于轨道电路的调整和构成改变列车运行方向电路，如图 6-3-7 所示。

九、站内电码化

1. 发送设备

站内电码化发送设备采用与区间发送设备相同的 ZPW・F 型发送器，即发送器区间、站内通用。

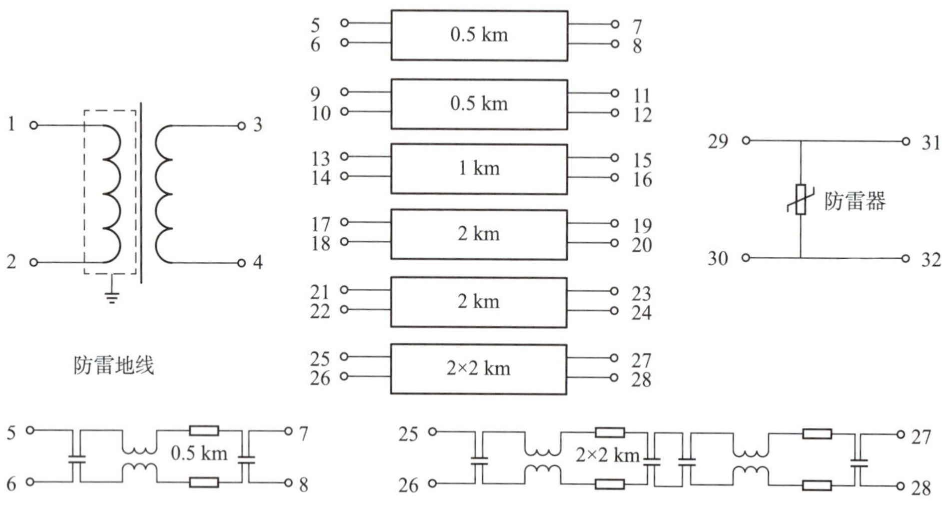

图 6-3-7　防雷模拟网络盘原理

每两台发送器设一台电码化发送检测盘，用作发送器电源电压、功出电压的测试条件，发送器工作或故障指示，以及移频总报警继电器（YBJ）控制电路（仅在站内电码化发送柜第一位置设置）。站内电码化发送设备端子用途见表 6-3-2。

2. 站内电码化设备

(1)送电端室内隔离设备

送电端室内隔离盒需放置在托盘上，占用一个组合位置，每个标准组合可放置室内隔离盒、调整变压器和电码化发送调整电阻各 3 套。

表 6-3-2　站内电码化发送设备端子用途

序号	端子号	代　　号	用　　途
1	1、3	1FS-S1、1FS-S2	1FS 功放输出
2	5、7	FBJ1-1、FBJ1-2	1FS 报警继电器
3	9、11	BJ-1、BJ-2	1FS 报警条件
4	13	＋24	1FS 直流电源
5	15	024	直流电源 024
6	17	＋24	2FS 直流电源
7	19、21	BJ-3、BJ-4	2FS 报警条件
8	23、25	FBJ2-1、FBJ2-2	2FS 报警继电器
9	27、29	2FS-S1、2FS-S2	2FS 功放输出
10	2	YBJ	移频报警继电器
11	4	YB＋	移频报警检查电源
12	24	FBJD＋	1FS、2FS 报警条件
13	26	FBJD1－	1FS 报警条件
14	28	FBJD2－	2FS 报警条件

(2)送电端室外隔离设备

送电端室外隔离盒需放置在 XB2 变压器箱中，每个变压器箱可放置一个隔离盒、一个电阻和一个轨道变压器。

(3)受电端室内隔离设备

受电端室内隔离盒需放置在托盘上,占用一个组合位置,每个标准组合可放置室内隔离盒和电码化发送调整电阻各5套。

(4)受电端室外隔离设备

受电端室外隔离盒放置在XB2变压器箱中,每个变压器箱可放置一个隔离盒和一个轨道变压器。

(5)电码化发送防雷匹配调整组合

一个电码化发送防雷匹配调整组合包括六套发送设备输出端调整电阻和匹配单元),占用一个组合位置。

(6)防护盒(HF_3-25)

HF_3-25型防护盒是HF更新换代产品,在HF_2-25型的基础上进行改进的,增加可调端子,提高了性能,可通过调整三种谐振槽路获得更佳50 Hz的防护和改善25 Hz信号相位角。

3. 站内电码化设备分类

(1)电气化区段25 Hz

室内隔离盒(NGL-U);室外隔离盒(WGL-U);调整变压器(BMT);防雷匹配单元(FT1-U)。

(2)非电气化区段25 Hz

室内隔离盒(NGL1-U);室外隔离盒(WGL1-U);调整变压器(BMT);防雷匹配单元(FT1-U);防护盒HF_3。

(3)JZXC-非电气化区段50 Hz

室内隔离盒(FNGL-U);室外隔离盒(FWGL-U);调整变压器(BMT2);防雷匹配单元(FT1-U)。

第四节 主要组成设备技术指标

一、发送器技术指标(表6-4-1)

表6-4-1 发送器技术指标

序号	项目		指标范围	备注
1	低频频率		F_c±0.03 Hz	F_c为10.3~29 Hz,共18个信息
2	载频频率	1700-1	1 701.4 Hz±0.15 Hz	—
		1700-2	1 698.7 Hz±0.15 Hz	—
		2000-1	2 001.4 Hz±0.15 Hz	—
		2000-2	1 998.7 Hz±0.15 Hz	—
		2300-1	2 301.4 Hz±0.15 Hz	—
		2300-2	2 298.7 Hz±0.15 Hz	—
		2600-1	2 601.4 Hz±0.15 Hz	—
		2600-2	2 598.7 Hz±0.15 Hz	—

续上表

序号	项　目		指标范围	备　注
3	功出电压	1 电平	161～170 V	直流电源电压为：25 V±0.1 V 400 Ω 负载 F_c=18 Hz
		2 电平	146～154 V	
		3 电平	128～135 V	—
		4 电平	104.5～110.5 V	
		5 电平	75～79.5 V	
4	故障转换时间		≤1.6 s	故障至 FBJ 后接点闭合
5	绝缘电阻		不少于 200 MΩ(500 V)	引线与机壳

二、接收器技术指标(表 6-4-2)

表 6-4-2　接收器技术指标

序号	项　目		指标范围	备　注
1	主轨道接收	吸起门限	200～210 mV	电源电压:24 V
		落下门限	≥170 mV	—
		继电器电压	≥20 V	
		吸起	2.3～2.8 s	
		落下延时	≤2 s	
2	小轨道接收	吸起门限	69～81 mV	—
		落下门限	≥63 mV	—
		继电器电压	≥20 V	—
		吸起	2.3～2.8 s	—
		落下延时	≤2 s	—
3	绝缘电阻		≥200 MΩ(500 V)	引线与机壳

三、衰耗盘技术指标(表 6-4-3)

表 6-4-3　衰耗盘技术指标

序号	项　目		指标范围	备　注
1	主轨道输入阻抗/Ω		42.27±0.42	输入 2 000 Hz、10 mA 输出开路
	调整变压器	V1-V2	580 mV±1 mV	V1、V2 设定 2 000 Hz、580 mV±1 mV
		R1-R2	5 mV±1 mV	
		R4-R5	20 mV±3 mV	
		R3-R5	30 mV±3 mV	—
		R6-R7	70 mV±3 mV	
		R8-R9	210 mV±3 mV	
		R8-R10	630 mV±6 mV	
		R5-R6	100 mV±5 mV	
		R7-R9	490 mV±5 mV	

续上表

序号	项目			指标范围	备注
2	小轨道输入阻抗/Ω			3 300 Ω±33 Ω	输入 2 000 Hz、1 V 输出开路
3	小轨道接收	a11-a12	c35-c36	10 Ω±0.5 Ω	数字万用表测量
		a12-a13	c36-c37	20 Ω±0.5 Ω	
		a13-a14	c37-c38	39 Ω±0.5 Ω	
		a14-a15	c38-c39	75 Ω±1 Ω	
		a15-a16	c39-c40	150 Ω±2 Ω	
		a16-a17	c40-c41	300 Ω±4 Ω	
		a17-a18	c41-c42	560 Ω±81 Ω	
		a18-a19	c42-c43	1.1 kΩ±16 Ω	
		a19-a20	c43-c44	2.2 kΩ±33 Ω	—
		a20-a21	c44-c45	3.3 kΩ±68 Ω	
		a21-a22	c45-c46	6.2 kΩ±130 Ω	
		a22-a23	c46-c47	12 kΩ±270 Ω	
4	绝缘电阻			不少于 200 MΩ(500 V)	引线与机壳

四、防雷模拟网络盘技术指标(表 6-4-4)

表 6-4-4 防雷模拟网络盘技术指标

序号	项目	测试端子	指标范围	备注
1	静态检查	25-26,27-28	≥1 MΩ	用万用表电阻挡测试端子电阻
		27-25,28-26	93.6 Ω±4.68 Ω	
		23-24,21-22	≥1MΩ	
		23-21,24-22	46.8 Ω±2.34 Ω	
		19-20,17-18	≥1 MΩ	
		19-17,20-18	46.8 Ω±2.34 Ω	
		15-16,13-14	≥1 MΩ	
		15-13,16-14	23.5 Ω±1.18 Ω	
		11-12,9-10	≥1 MΩ	
		11-9,12-10	11.75 Ω±0.59 Ω	
		7-8,5-6	≥1 MΩ	
		7-5,8-6	11.75 Ω±0.59 Ω	
2	变比	3-4	171.4～178.0 V	1,2 端子加 2 000 Hz、168 V 信号
3	动态检查	27-28	10±0.1 V	连接 25-23,26-24,21-19,22-20,17-15,18-16,13-11,14-12,9-7,10-8,5-6 端子; 27、28 端子加 2 000 Hz、10 V±0.1 V 的正弦信号
		25-26	6.07～6.22 V	
		21-22	6.07～6.22 V	
		17-18	2.06～2.20 V	
		13-14	1.03～1.06 V	
		9-10	0.52～0.54 V	
		5-6	0 V	

五、匹配变压器(TAD)技术指标(表 6-4-5)

表 6-4-5　匹配变压器(TAD)技术指标

序号	项　目	检　查　指　标	检　查　方　法
1	耐压	1 min 无异状	测试工装 A 对 B,交流 50 Hz/500 V 电压
2	绝缘电阻	＞200 mΩ	测试工装 A 对 B,交流 50 Hz/500 V 电压
3	40 Hz 传输性能	E1-E2 上有 7～11 V 正弦信号	V1-V2 输入 40 Hz、1.5 V±0.1 V 正弦信号
4	2 000 Hz 传输性能	E1-E2 上有 14.5～17 V 正弦信号	V1-V2 输入 2 000 Hz、3 V±0.1 V 正弦信号

六、空芯线圈(SVA)技术指标

电感值 L＝33.5 μH±1 μH、电阻值 R＝18.5 mΩ±5.5 mΩ。

当利用 1 250 频率响应分析仪测试时,将 1 250 的输出频率设置为 1 592 Hz,调整功率放大器的输出,使测试台(测试Ⅰ)的输入电压为 200 mV±5 mV(相当于电流为 2 A±0.05 A)。

折算到阻抗 $Z=a+jb$ 时,指标范围:a＝13～24、b＝325～345 。

七、机械绝缘空芯线圈(SVA′)技术指标(表 6-4-6)

表 6-4-6　机械绝缘空芯线圈(SVA′)技术指标

序号	载频/Hz	电阻值/mΩ	电感值/μH
1	1 700	29.60±2.96	28.60±0.29
2	2 000	33.58±3.36	28.44±0.29
3	2 300	33.75±3.38	28.32±0.29
4	2 600	35.70±3.57	28.25±0.29

当利用 1 250 频率响应分析仪测试时,将 1 250 的输出频率 f_0 设置为 SVA′ 的相应载频,调整功率放大器的输出,使测试台(测试Ⅰ)的输入电压为 200 mV±5 mV(相当于电流为 2 A±0.05 A)。

折算到阻抗 $Z=a+jb$ 时,指标范围见表 6-4-7。

表 6-4-7　指标范围

序号	载频/Hz	a	b	f_0/Hz
1	1 700	26.64～32.56	302.4～308.6	1 700
2	2 000	30.22～36.94	353.8～361.0	2 000
3	2 300	30.37～37.13	405.1～413.5	2 300
4	2 600	32.13～39.27	456.8～466.2	2 600

第五节　组成设备安装使用

一、ZPW · G-2000A 型区间移频柜

1. 该移频柜含 10 套 ZPW-2000A 型轨道电路设备。每套设备含有发送、接收、衰耗各

一台及相应零层端子板、熔断器板、按组合方式配备，每架五个组合。四柱电源端子板用于外电源电缆引入。

2. 接收设备按1、2，3、4，5、6，7、8，9、10五对形成双机并联运用的结构。双机并用不由工程设计完成，在机柜内自行构成。

3. 为减少柜内配线，YBJ引出接线固定设置在位置1衰耗盘，1SH线引至01端子板。

二、ZPW·GL-2000A网络接口柜

1. 网络接口柜主要由零层端子板、电缆模拟网络组匣、远程隔离变压器组合等构成。

2. 零层端子板由24个18柱端子和两个汇流排(防雷地、安全地)构成。

3. 每台电缆模拟网络组匣最多可安装8台防雷模拟网络盘。

4. 每台远程隔离变压器组合最多可安装6台远程隔离变压器。

5. 网络接口柜还可以安装一些其他组合。如灯丝防雷组合等。

三、ZPW·GFM-2000A型站内移频柜

1. 站内电码化发送柜可安装10台ZPW·F型发送器和5台电码化发送检测盘，以及相应零层端子板、熔断器板、四柱电源端子板。

2. 每两台发送器设一台电码化发送检测盘，用作发送器电源电压、功出电压的测试条件，发送器工作或故障指示，以及移频总报警继电器(YBJ)控制电路。

3. 为减少柜内配线：YBJ引出接线，固定设置在位置1电码化发送检测盘上，线条引至01端子板。

四、ZPW·GZM-2000A型站内电码化综合柜

1. 站内电码化综合柜主要由零层端子板、轨道防雷组合、匹配调整组合、受端隔离器组合、送端隔离器组合等构成。

2. 每台轨道防雷组合最多可安装20台防雷单元。

3. 每台匹配调整组合最多可安装6台匹配调整单元。

4. 每台受端隔离器组合最多可安装5台室内隔离器。

5. 每台送端隔离器组合最多可安装3台室内隔离器和3台调整变压器。

6. 受、送端隔离器组合和室内隔离器分为电气化25 Hz、非电气化25 Hz、JZXC-480型交流轨道电路三种型号。

五、ZPW·F型发送器

ZPW·F型发送器的结构为模块化结构，底座由6块NS1模块构成，内部由数字板、功放板两块电路板组成，外罩为黑色网罩，并通过锁闭杆固定。发送器安装在机械室内ZPW·G-2000A区间移频柜的U形槽上，用钥匙将锁闭杆锁紧。

发送器的载频和类型按轨道电路实际频率配置。发送器的输出电平调整应根据轨道电路调整表进行，每种电平的连接端子及输出电压见表6-5-1。

表 6-5-1　发送器输出电平级调整表

发送电平	输出端子连接		电压(S1、S2)/V
	11	12	
1	9	1	161～170
2	9	2	146～154
3	9	3	126～137
4	9	4	103～112
5	9	5	73～80
6	4	1	60～67
7	5	3	54～60
8	4	2	44～48
9	3	1	37～41
10	5	4	31～33

在使用过程中主要测试发送器的功出电压(在衰耗盘上测试)及功出电流(用移频表电流钳测试)。

六、ZPW·J型接收器

ZPW·J 型接收器的结构为模块化结构，底座由 2 块 NS1 模块构成，内部由 CPU 板、AD 板、安全与门板三块电路板构成，外罩为黑色网罩，通过锁闭杆固定。接收器安装在机械室内 ZPW·G-2000A 区间移频柜的 U 形槽上，用钥匙将锁闭杆锁紧。

接收器的主机、并机、主轨、小轨的载频和类型按轨道电路实际频率配置。接收器的电平级调整应根据轨道电路调整表进行(在机柜衰耗盘底座上进行，包括主轨调整和小轨调整)。

在使用过程中主要测试轨道电路空闲时接收器的主轨电压(在衰耗盘上“主轨输出”测试，≥240 mV)及小轨电压(在衰耗盘上“小轨输出”测试，100～120 mV)。

复习思考题

1. ZPW-2000A 型轨道电路技术特点是什么?
2. ZPW-2000A 型轨道电路主要组成设备有哪些?
3. 发送器的作用有哪些?
4. 防雷设备可分为几类?
5. 衰耗盘的作用有哪些?

第七章　电源屏设备

第一节　电源屏系统特点及技术要求

一、系统特点

随着电力电子和控制技术的发展，铁路信号电源屏逐步向智能化、网络化、模块化方向发展。铁路信号智能电源屏具有如下功能及特点：

1. 网络化设计：可远程监控和集中监测组网，最终实现信号电源的无人值守。

2. 智能化设计：可实时监测系统的工作状态，故障及时显示和告警，并具有故障记忆功能。

3. 模块化设计：实现系统的免维修，少维护。

4. 超宽的工作电压范围：要求适应中国电网波动较大的实际情况。

5. 独特的输入切换：两路交流输入可自动切换，切换时间小于 150 ms。

6. “$N+M$”热机备份：各电源模块采用“$N+M$”方式热机备份。

7. 热插拔：电源模块采用无损伤热插拔技术，在线更换时间小于 3 min。

8. 高效率：整机效率大于 85%，整流模块的效率大于 90%。

9. 安全可靠：系统设计符合国际安全标准 EN 60950。

二、技术要求

1. 可靠性

可靠性是评价产品质量的一项重要指标，它是指产品在规定的条件下和规定的时间内完成规定功能的能力。

近年来科学技术的发展日新月异，铁路信号设备的更新及信号系统向信息化方向发展的速度大大加快。这时对电源屏可靠性提出了更高的要求。电源的可靠性直接影响到信号设备的正常工作与否。可靠性不高的电源可能引起信号设备的瘫痪，甚至造成重大事故。

目前，铁路信号智能电源屏一级负荷（指凡发生停电就会造成运输秩序混乱的负荷）越来越多，电源可靠性显得尤为重要。一般厂家都用加大冗余度的方法来保证可靠性。

根据国铁集团相关规定要求，铁路信号智能电源屏整机平均无故障时间（MTBF）为 65 000 h。

铁路信号智能电源屏由多个模块，多个电源回路构成，其可靠性必然与构成系统的各部分有关。因此提高电源系统中电源模块和器材的质量及可靠性是提高信号电源系统可靠性的基础。

2. 稳定性

为使电源有较高的可用度，必须规定信号电源输出电压的允许波动范围及交流电源的频率波动范围。

对于信号电源设备，因其由电网供电，电网的变化和负载的变化都将引起输出电压、电流和频率的波动。供电电压过高会使信号灯泡和电子设备的寿命大大缩短，电压过低会使信号显示距离不足或使电子设备动作不可靠，电压脉动过剧会使电子元件的噪声过大甚至引起误动作，频率波动过甚会影响信号设备的频率特性和抗干扰性能。尤其是这些指标的波动范围超出信号设备的正常工作许可范围时，可能引起信号设备的完全瘫痪，给交通运输带来严重的后果。因此，为了保证信号设备的正常运行，要求外界情况在很大程度范围内变化时，电源输出稳定。

3. 安全性

安全是对所有电气设备的基本要求。安全性包括三个方面：人身安全、设备安全和系统安全。人身安全保障是安全性中最基本的要求，此外还应该保证单台用电设备和整个用电系统的安全运行。

为了保证供电安全，信号电源设备可采取以下措施：

(1)信号设备的专用交、直流电源都要对地绝缘，以免发生接地故障时造成电路错误动作。供电变压器的初级和次级间用铜箔隔离接地，以防止干扰对用电设备造成影响。

(2)信号设备的电源种类和电压类型等级较多，必须分路供电，相互隔离，降低干扰，力求发生故障时缩小故障范围，避免故障扩大化。

(3)使用电缆供电时要考虑电缆芯线间的分布电容形成串电的问题，尽可能使用扭绞电缆，必要时应分开电缆供电。

(4)交流输入必须考虑防雷、防止浪涌电压以及安全接地。

(5)信号设备的保安系统采用断路器时，断路器的容量要经容量计算确定，并应满足动作的稳定性和灵敏度。

第二节　电源屏系统功能

一、遥测、遥信功能

电源屏系统的监控模块可通过 RS-485、RS-232 方式连接本地计算机，并可通过 MODEM 或其他传输资源（如公务信道、专用信道、信号集中监测信道等）连接到监控中心，实现信号电源的集中监测。

二、故障告警和防雷

铁路信号智能电源屏具有完善的故障告警和保护功能，可通过监控模块实时采集系统的运行参数，对交流输入过/欠压/缺相、模块故障、模块保护等系统故障进行声光报警，并可产生相应的干接点输出，同时具有呼叫手机、BP 机、固定电话功能。系统能通过告警级别的设置，将告警分为紧急告警、一般告警和不告警。另外，监控模块可保存多达 100 条历史告警信息。

铁路信号智能电源屏输入采用完善的三级防雷系统，同时考虑信号设备复杂的工作环境，在系统的每路输出也设有一级输出防雷，保证系统在恶劣的环境下可靠工作。

国铁集团相关标准中规定：在电源屏的输入端和向室外信号设备供电的输出端设置不小于 20 kA 的冲击通流容量防雷器件。

系统输入级可承受 8/20 μs 电流冲击波 20 kA，20 次；8/20 μs 电流冲击波 40 kA，1 次。

系统的输出防雷装置可承受 8/20 μs 电流冲击波 5 kA，10 次。

三、提供电源

铁路信号智能电源屏是专门为铁路信号设备供电的装置，信号负载电源类型主要有信号点灯电源、道岔表示电源、轨道电路电源、局部电源、直流转辙机电源、继电器电源、信号集中监测电源、交流转辙机电源、计算机联锁电源、闭塞电源/半自动闭塞电源、熔丝报警电源、灯丝报警电源、TDCS 电源、CTC 电源、表示灯电源、闪光灯电源、电码化电源等。

第三节　电源屏系统组成

从电源屏机柜前面板看，任何机柜的结构均由四部分组成：输入配电单元、模块单元、输出配电单元和监控单元。

机柜应并排摆放，一套信号电源系统中包含多台信号电源屏机柜，两路输入电源引入的机柜命名为“机柜 A”，其他电源机柜依次命名为“机柜 B”“机柜 C” 等，按 A、B、C、D、…顺序命名。对于每类电源屏中所包含的 A 屏柜（直流机柜、交流机柜），一般常见结构如图 7-3-1 所示。

一、输入配电单元

输入配电单元将外电网电能引入电源屏并进行监测和切换控制。典型的输入电路原理如图 7-3-2 所示。

以 Y 形输入为例，切换配电原理图 QF1、QF2 为手动转换开关，KM1、KM2 为交流接触器，KM1、KM2 具有互锁特性。

正常供电的情况下，如图 7-3-2(a)中的 KM1 吸合、KM2 断开，第Ⅰ路输入给各个模块供电。在第Ⅰ路输入不正常时，KM1 断开、KM2 吸合，这样由第Ⅱ路输入给各个模块供电。在 KM1、KM2 切换的过程中，虽然输入端由于交流接触器的切换有短时间的断电，但因为电源模块都是高频开关电源模块，在设计中采用了 PFC 技术并且内部设计有大容量的电解电容储能器件，使得电源模块具有短时掉电维持功能，也就保证了在输入端切换时模块的对外输出不间断，等交流接触器的切换完成，电源模块改由第Ⅱ路供电，系统照常工作，所以整个过程保证系统的输出不间断。同样在第Ⅰ路输入恢复正常时 KM2 断开、KM1 吸合，这样由第Ⅰ路输入给两个模块供电，系统依旧可以正常工作且保证电源输出不间断。

在切换系统故障时，通过手动扳动直供开关 K1、K2 可以实现第Ⅰ路输入或第Ⅱ路输入直供供电。

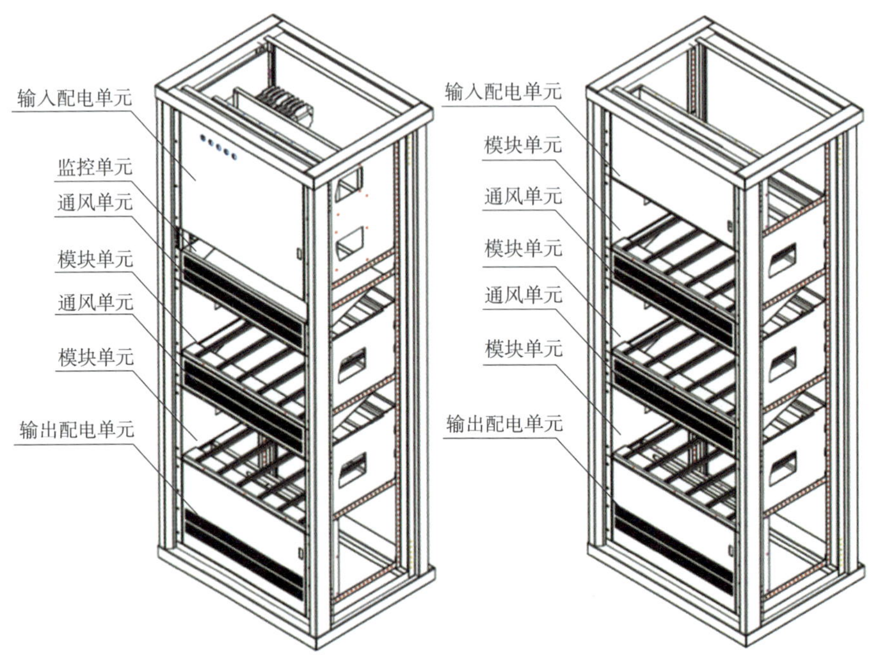

图 7-3-1　电源屏机柜结构

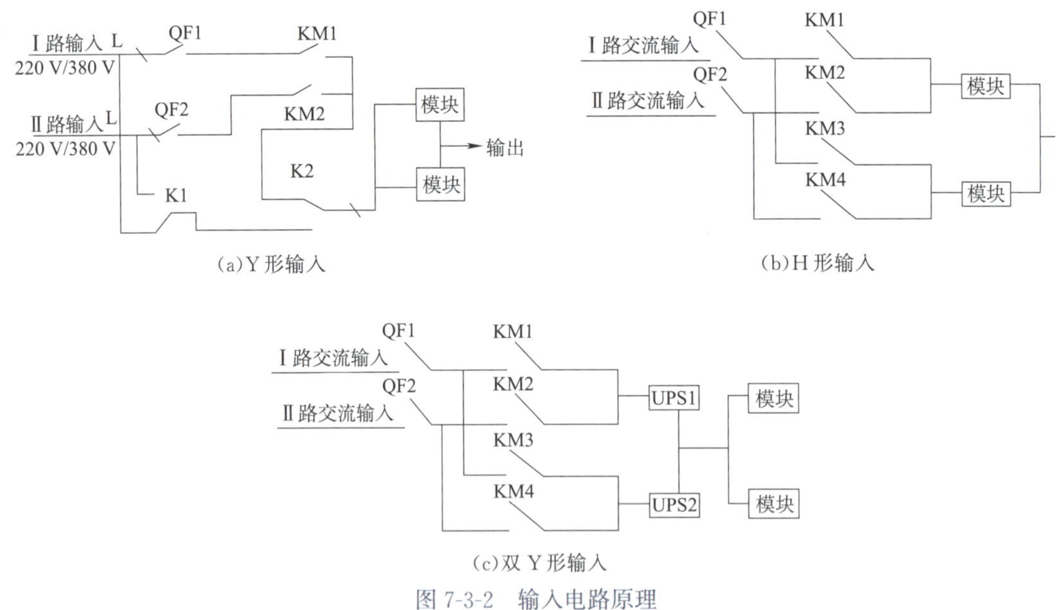

图 7-3-2　输入电路原理

二、模块单元

模块单元通过整流、逆变等环节实现向负载输出特定的电能。

模块单元插框的大小根据每个模块的外形尺寸来设计。模块单元的配电及主、备模块切换都是通过模块背板来完成的。模块背板如图 7-3-3 所示。

图 7-3-3 模块背板

模块单元的外形尺寸有 1/4 模块(310 mm×171 mm×445 mm)、1/8 模块(310 mm×85 mm×445 mm),如图 7-3-4 所示。

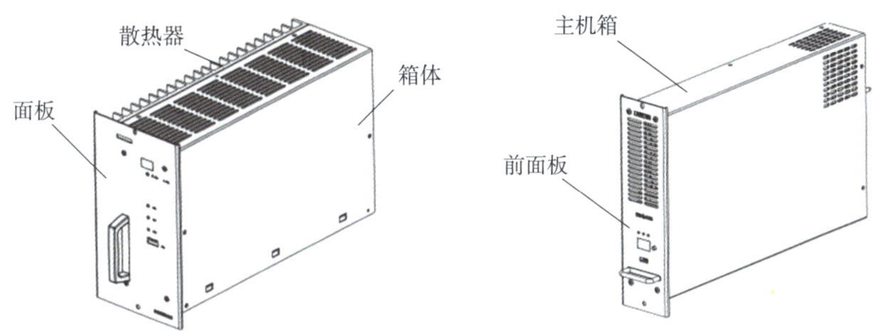

图 7-3-4 1/4 模块和 1/8 模块

直流电源模块采用"$N+1$"冗余方式,交流电源模块采用"1+1"热备工作方式,具有良好的稳压性能及输出过、欠压自动保护功能。

三、输出配电单元

输出配电单元主要用途是将接触器直接输送来的电能输送给下一级电源柜(通过转接端子来完成)或是将经模块变换后的电能输送给负载(通过负载接线端子完成)。

四、监控单元

监控单元记录断路器、模块、UPS 工作、引入电源的工作状态。同时也对各模块出电压、输出电流,引入电源的输入电压、输入电流进行记录。监测单元对报警数据进行记载,监督电源屏曾发生的报警,根据日期、时间进行记录。

第四节 电源屏日常测试维护

一、测试交流输入电压、电流

在电源屏相应的表盘上读测,或人工使用万用表电压挡测试电压、使用钳形电流表测试

图 7-4-1　调阅电源屏监控单元

电流，或在信号集中监测、电源屏监控单元上调看，如图 7-4-1 所示。人工使用万用表电压挡测试电压、使用钳形电流表测试电流，与电源屏监控单元、信号集中监测上进行校核，电源屏监测单元交流电压实时显示数据与实际电压误差小于或等于额定值的 3%，直流电压实时显示数据与实际电压误差小于或等于额定值的 2%，电流误差小于或等于额定值的 5%。

输入电源标准如下：

(1)电压：AC 220 V(+15%～−20%)；AC 380 V(+15%～−20%)；

(2)频率：50 Hz±0.5 Hz；

(3)三相电压不平衡度允许偏差：≤5%；

(4)电压波形失真允许偏差：≤5%；

(5)转换时间(自动或手动)：≤0.15 s。

二、测试各路电源输出电压、电流

在电源屏相应的表盘上读测，或人工使用万用表电压挡测试电压、使用钳形电流表测试电流，如图 7-4-2 所示，或在信号集中监测上调看。人工使用万用表电压挡测试电压、使用钳形电流表测试电流，与电源屏监控单元、信号集中监测上进行校核。

图 7-4-2　各支路电压、电流测试

各输出电源标准如下：

1. 交流电源输出电源标准

(1)信号点灯、计算机联锁、道岔表示、CTC/TDCS 等交流电压：AC 220 V±10 V；

(2)25 Hz 轨道电路电源电压：AC 220 V±6.6 V；

(3)25 Hz 局部电路电源电压：AC 110 V±3.3 V；

(4)输出相位差：局部电路电源超前轨道电路电源 90°；

(5)表示灯、闪光灯电压：AC 24 V±3 V。

2. 直流电源输出电源标准

(1)直流转辙机电压：DC 210～240 V；

(2)继电器电压:DC 23.5~27.5 V。

三、温升检查

用红外测温仪测量各变压器有无过热现象,目测及鼻闻检查电源屏有无异味,如图 7-4-3 所示。

图 7-4-3 温升检查

四、测试闪光频率

由人工按压秒表计时,并在 1 min 内人工计读闪光次数。

五、三相输入电源屏Ⅰ、Ⅱ路电源相序及相位测试

用相序表分别在电源防雷箱、电源屏内Ⅰ、Ⅱ路电源输入端检查测试三相电源,判断相序是否正确(表棒连接顺序为黄、绿、红,分别连接电源 A、B、C 相,如相序指示灯顺序从 A→B→C 亮红灯,且发出断续响声,则相序正确;如相序指示灯逆序从 C→B→A 亮红灯,且发出连续响声则相序不正确),如图 7-4-4 所示。电力施工后必须加测。

用万用表电压挡在电源屏输入端子,分别测两路 380 V 电源的ⅠA 与ⅡA、ⅠB 与ⅡB,ⅠC 与ⅡC,测试值最低,则两路电源相位正确,如图 7-4-5 所示。

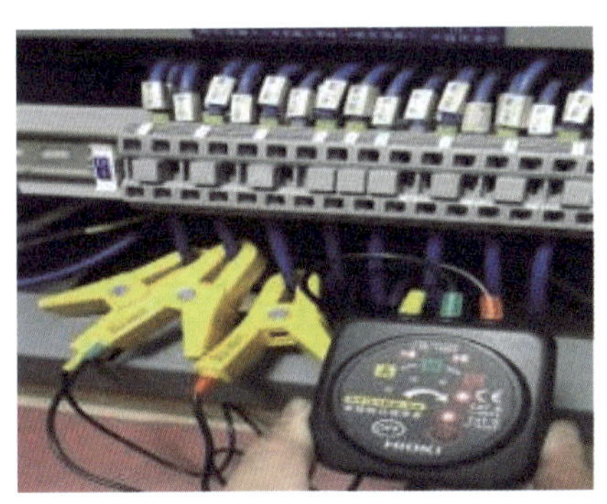

图 7-4-4 相序测试

图 7-4-5 相位测试

六、智能电源屏各项技术参数测试

用智能电源屏的监控单元或电源模块前面的 LCD 显示屏进行显示及测试。智能电源屏模块之间转换时间小于或等于 0.15 s。智能电源屏输入电源过压、欠压、缺相、错相,电源模块故障、过温,输出电源过载,三相电源缺相、错相(有相序要求的输出回路),稳压(调压)装置故障均应报警。

七、测试仪表

(1)MF-14 万用表(或数字万用表);

(2)电秒表;

(3)智能电源屏的监控单元或电源模块显示屏；

(4)电池内阻测试仪；

(5)相序表；

(6)红外测温仪。

复习思考题

1. 电源屏的主要功能有哪些?
2. 电源屏的技术要求有哪些?
3. 智能电源屏主要包括哪几部分?

第八章 列车调度指挥系统/调度集中系统

第一节 列车调度指挥系统

铁路列车调度指挥系统(train operation dispatching command system,简称 TDCS)是从现代运输管理的角度构造全新的现代化调度指挥系统。

TDCS 实现对列车在车站和区间运行的实时监视,动态调整、自动生成列车运行三小时阶段计划,实现列车调度命令的自动下达和实际运行图的自动描绘;实现分界口交接列车数、列车运行正点率、行车密度、早晚点原因、重点列车跟踪等实时宏观统计分析并形成相关统计报表;显示铁路路网、沿线线路、车站、救援列车分布等主要技术资料和气象资料,为铁路事故救援、灾害抢险、防洪等提供决策参考。

TDCS 是实现铁路各级运输调度对列车运行实行透明指挥、实时调整、集中控制的现代化信息系统。TDCS 由国铁集团、集团公司及车站三级组成,是一个覆盖全路的现代化铁路运输调度指挥和控制系统。

TDCS 采用铁路信号技术、计算机技术、通信技术、网络技术、多媒体技术和数据库技术,通过铁路既有专用数据通道,将国铁集团、集团公司以及全路所有车站连接成一个实时、可靠、安全的 TDCS 网络系统。

实现了铁路运输组织的科学化、现代化、增加运能,提高效率,减轻了调度人员的劳动强度,改善了调度指挥的工作环境。

一、TDCS 构成及网络体系结构

为适应三层体系结构,TDCS 构造了一个覆盖全国铁路的大型网络。各局域网间通过专线方式连接,进行信息交换。

三层结构中,主要的系统间接口如下:

(1)基层网与路局集团公司中心的接口。

(2)路局集团公司中心与国铁集团中心的接口。

(3)相邻路局集团公司中心之间的接口。

(4)TDCS 与 TMIS 的接口。

(5)TDCS 与现有其他系统的接口。

(一)国铁集团调度指挥中心

(1)是我国铁路运输调度指挥的心脏,处于 TDCS 的最高层,是整个 TDCS 的核心部分。

(2)通过专线通道与18个铁路局调度指挥中心远程连接,进行信息交换。

(3)集中式、综合型、透明式的现代化运输调度指挥中心,全路生产的总枢纽。

(二)集团公司调度指挥中心

(1)在全路TDCS体系结构中处于第二层。

(2)通过专线通道与国铁集团、相邻集团公司TDCS中心、各调度区段的环回车站连接,进行信息交换。

(3)是直接调度指挥行车的指挥层,有如下功能:

①行车控制中心。

②要完成基层网信息的汇总、处理和标准化。

③给各级调度提供监视。

④将基层网信息送上层的国铁集团中心。

(三)铁路局调度指挥中心 TDCS 构成

1. 中心机房设备

(1)数据库服务器。

(2)应用服务器。

(3)通信服务器。

(4)网络交换机。

(5)电源屏设备。

(6)防雷设备。

(7)工作站设备:网络管理工作站、系统维护工作站。

2. 调度所设备

(1)行车调度台工作站。

(2)基本图维护工作站。

(3)调度主任工作站。

(4)主任助理工作站。

(5)值班主任工作站。

(6)其他工作站:分析、统计、机调、车流、客调、货调、局长等。

(7)大屏幕系统。

(四)基层网系统构成

(1)车站网络设备。

(2)交换机、集线器。

(3)路由器、协议转换器、DSL。

(4)车站分机采集设备。

(5)两套系统互为热备。

(6)继电联锁站采集。

①中央采集控制单元+开关量采集设备;

②从分线盘直接采集信号联锁设备的状态信息。

(7)计算机联锁站采集:通过串行接口从计算机联锁设备接收站场表示信息。

(8)与其他系统的接口

①无线车次号接口;

②无线调度命令接口;

③列控接口。

(9)车站值班员终端设备:双机热备的双屏终端。

(五)TDCS 网络体系结构(图 8-1-1)

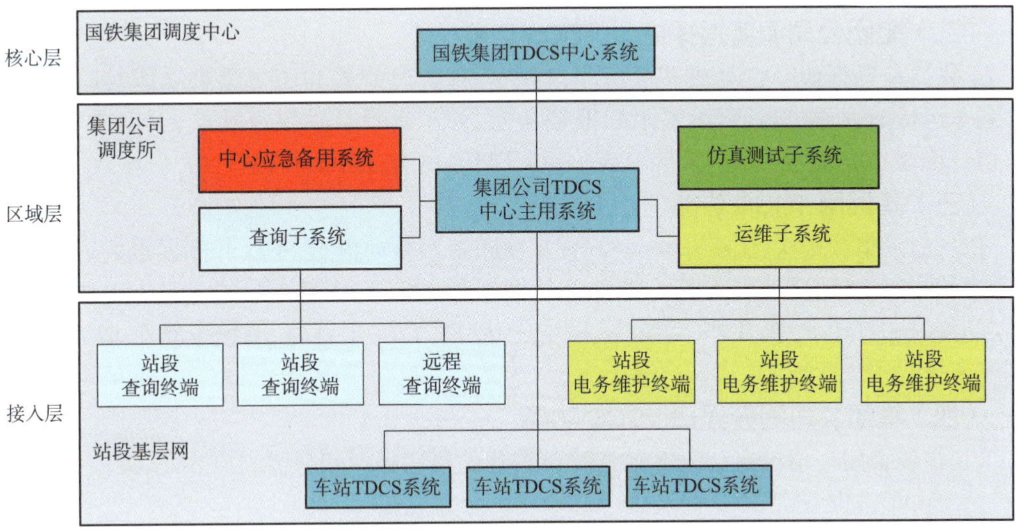

图 8-1-1 TDCS 网络构成

1. 核心层

(1)由国铁集团 TDCS 和国铁集团至各集团公司的广域网构成,是整个 TDCS 广域网的中枢,要求其安全、可靠,对各节点关键部分和功能应作合理的冗余配置。

(2)国铁集团中心至各集团公司中心之间均采用双专线连接。两条专线分别连接两套设备,选用两条物理路由,最大限度地保证 TDCS 核心层不中断。

(3)以目前的信息量,专线通道带宽每条至少为 2M。

2. 区域层

(1)由集团公司 TDCS 组成的网络构成,主要负责汇聚接入层各信源点采集的信息上传至集团公司、国铁集团,并把国铁集团、集团公司下达的阶段计划、调度命令等信息传至相关接入层的受信点。

(2)各集团公司中心与接入层间采用专线连接,专线通道带宽每条至少为 2M。

3. 接入层

(1)接入层由铁路沿线信源点(各站、场、段)组成的网络构成,包括区段、枢纽和分界口 TDCS。

(2)接入层广域网可采用的通道包括数字通道、电缆,通道的传输速率为 2 Mbit/s。

二、列车调度指挥系统的功能

（一）国铁集团调度指挥中心 TDCS 功能

列车动态跟踪、信号设备运用状态实施监视、列车运行宏观显示、列车运行时刻显示查询、运行图管理、调度命令管理、列车编组管理、数据统计和分析、技术资料管理、网络安全、时钟校合、网络管理、系统维护、事故救援辅助信息管理、气象信息系统、大屏幕显示系统、仿真培训、基础数据维护、通信质量监督、分界口列车调度指挥管理、跨局客车及行包专列管理。

（二）集团公司调度指挥中心 TDCS 功能

干线列车运行秩序的宏观显示功能、列车运行实时监视和历史查询功能、列车追踪功能、列车运行图管理功能、列车紧跟踪报警功能、列车运行自动报点功能、调度命令管理功能、仿真培训功能、电务维护、大屏幕显示、与 TMIS 的有关界面和接口。

（三）基层网 TDCS 功能

信息的采集和传送、无线车次号校合、车次跟踪及自动报点、车次和到发点的人工管理、显示本站和邻站信息（站间透明）、调度命令的签收和打印、调度命令的无线传送功能、阶段计划的签收和打印、行车日志（运统二、运统三）管理、现在车管理、甩挂车作业、小编组上报（列车速报）、用户管理。

（四）集团公司间分界口 TDCS 功能

（1）在各集团公司没有 TDCS 的情况下构建的集团公司间分界口 TDCS，集团公司间分界口系统由车站设备、中心机和调度台终端三部分组成。

①车站设备

车站设备包括采集分机和车站值班员终端。

采集分机：采集分机设置在信号机械室，负责采集控制台信息和区间信息，同时还负责信息的通信传输。

车站值班员终端：采用一台 PC 机作为主机，主要完成站间列车运行信息的显示。

②中心机

在分界口的主站设置一台中心机，负责与两个集团公司的终端交换信息。

③调度台终端

为调度员提供一套终端设备，可以实时监督分界口各个车站的列车运行信息和列车交接车辆情况。另外，主集团公司的终端配置了网络通信设备，与国铁集团中心服务器相连，向国铁集团中心传送分界口信息。

（2）在各集团公司已经有 TDCS 的情况下构建的集团公司间分界口 TDCS，集团公司已经构建 TDCS，车站设备无须重新投资。集团公司间分界口系统由中心机和调度台终端两部分组成。

①中心机

在分界口的主站设置一台中心机，分别与相邻集团公司 TDCS 服务器建立通信，收集相应车站的信息；负责与两个集团公司的终端交换信息。

②调度台终端

为调度员提供一套终端设备，可以实时监督分界口各个车站的列车运行信息和列车交接车辆情况。另外，主集团公司的终端配置了网络通信设备，与国铁集团中心服务器相连，向国铁集团中心传送分界口信息。

第二节 调度集中系统

一、系统结构

调度集中(CTC)系统是以现代通信技术和分散自律控制为基础，同时包含自动控制、信息技术和计算机网络技术的分布式远程控制系统，可由调度所中心系统给车站系统发命令的方式统一控制，也可由车站根据预定的规则和计划信息自动产生办理进路的命令，也可由人工办理控制进路。车站系统可根据各个车站的《车站行车工作细则》和实际行车状况自我检查约束，调度所中心系统可远程查看车站各方面信息，并可远程控制车站设备操作。

CTC 系统由调度所中心系统、车站系统和调度中心与车站及车站之间的网络系统三部分构成。CTC 系统结构如图 8-2-1 所示。

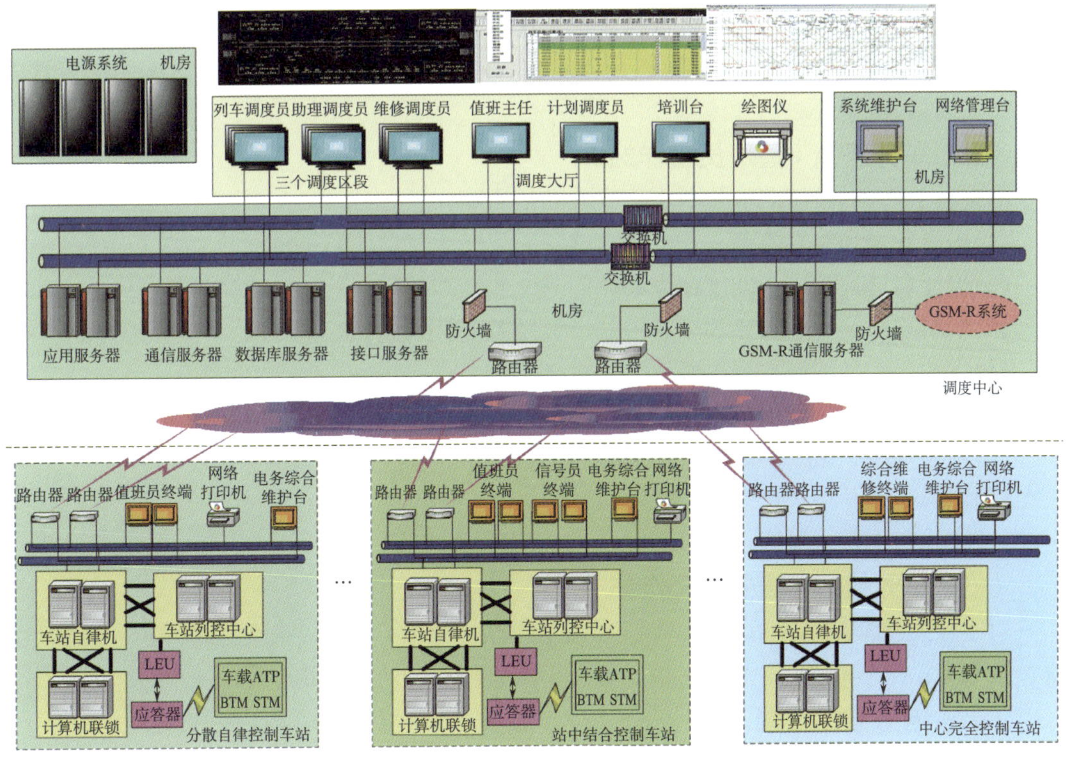

图 8-2-1 CTC 系统结构

二、车站系统构成及功能

车站系统是 CTC 的重要组成部分，它是整个网络系统的基本功能节点。车站系统根据列车运行调整计划完成进路选排、冲突检测、控制输出和状态显示等核心功能。同时车站子系统还可以实现调车作业计划单编制及调车作业进路控制功能。车站系统主要包括车站自律机、车站服务器、车务终端(值班员工作站和信号员工作站)、电务维护终端、车务管理终端、网络设备、信息安全设备、通信质量监督设备、电源设备、防雷设备等。

（一）车站自律机

自律机是车站 CTC 的核心设备，功能主要包括：

(1)接收存储调度中心的列车运行计划，并可以自动按计划进行进路排列，驱动联锁系统执行。

(2)接收调度中心和本地值班员(信号员)的直接控制操作指令(按钮命令)，经与列车计划以及联锁关系检查，确认无冲突后驱动联锁系统执行。

(3)对信号设备的表示信息进行分析，确认进路的完整性和信号的正确性，并能对不正常情况进行处理，对车次号进行安全级管理。

(4)接收邻站的实迹和计划运行图。

(5)接收调度中心和本站值班员的进路人工干预，并调整内部处理流程。

（二）车站服务器

用于车站级行车指挥、车站级数据处理和集中存储管辖范围内车站的行车数据，行车数据包括列车运行计划、调车作业计划、行车日志、调度命令、施工登销记、行车事件报警日志以及相关规章、资料等。

（三）车务终端（值班员工作站）

值班员工作站，采用双机热备模式。其功能主要包括：

(1)用户登录和权限管理。

(2)班计划、阶段计划、调度命令的调阅与签收。

(3)本站的站场显示和相邻车站的站场显示，区间的运行状态显示。

(4)本站车次号的输入修改确认。

(5)行车日志的自动记录、存储、打印。

(6)列车编组和站存车的输入上报。

(7)监视和控制本站自律机的计划执行和进路办理。

(8)本站非正常情况的报警。

（四）车务终端（信号员工作站）

对于较大规模的车站，设置 2 个信号员工作站。在 CTC 控制状态下，信号员来辅助值班员控制车站信号设备，主要作用是办理调车作业和监督列车进路序列的正确性。

（五）电务维护终端

电务维护终端提供车站电务维修操作界面，具体包括设备状态监控、日志记录和查询、相关数据输入维护等。

三、网络体系

CTC 网络系统由调度所中心局域网、车站局域网以及广域网组成，其中高速铁路中心和普速铁路中心应分别独立组网。CTC 内部通信协议采用基于 TCP/IP 的专用协议。CTC 网络地址和路由协议分配由国铁集团业务主管部门集中管理。CTC 网络中的路由器、交换机等网络设备均应能支持基于 SNMP 的远程集中管理。

车站局域网由车站交换机和车站路由器组成，应采用冗余双网结构，车站局域网的计算机设备均配置双网卡，分别通过独立网线连接，网络速率不低于 1 000 Mbit/s。车站局域网任何设备不得采用以太网、TCP/IP 通用网络协议与其他系统联网，应采用带光电隔离的 RS-422/RS-485 等通信方式和专用通信协议与其他系统设备相连。

CTC 广域网包括相邻集团公司中心之间、中心与车站之间、车站与车站之间的广域网络，应采用双通道连接，双通道应分别接入互为冗余的、不同的两套设备。

四、系统设备

（一）组成

车站机械室一般放置采集控制机柜和工控机柜，运转室放置两台车务终端的显示器、键盘和鼠标，用于线路状态的显示和排列进路等。采集控制机柜主要包含电源、交换机、自律机、路由器和协议转换器。工控机柜主要包含 CTC 维护机、显示器、键盘和鼠标、车站值班员主机 A、车站值班员主机 B。

车站值班员主机通过延长线、长线驱动器设备将视频、键盘和鼠标信号延长到运转室，连接到相应的设备上。车站系统连接线主要由网络线、电源线和数据线三类构成。

网络线是将 CTC 车站设备全部通过交换机连接在一起。车站采用双局域网结构，通过双交换机连接各类设备，主要有路由器、信号员终端、值班员终端、电务维护终端、自律机、网络打印机。电源线是从电源屏到采集控制机柜提供电源，并通过电源接线端子再连接各类设备。车站连接电源线的设备主要有自律机、双机热备单元、路由器、协议转换器、交换机、工控机、显示器、音箱等。数据线一种是连接控显机与自律机、列控与自律机的串口线，一种是连接音箱及工控机的音频信号线，另一种是连接工控机及显示器、键盘和鼠标的网络线。车站系统连接如图 8-2-2 所示。

（二）系统配线

(1)CTC 自律机与计算机联锁设备通过串口相连。

(2)车务终端、信号员终端、电务维护终端、自律机、打印机等设备通过网线分别与网络机柜交换机 A/B 相连。

(3)网络安全设备(防火墙)与路由器、交换机采用双路传输方式网线连接，A、B 网不交叉。

(4)机械室与行车室间的长线驱动器配线连接。

（三）电源配线

电源屏提供的两路独立电源接入车站 CTC 采集机柜电源端子，给 CTC 内部设备供电。

(1)电源屏与 CTC 机柜间、机械室与行车室间、各 CTC 机柜间的电源配线连接。

(2)CTC 各模块、设备、终端的电源配线连接。

（四）站间通道配线

(1)CTC 设备通过 ODF 机柜与通信机房设备连接至大通道，并明确各接口分配。

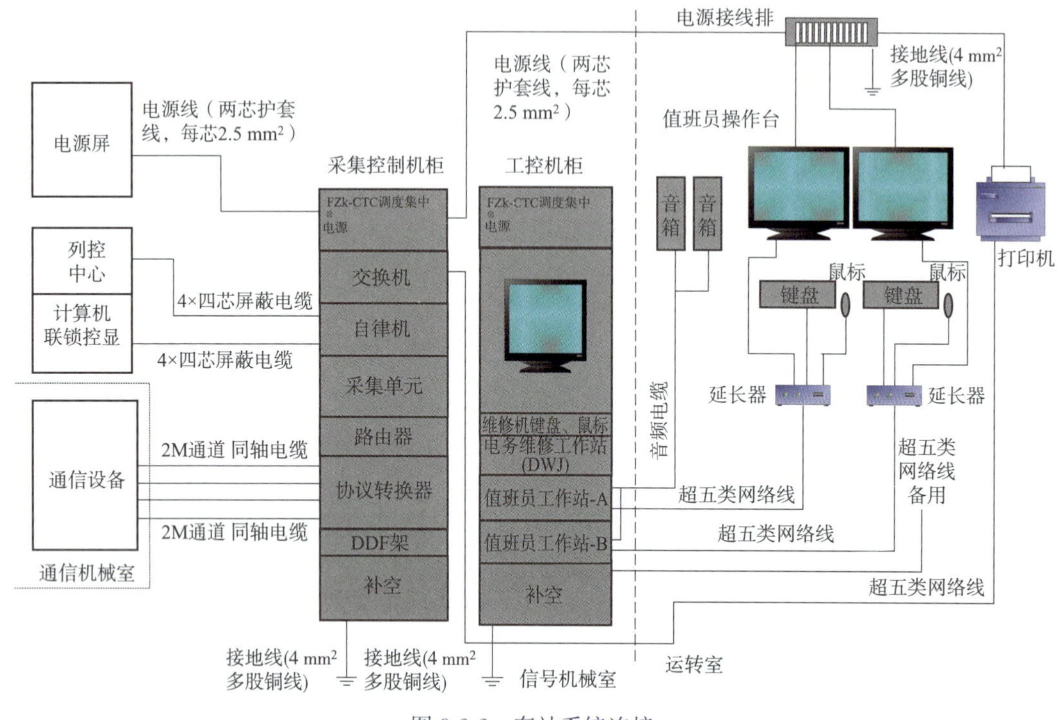

图 8-2-2　车站系统连接

(2)路由器与 ODF 机柜接口通过尾纤按照分配接口正确连接。

(五) 地线连接

CTC 各模块、设备、终端及机柜接地线缆连接至接地汇流排。

第三节　设备维护

TDCS/CTC 设备维护工作包括维护终端报警信息分析、设备日常养护、设备集中检修三个大项。

一、维护终端报警信息分析

通过车站 TDCS/CTC 维护终端，可浏览本车站 TDCS/CTC 的网络、设备运行情况以及相关报警信息。

(一) 车站网络

网络图连线的颜色代表连接状态，连接线绿色表示该网络通道正常，红色则表示该通道不通，需要进一步检查检测。

具体设备标识代表该设备的运行状态，"✔"表示该设备运行正常，"?"表示该设备运行状态未知，需要进一步检查通道和设备运行情况。同时，对于 A、B 系设备，绿色背景表示该设备为在用主系，黄色背景表示该设备为备系。维护终端车站网络状态界面如图 8-3-1、图 8-3-2 所示。

(二) 设备情况

双击网络连接视图中的设备可以看到设备的详细信息，包括 IP 地址、CPU 和内存的使

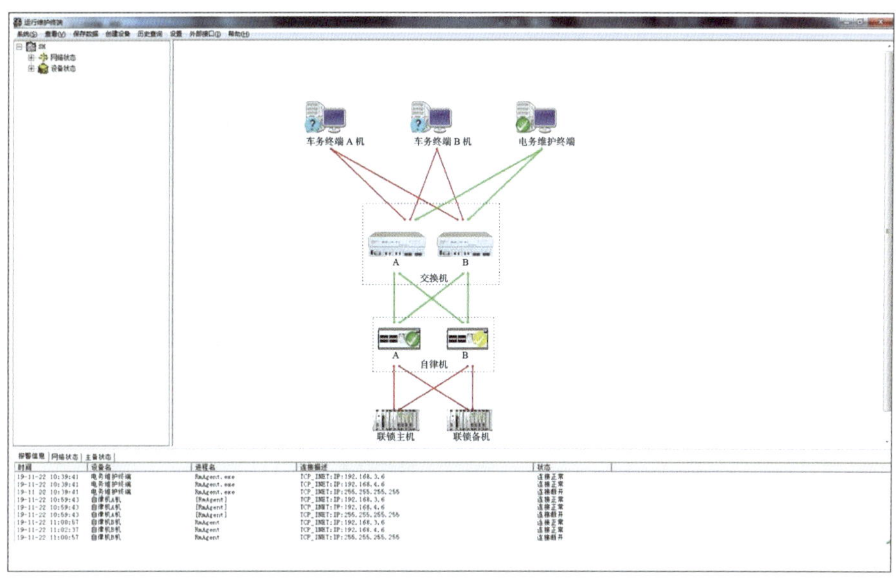

图 8-3-1 维护终端车站网络状态界面

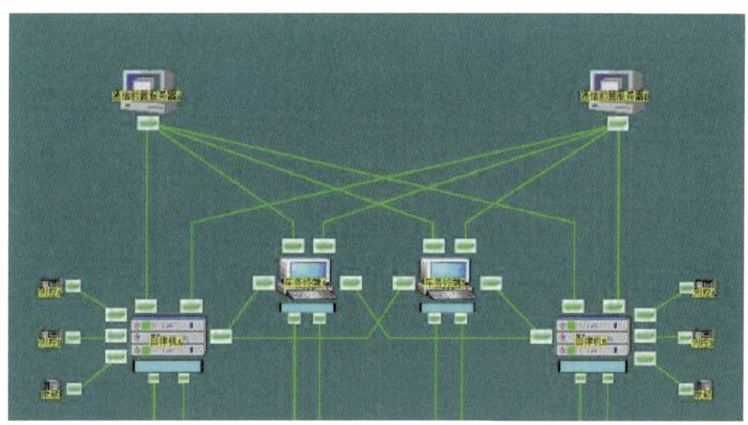

图 8-3-2 车站网络状态监视

用状况等。设备中的进程运行正常时左侧列表中显示为橘黄色，进程状态未知时显示为灰色。设备运行正常时在左侧列表中为蓝色，状态未知时为灰色。进程所在文件目录与配置不一致时也会显示灰色。维护终端车站设备状态界面如图 8-3-3、图 8-3-4 所示。

二、设备日常养护

1. 询问车站值班员，了解 TDCS/CTC 车站设备运用情况。

2. 检查行车室各终端设备状态。

(1)调度命令、阶段计划接收情况。

(2)各终端显示的信号机灯位、进路光带、临时限速状态、车次号跟踪等表示信息是否正确。

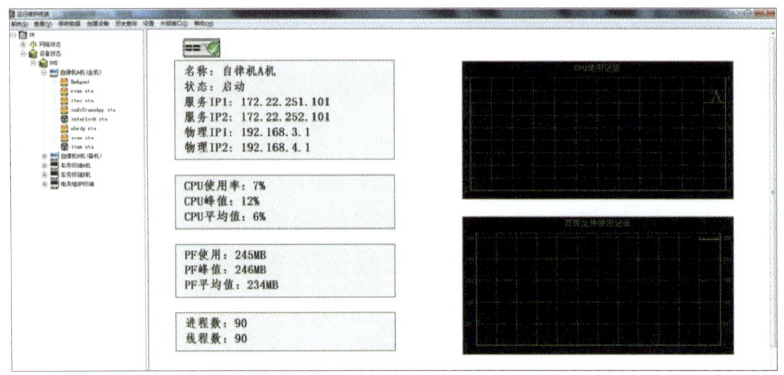

图 8-3-3　维护终端车站设备状态

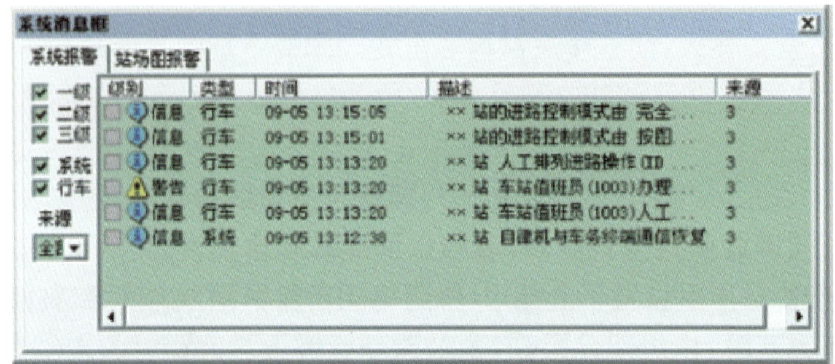

图 8-3-4　车站报警信息

(3)各终端 A、B 机信息是否一致同步，终端时钟是否准确。

(4)键盘、鼠标、音响、打印机作用良好。

3. 机械室设备养护检查(检查项目可同时进行，无顺序要求)。

(1)机柜表面清洁，安装稳固，无倾斜，机柜及内部设备铭牌标识齐全。

(2)机柜设备安装螺丝紧固，不松动，柜内模块、板件、网络设备、电源适配器、断路器(熔断器)等安装、插接牢固，防护措施良好。

(3)机柜、机箱风扇运转正常，通风良好。

(4)TDCS 综合处理机、CTC 设备自律机主、备机同步，不脱机，各模块、I/O 板件、光端机、交换机、路由器、协议转换器等设备工作正常，指示灯显示正确。

(5)TDCS/CTC 系统与计算机联锁等关联设备间相互通信正常；维护终端报警信息分析处理正常。

(6)电源适配器及电缆、电线、接地线连接、插接良好，无异状。

(7)系统防雷单元正常，无劣化指示。

(8)各设备、终端的 USB、软驱、光驱封闭良好。

4. 养护总结。

作业人员汇报任务完成情况和设备质量情况，填写养护作业记录，对存在问题制定下一步整改计划。

三、设备集中检修

1. 询问车站值班员，了解 TDCS/CTC 车站设备运用情况。

2. 设备集中检修。

(1)机柜安装螺丝紧固，不松动，柜内模块、板件、网络设备、电源适配器、断路器(熔断器)等安装、插接牢固，防护措施良好，设备接地良好。

(2)接线端子紧固、不松动，电缆、电线焊接、插接及接地、等电位连接牢固，防雷单元正常、无异状；系统光纤弯曲符合标准，光纤遮光防护措施良好(含备用光纤)。

(3)设备配线无异常、不老化，绑扎、防护措施良好。

(4)机柜、终端及设备、器材，工控机防尘过滤网、风扇清洁干净，无粉尘。

(5)按周期更换到寿命期或轮修期设备、器材及状态不良器材。

(6)电源接线端子紧固，输入电源断路器(熔丝、空气开关)容量符合标准、无异状，缆线接触良好，不发热，防雷单元正常。

(7)终端记录及回放功能验证，硬盘空间整理。

(8)逐个检查应急备用器材，型号齐全、性能良好且摆放整齐，各种系统技术图纸完整。

(9)返修板件上电检测。

(10)包含日常维护的所有内容。

3. 测试试验。

(1)各系统Ⅰ、Ⅱ系自动、手动切换试验。

(2)UPS 供电和电源直供切换试验，UPS 放电试验。

(3)TDCS/CTC 系统输入、各种输出电压及漏流测试。

(4)TDCS/CTC 系统接地电阻测试。

(5)调度命令接收及打印、阶段计划接收等功能试验。

(6)配合通信进行各系统通道测试。

4. 设备复验。

(1)各终端表示信息正确，同步状态正常，时钟正确。

(2)倒机开关(钥匙/旋钮)在自动位。

(3)各子系统模块、I/O 板件、交换机、路由器、协议转换器、通信质量监督、防火墙、KVM、UPS 等设备指示灯显示正确。

(4)TDCS 综合处理机、CTC 自律机与车务终端、计算机联锁等关联设备间相互通信正常，维护终端报警信息分析处理。

(5)清点工具、材料，清理周围杂物等，做到现场工完料清。

5. 检修总结。

作业人员汇报任务完成情况和设备质量情况，填写检修作业记录。

复习思考题

1. 简述列车调度指挥系统的结构组成。

2. 列车调度指挥系统的结构特点有哪些？
3. 铁路局集团公司调度指挥中心 TDCS 构成有哪些？
4. 列车调度指挥系统的功能有哪些？
5. 简述调度集中系统结构组成。

第九章　信号设备防雷与接地

第一节　雷害的分类及雷电侵入信号设备的途径

一、机房建筑物的雷害源

相关标准中将建筑物的雷害源分为四种，高速铁路信号设备的雷害源(图 9-1-1)也是这四种：

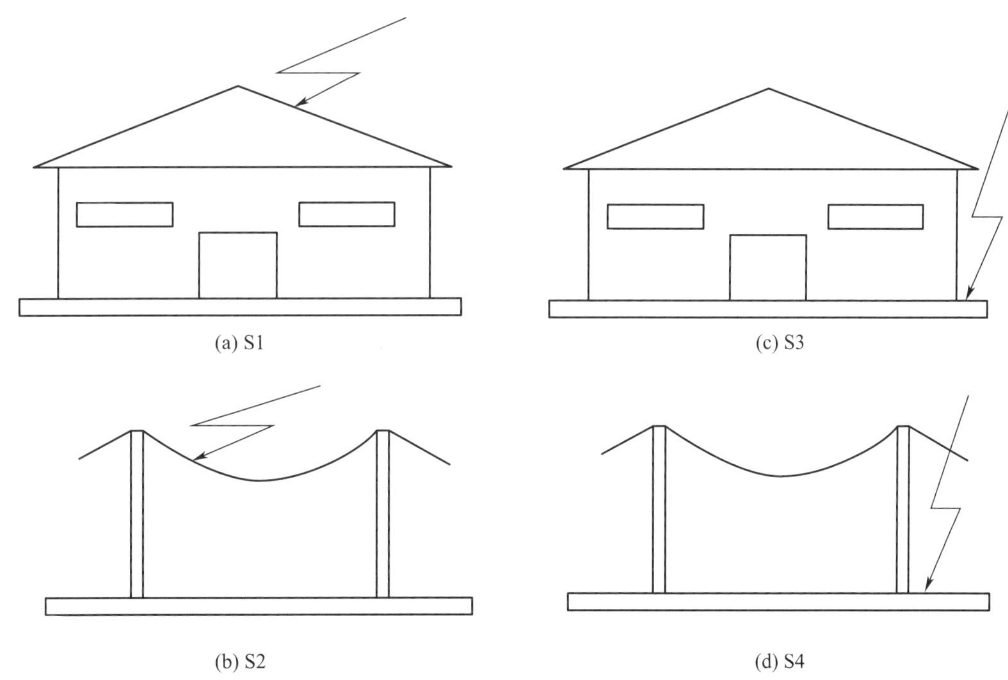

图 9-1-1　建筑物的雷害源示意图

1. S1：雷电直接击中高速铁路沿线的铁路设备(包括建筑物和构筑物)或生物，并通过被击中的实体或生物入地泄放雷电流。

2. S2：雷电击中高速铁路沿线建筑物附近，入地雷电流在大气产生的雷电电磁脉冲辐射进入建筑物内的金属线，并通过金属线导入线路终端的电气、电子设备。

3. S3：雷电击中高速铁路沿线与建筑物连接的电源、通信、控制线路等金属传输线，并通过金属传输线导入线路终端的电气、电子设备。

4. S4:雷电击中高速铁路沿线与建筑物连接的电源、通信、控制线路等传输线附近，被感应出的雷电电磁脉冲通过金属线导入线路终端的电气、电子设备。

S1是雷电直击机房，机房周围设置的直击雷防护措施（外部防护系统）可以免除建筑物的实体损伤。建筑物遭到直接雷击时会在建筑物内产生极强的雷电电磁场，室内线路上会被感应一定的雷电电磁脉冲，危及电子设备。同样，机房建筑物近旁雷击S2也会在机房内产生极强的雷电电磁场，室内线路上会被感应一定的雷电电磁脉冲。以上两种雷害源发生时，强大的雷电流泄入大地的时候，会在入地点周围土壤形成喇叭形电位分布。

避雷针接地装置是雷电泄入大地的通道，当计算机设备的其他接地装置和避雷针接地装置靠近时，大地的高地电位便可通过相关联的地线和计算机其他进路的线条间形成电位差及地电位反击，造成设备雷害。地电位反击时侵入设备的雷电过电压较高，可达数万伏，且波形陡峭，危害性较大。由于计算机设备的各电路板都和计算机设备的保护地或工作地相关联，一旦地电位反击，将不止损害计算机设备的一片集成电路芯片或一块电路板。图9-1-2是信号机房的雷害源示意，图9-1-3是机房及机房附件雷击时对机房内设备的影响示意。

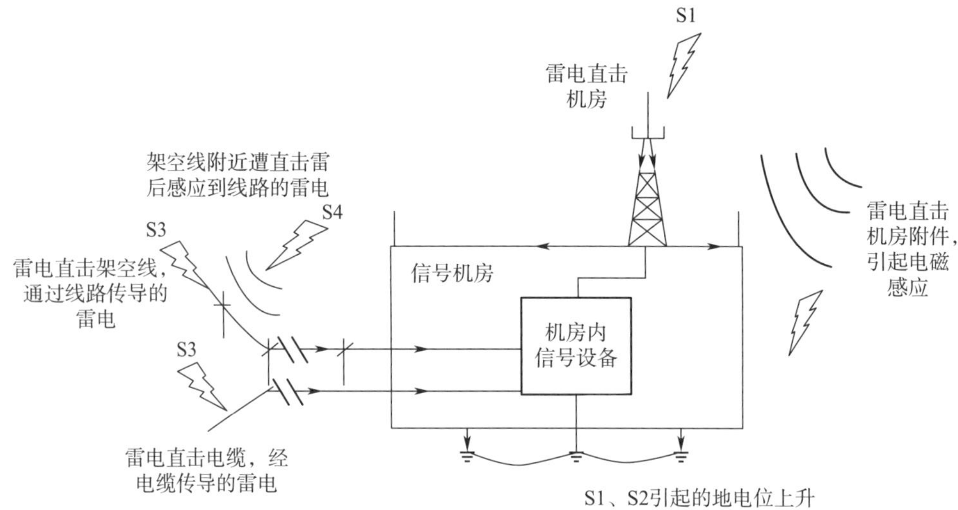

图9-1-2　信号机房的雷害源示意

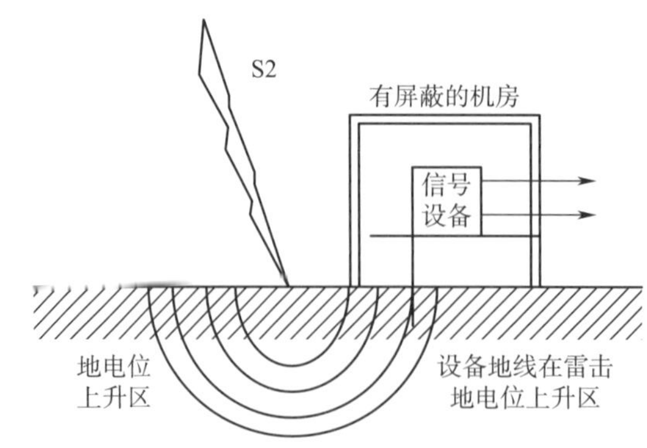

图9-1-3　机房及机房附近落雷时对机房内设备的影响示意

S3、S4 产生的雷电电磁脉冲可以以行波方式沿传输线进入机房设备，造成雷害，称其为传导雷。S1 出现的概率较低，但是，由于空间电磁场的影响范围大，机房受到三维空间的干扰影响，加之电子设备的耐雷电能力低下，因此机房外的雷击对机房内设备造成的雷害概率比 S1 大许多。S3、S4 可以通过传输线传播到较远的机房，因此更增大了机房的雷害概率。

二、侵入电子设备机房的雷电途径

电子设备雷害的实质是电子设备端口和公共地间出现了电位差。由于微电子设备器件的耐能量能力很低，极小的过电压都会使电子设备失效或损坏。分析进入电子设备器件的途径就是要针对侵入的雷害，采取有效的措施。

侵入电子设备机房的雷电一般有以下途径。

1. 由电源线路引入的传导雷

高压线路受雷电直击和雷电电磁脉冲感应的概率比较大，低于高压线路绝缘闪络电压的纵向雷电压容易进入机房电源设备，若低压电源馈线有架空区段，则该段被雷击或被感应雷电后，可以有较大的雷电压传导到机房的电源设备。电源馈线遭直接雷击时常是单条线被击中，感应雷电则是出现在相线—大地之间。因此，低压馈线上相线—地线、中性线—地线和相线—相线间都可能出现雷电压。

2. 由传输线路引入的传导雷

电子设备端口和室外电缆连接。当室外电缆遭到雷电电磁脉冲侵入时，可以在电子设备线路端口和大地间形成电位差，使和电子设备端口相关的电子器件击穿。一般的，雷电不容易侵入埋地电缆，而架空电缆受到雷电干扰的概率比埋地电缆大得多。

3. 钢轨引雷

钢轨引雷的情况在非电气化区段经常发生，雷云对地放电要寻找地面容易放电的部位，处于旷野的钢轨容易泄放雷电流，被雷云选中。一般两条钢轨很少同时遭到雷击，所以钢轨上的雷电压是横向电压。钢轨本身波阻抗特性对雷电电磁脉冲有一定衰耗和延时。

电气化区段的钢轨在机车牵引供电接触网正下方，最坏的情况也是雷云对接触网放电，钢轨直接遭雷击的概率几乎为零。接触网遭雷击后，接触网作为干扰源可以对钢轨二次干扰，但是比较小。

4. 机房或机房附近遭直击雷后，地电位上升造成的反击。

机房内设备机壳或机柜都与接地装置连接，在地电位上升区内的接地装置也具有相对于设备端口的高电位，因此有被损坏的危险。

5. 机房或机房附近遭直击雷后雷电电磁脉冲通过辐射进入机房产生的感应机房或机房附近遭直击雷时，雷击点附近会产生很强的电磁场，雷电流产生的磁场与电流波形相同。电子系统主要电磁危害源是雷电流 I_0 和磁场感应 H_0。这里考虑的雷电流包含首次雷击 I_1（典型波形波尾较长的 10/350 μs 波形）和后续雷击 I_s（0.25/100 μs 波形），它们产生衰减振荡波，磁感应效应主要由磁场上升沿引起。10/350 μs 波形的波头为 25 kHz，0.25/100 μs 波形的波头为 1 MHz。空间雷电电磁场波形从源头以辐射方式在大气中传播，进入机房的电磁波将在机房内的任何环路上感应出雷电流和雷电压，危及机房内的电子设备。

第二节　信号设备接地装置的技术要求

一、信号设备雷电电磁脉冲防护与接地的基本要求

1. 信号设备雷电电磁脉冲防护应根据防护需要，采取等电位连接、屏蔽、接地、合理布线，安装防雷元器件（浪涌保护器、防雷变压器等）等措施进行综合防护（简称综合防雷）。

2. 信号设备雷电电磁脉冲防护，应符合下列原则：

(1)按照分区、分级、分设备防护原则，采用纵向、横向或纵横向防护方式，合理选用防雷元器件。

(2)采取屏蔽、等电位连接、良好的接地及合理布线等措施，改善信号设备电磁兼容环境。

(3)信号设备、器材须具有符合规定的耐受过电压、过电流的能力，满足电磁脉冲抗干扰度的要求。

(4)防雷元器件应与被防护设备匹配设置，保证雷电感应电磁脉冲过电压限制到被防护设备的冲击耐压水平以下。

(5)防雷装置的设置、动作和故障状态，不得改变被保护系统的电气性能，不得影响被保护设备的正常工作，并应满足故障导向安全的原则。

3. 雷电活动地区与外线连接的信号设备应安装防雷元器件进行防护。

4. 对安装电子系统设备（计算机联锁、集中监测、TDCS/CTC、CTCS、ZPW-2000 等）的机房应进行有效的室内电磁屏蔽（法拉第屏蔽笼）。

5. 信号设备雷电电磁脉冲防护应符合下列要求：

(1)浪涌保护器的连接线应尽可能短，防雷电路的配线与其他配线应分开，不允许其他设备借用并联型防雷设备的端子。

(2)防雷元器件的安装应牢固，标志清晰，并便于检查。

(3)避雷带、避雷网、引下线、避雷针无腐蚀及机械损伤，锈蚀部位不得超过截面的三分之一。

(4)进出信号机械室的信号传输线路不得与电力线路靠近和并排敷设。不得已时电力线路和信号传输线路的间距应保证电力电缆与信号缆线平行敷设时距离不小于 600 mm，采用接地的金属线槽或钢管防护的，距离不小于 300 mm。条件受限时应采用屏蔽电缆布放，电缆金属护套和电缆屏蔽层应作接地处理。

6. 进入雷电综合防护的机房，严禁同时直接接触墙体（含屏蔽层、金属门窗、水暖管线等）与信号设备。需要接触信号设备时，必须采取穿绝缘鞋或在地面铺垫绝缘胶垫等措施。

7. 信号设备应设安全地线、屏蔽地线和防雷地线。室内外信号设备设置的综合接地装置、安全地线、屏蔽地线（包括信号计算机和微电子系统保护地线）和防雷地线的接地电阻值应符合《维规》的相关要求，例如，综合接地装置（建筑物接地体、贯通地线、地网、其他共用接地体等）的接地电阻值不应大于 1 Ω。

二、信号设备综合防雷的技术要求

1. 雷害严重的站（场）或电子设备集中的区域，可在距电子设备和机房 30 m 以外的地

点安装一根或多根独立避雷针。避雷针不应设置在信号设备建筑物屋顶。避雷针接地装置应就近单独设置，距信号楼环线接地装置或防护设备边缘间距不小于 15 m。

2. 引入信号机械室的电力线应采用多级雷电防护，单独设置电源防雷箱。电源防雷箱设置地点应符合防火要求，连接线应采用阻燃塑料外护套多股铜线。

第Ⅰ级电源防雷箱(电源配电盘)应有故障声光报警、雷电计数和状态显示，连接线截面积不小于 10 mm^2；第Ⅱ级设在电源屏电源引入侧，连接线截面积不小于 6 mm^2；第Ⅲ级设在微电子设备(指计算机终端电源稳压器或 UPS 电源)前，连接线截面积不小于 2.5 mm^2。

3. 室外引入信号机械室的信号线缆、通信等其他线缆应设置浪涌保护器。浪涌保护器应集中设置在室内防雷柜或分线盘(柜)上。

浪涌保护器的连接线应采用阻燃塑料外护套多股铜线，截面积不小于 1.5 mm^2，并联连接方式时长度不大于 0.5 m(条件不允许时可适当延长，但不得大于 1.5 m)，大于 1.5 m 时必须采用凯文接线法；浪涌保护器接地线长度不应大于 1 m。

4. 进出信号机械室的信号电缆应进行屏蔽连接，并与机械室环形接地装置连接。

设有贯通地线时，室外电缆钢带(铝护套)可采用多端接地方式，将箱、盒的干线电缆金属护套和钢带相互间顺次连接(拧、焊，并与金属材料箱盒及大地绝缘)或分别接向箱、盒接地汇集端子后连接贯通地线。

未设贯通地线时，室外电缆钢带(铝护套)应采用单端接地方式，将单端接地电缆中间的箱、盒的干线电缆金属护套和钢带相互间顺次连接(拧、焊，并与金属材料箱盒及大地绝缘)或分别接向箱、盒接地汇集端子，并在区间信号机(含分割点)、车站两端等电缆始、终端处连接屏蔽地线，单端接地电缆长度不超过 1 000 m。

电气化区段或接地系统有较大干扰时，电缆长度在 1 000 m 以内时可只在机械室界面一端接地，电缆长度超过 1 000 m 时采用分段单端接地方式。

半自动闭塞区段设置的贯通地线，室外始(终)端应设置良好的接地装置。

5. 进出机械室的其他金属设施应与建筑物环形接地装置连接，并在建筑物界面做等电位连接。

6. 电源线与信号线、高频线与低频线、进线与出线必须分开敷设。室内信号传输线与设有屏蔽层的建筑物外墙平行敷设距离宜大于 1 m，场地条件不允许时，信号传输线路应采用屏蔽电缆或非屏蔽电缆穿钢管敷设，电缆屏蔽层或钢管应与走线架或与接地汇集线连接。

7. 信号机械室(机房)的建筑物应采用法拉第屏蔽笼进行电磁屏蔽。法拉第屏蔽笼由屋顶避雷网、避雷带和引下线、机房屏蔽和接地系统构成。

引下线宜采用 40 mm×4 mm 热镀锌扁钢或不小于 8 mm 热镀锌圆钢，上端与避雷带焊接连通，下端与地网焊接。引下线与分线盘(柜)间距不应小于 5 m。

8. 室外信号设备直击雷防护和屏蔽应符合下列要求：

(1)包含信号设备的箱、盒、柜等壳体应具有良好的电气贯通和电磁屏蔽性能，壳体内应设专用接地端子(板)。室外信号设备的金属箱、盒壳体必须接地。进出金属箱、盒的电源线、信号线宜采用屏蔽电缆或非屏蔽电缆穿钢管埋地敷设，屏蔽电缆的金属屏蔽层或钢管应接地。

(2)高柱信号机点灯线缆应采用屏蔽线缆。

三、信号设备接地装置的技术要求

1. 信号设备的防雷装置应设防雷地线；信号机械室内的组合架(柜)、计算机联锁机柜、闭塞设备机柜、电源屏、控制台，以及电气化区段的继电器箱、信号机梯子等应设安全地线；电气化区段的电缆金属护套应设屏蔽地线；安装防静电地板的机房应设防静电地线；微电子设备需要时可设置逻辑地线。

2. 地网应符合下列要求：

(1)地网应由建筑物四周的环形接地装置、建筑物基础钢筋构成的接地体相互连接构成。

(2)环形接地装置由水平接地体和垂直接地体组成，应环绕建筑物外墙闭合成环，受条件限制时可不完全环周敷设，应尽可能沿建筑物周围设置，以便与地网连接的各种引线就近连接。水平接地体距建筑物外墙间距不小于 1 m，埋深不小于 0.7 m。

(3)环形接地装置必须与建筑物四角的主钢筋焊接，并应在地下每隔 5～10 m 与机房建筑物基础接地网连接。

(4)在避雷带引下线处应设垂直接地体，垂直接地体必须与水平接地体可靠焊接；接地电阻不满足要求时，可增设垂直接地体，其间距不宜小于其长度的 2 倍并均匀布置。

(5)垂直接地体可采用石墨接地体、铜包钢、铜材、热镀锌钢材(钢管、圆钢、角钢、扁钢)或其他新型接地材料，电气化区段应采用石墨接地体。

(6)环形接地装置的标志应清晰明了，应在地面上竖立标桩或在墙面上设置铭牌。

3. 贯通地线应符合下列要求：

(1)电气化区段、繁忙干线、铁路枢纽、编组场、强雷区和埋设地线困难地区及微电子设备集中的区段，应设置贯通地线。

(2)贯通地线应采用截面积不小于铜当量 35 mm^2、耐腐蚀符合环保要求的材料，外护套应为具有耐腐蚀性能的金属或合金材料。

(3)与信号电缆同沟埋设于电缆(槽)下方土壤中，距电缆(槽)底部不少于 300 mm。

(4)隧道、桥梁应两侧敷设，与桥梁墩台接地装置连接的接地连接线应设置成无维修方式。上下行线路分线时，应分别敷设。

(5)引接线(贯通地线与设备接地端子的连接线)采用 25 mm^2 的多股裸铜缆焊接或压接，焊接时焊接长度不小于 100 mm，并用热熔热缩带防护 150 mm。

(6)贯通地线任一点的接地电阻不得大于 1 Ω。贯通地线在信号机房建筑物一侧，采用 50 mm^2 裸铜线与环形接地装置连接，信号楼两端各连接两次。

(7)设置贯通地线的区段，室外信号设备的各种接地线均应与就近的贯通地线连接。

4. 接地汇集线及等电位连接应符合下列要求：

(1)控制台室、继电器室、防雷分线室(或分线盘)、计算机室和电源室(电源引入处)应设置接地汇集线。

接地汇集线应采用大于宽 30 mm、厚 3 mm 的紫铜排，环形设置时不得构成闭合回路。接地汇集线之间的连接线应与墙体及屏蔽层绝缘。引入信号机械室的各种线缆的屏蔽护套应与接地汇集线可靠连接。

(2)电源室电源防雷箱处、防雷分线室(或分线盘)处的接地汇集线应单独设置，与环形接地装置单点冗余连接。其余接地汇集线可采用两根截面积不小于25 mm^2 的有绝缘外护套的多股铜线或紫铜排相互连接后，再与环形接地装置单点冗余连接。

(3)室内走线架、组合架、电源屏、控制台、机架、机柜等所有室内设备必须与墙体绝缘，其安全地线、防雷地线、屏蔽地线等必须以最短距离就近分别与接地汇集线连接。

(4)走线架应连接良好，不得构成环形闭合回路，已构成闭合回路应加装绝缘。室内同一排的金属机架、柜之间采用截面积大于10 mm^2 的多股铜线连接后，再用两根截面积不小于25 mm^2 的有绝缘外护套的多股铜线或紫铜排与接地汇集线连接。

(5)信号机房面积较大或分布在几个楼层时，可设置与环形接地装置单点冗余连接的总接地汇集线。控制台室、继电器室、计算机房的接地汇集线可分别与总接地汇集线连接，也可相互连接后，用两根截面积不小于25 mm^2 的有绝缘外护套的多股铜线或紫铜排与总接地汇集线连接。

(6)接地汇集线与环形接地装置的连接线，应采用两根截面积不小于25 mm^2 的有绝缘护套的多股铜线单点冗余连接。

(7)建筑物内所有不带电的自来水管、暖气管道等金属物体，都必须与环形接地装置(或与建筑物钢筋、计算机室屏蔽层)做等电位连接。

第三节 防雷设备

一、机房法拉第屏蔽笼

车站信号楼内设备包括信号机械室、信号计算机房、RBC机房、电源屏室、防雷分线室，如图9-3-1所示。室内防雷设备包括机房法拉第屏蔽笼、设备接地和等电位连接等，图9-3-2所示为机房法拉第屏蔽笼示意。

1. 天花板下的钢筋屏蔽网格采用 ϕ6 mm镀锌圆钢，在横梁底部敷设600 mm×600 mm网格，交叉点点焊，四个墙角分别与屏蔽板和地面网格连接成一个整体。在天花板加装加强吊杆以承受顶部网格的重量。

2. 地板上的钢筋屏蔽网格。采用 ϕ6 mm镀锌圆钢，贴地面敷设600 mm×600 mm网格，交叉点焊接，交叉点位于防静电地板网格的中心点位置，四个墙角处用10 mm^2 铜编织带与贴墙的屏蔽板栓接。然后，四面屏蔽板和钢筋网格与环绕信号机房各房间一圈的接地汇集排(扁铜)可靠连接不少于四处。

3. 门、窗玻璃上的铝网采用截面积为9 mm^2、网孔为80 mm×80 mm的铝网覆盖于门、窗玻璃上。四边采用U形边条进行修饰，中间采用H形压条进行连接，金属门内侧立轴处或门边缘处采用10 mm^2 铜编织带栓接到铁板上，弯折预留开门裕度，金属门直接用修边条将屏蔽板与门框可靠铆接。

4. 四面墙上的屏蔽板采用规格为3 300 mm×880 mm×0.6 mm(高×宽×厚)的有屏蔽镀层的折弯槽形镀锌扣板，沿着大开间、控制室、电源室等信号机房的内墙贴装固定，两块

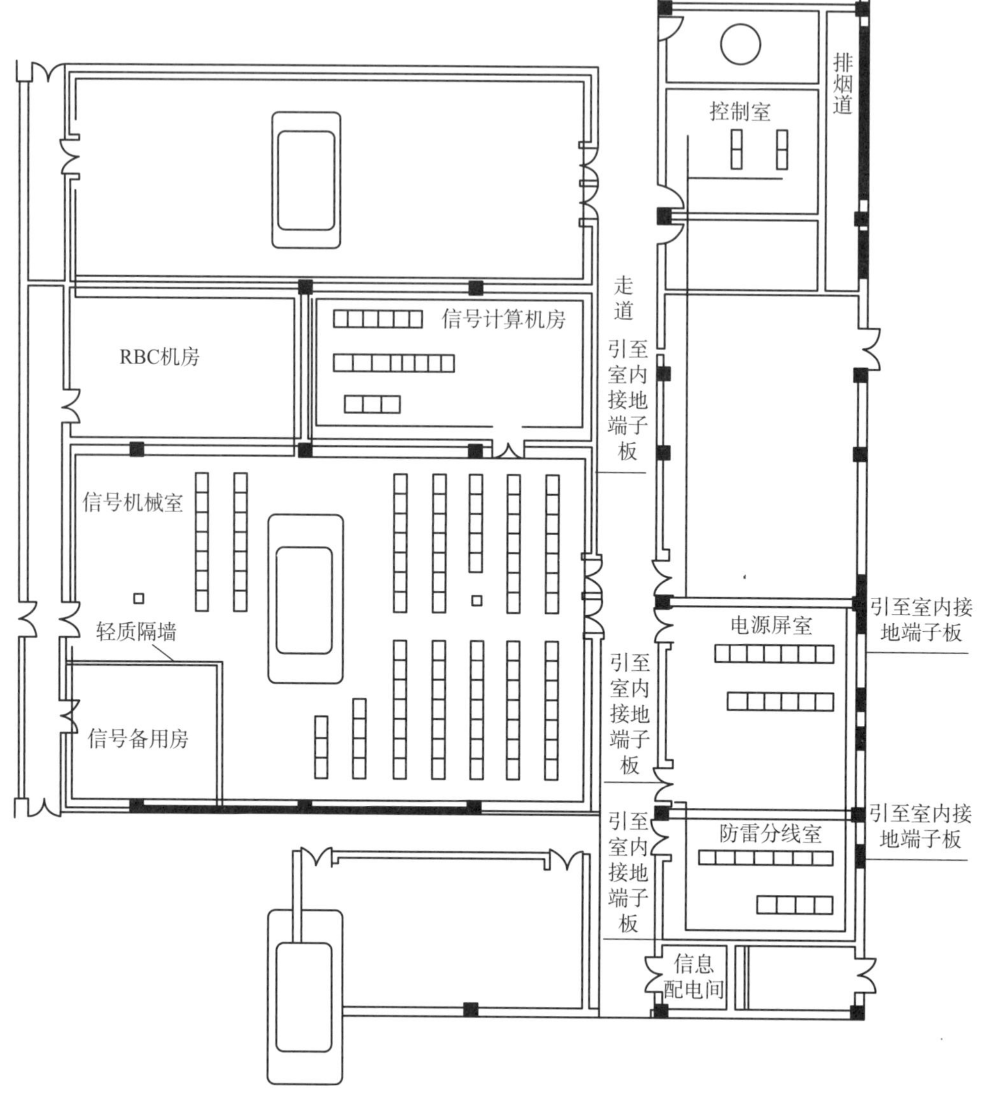

图 9-3-1　信号设备室内布置

板相贴压处从上往下采用自攻螺栓固定于墙上。

二、环形地网

1. 地网由各接地体、建筑物四周的环形接地装置、基础钢筋构成的接地体相互连接构成。

2. 建筑物混凝土基础的钢筋焊接成基础地网，网格宽度不大于 3 m。

3. 环形接地装置由水平接地体和垂直接地体组成，应环绕建筑物外墙成 U 形敷设，以便与地网连接的各引出线就近连接。水平接地体距离建筑物外墙不小于 1 m，埋深不小于 0.7 m。

4. 在环形地网拐角处安装石墨接地，沿水平接地体每隔 5 mm 安装垂直接地体。环形

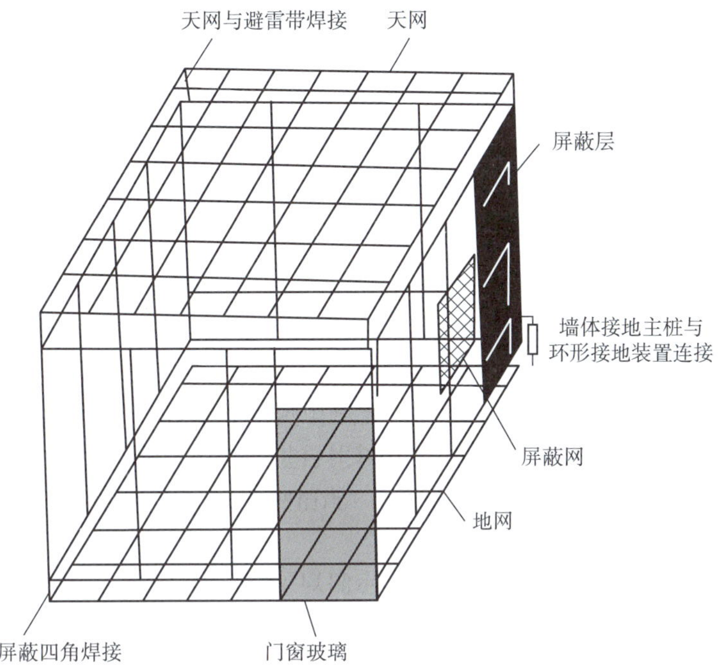

图 9-3-2 机房法拉第屏蔽笼示意

地网及设备接地连接如图 9-3-3 所示。

5. 地网、各接地连接处、机房等电位接地端子设置处有清晰标识牌。

6. 环形接地装置与建筑物四角的主筋焊接，并应在地下每隔 5～10 m 就近与建筑物基础接地网钢筋焊接一次。

7. 综合地网接地电阻小于 1 Ω。

三、室内接地汇集线及等电位连接

1. 控制台室、继电器室、防雷分线室（或分线盘）、机房和电源室（电源引入室）设置接地汇集线。信号机房应设置安全接地、电源防雷接地、防雷分线柜防雷接地、电缆钢带护套接地、逻辑地接地五类汇集线。

2. 沿室内同一排各金属机架、机柜底部用 30 mm×3 mm 的紫铜排栓接后，再用不小于 50 mm^2 有绝缘外护套的多股铜线就近与接地汇集排连接。

3. 在电源室、机械室、计算机室、防雷分线室、RBC 机房防静电地板下方距地面 28 mm、距墙面 150 mm 铺设。30 mm×3 mm 的紫铜排，在地面上间隔 1 m 用美标自攻螺丝及绝缘子固定紫铜排。当紫铜排固定的架空地板下方地面遇到障碍物（线槽）时，采用 50 mm^2 有绝缘外护套的多股铜线避开，从线槽下方穿过后再与紫铜排栓接。

4. 建筑物内所有不带电的自来水管、暖气管道金属物体必须与环形接地装置（或与建筑物钢筋、机房屏蔽层）做等电位连接。

5. 各接地汇集线接地电阻值不大于 1 Ω。

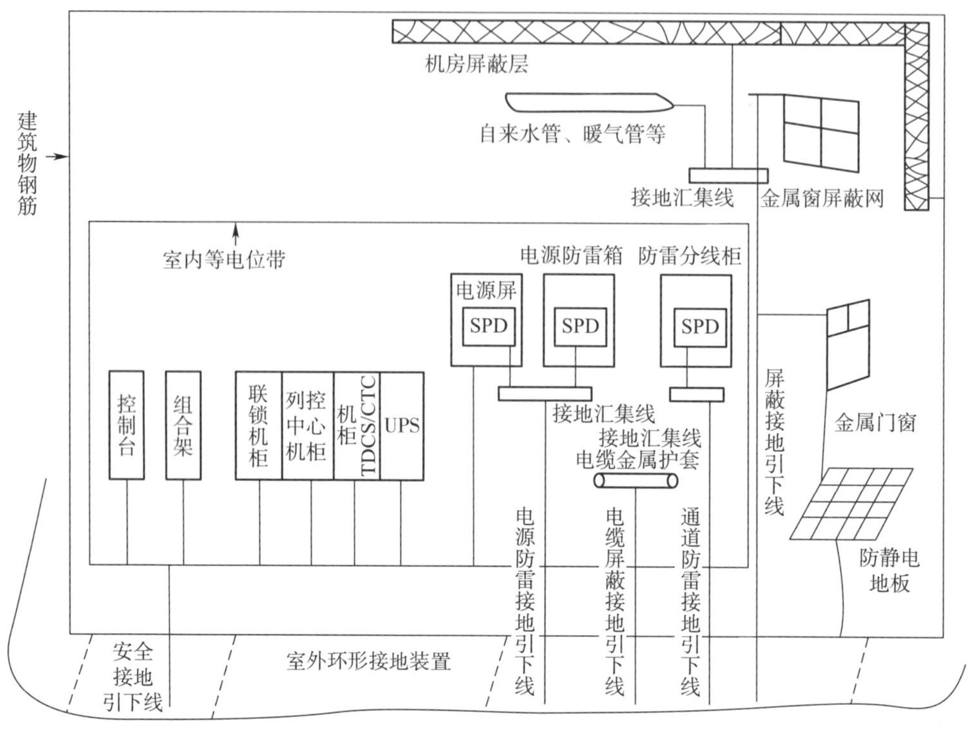

图 9-3-3　环形地网及设备接地连接

四、电缆钢带、护套及屏蔽接地防护

车站设置独立防雷分线室、防雷分线柜和区间综合柜，所有室外进机房信号线缆首先进入防雷分线室，电缆钢带、铝护套和内屏蔽层在防雷分线室内分别进行接地防护。电缆通道通过防雷分线柜和区间综合柜通道防雷防护，实现线缆进屋接地隔离防护，有效防护室外雷电进入室内。

五、电源防雷、通道防雷

对外电网引入电源、室外设备防雷进入机房线缆安装电源防雷箱、浪涌保护器（SPD），防止雷电通过电源通道侵入设备。

在室外设备电缆进入机房处设置防雷分线柜、区间综合柜及 SPD 进行防护，防止雷电通过电缆通道侵入室内设备。

六、线缆布放、屏蔽接地

各种设备配线通过钢槽布线、钢槽接地防护，数据信号线和电源线采用屏蔽线、屏蔽层接地防护。

电源线和信号线分设，进线（脏线）和出线（净线）分开走线。屏蔽线的接地与人身安全地线分开。各种接地线分开单独布线，接地连接线按最短最直要求布线，不盘余。

第四节 浪涌保护器

信号设备浪涌保护器(SPD)用于电源引入处和室内外信号传输线,对信号设备进行雷电防护。

一、系统结构

浪涌保护器采用密封结构,由防雷元器件组成。轨道电路所用 FL-GD-1 型浪涌保护器原理如图 9-4-1 所示,由压敏电阻和金属陶瓷二极放电管串联而成,可以应付频繁的动作,寿命长。防雷保安器 L_1、L_2 端子并联接在被保护设备输入线路两端,C_s 是测试端子。防雷保安器具有劣化指示和报警功能。浪涌保护器可安装在室外变压器箱内。

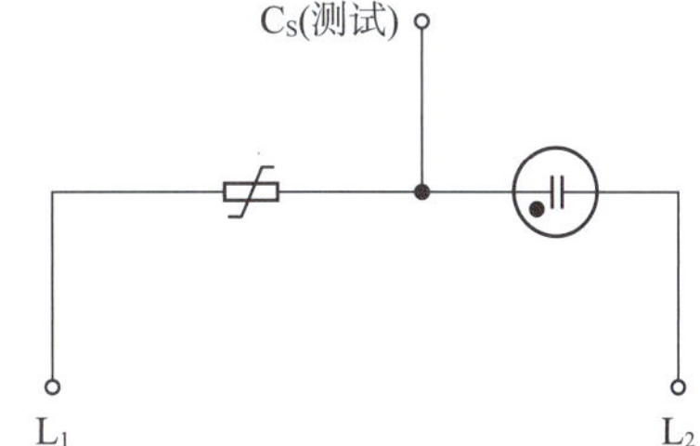

图 9-4-1 FL-GD-1 型浪涌保护器原理

二、系统要求

1. 信号设备浪涌保护器必须取得 CRCC(中国铁路产品认证中心)认证后方可上道使用。

2. 有劣化指示和报警功能的浪涌保护器,当劣化指示由正常色转为失效色或报警后应及时更换。接触不良、漏电流过大、发热、绝缘不良的浪涌保护器不得继续使用。

3. 当浪涌保护器处于劣化或损坏状态时,须立即自动脱离电路且不得影响设备正常工作。

4. 浪涌保护器并联使用时,在任何情况下不得成为短路状态;串联使用时,在任何情况下不得成为开路状态。

5. 浪涌保护器对地有连接时,除了放电状态,其他时间不得构成导通状态;否则必须辅以接地检测报警装置。

6. 用于电源电路的浪涌保护器,应单独设置,同时应具有阻断续流的功能,工作电压在 110 V 以上的应有劣化指示。

7. 室外的电子设备应在缆线终端入口处设置浪涌保护器或防雷型变压器。

8. 室内数据传输线浪涌保护器的设置应根据雷害严重程度确定。

三、电源浪涌保护器

外电网引入机房建筑物应采用多级雷电防护。第Ⅰ级电源防雷应有故障声光报警、雷电计数和状态显示(三相电源每一相线均应有状态显示)等功能。

1. 信号电源防雷箱

电源防雷应采用信号电源防雷箱方式,电源防雷箱一般固定在室内低压配电箱旁,设置地点应符合防火要求。

信号设备机房的电源应采用 TN-S 系统。三相电源供电的机房,应采用 L(相线)-L、L-PE(保护地线)和 N(中性线)-PE 全模防护的并联三相电源防雷箱;单相电源供电的机房,应采用 L-N、L-PE 和 N-PE 的单相电源防雷箱。

信号电源防雷箱一般由浪涌保护器、空气开关、雷电计数器、等电位接地端子、防雷地线引接线等组成。例如，FDX-380（Q）型电源防雷箱的电路原理如图 9-4-2 所示。

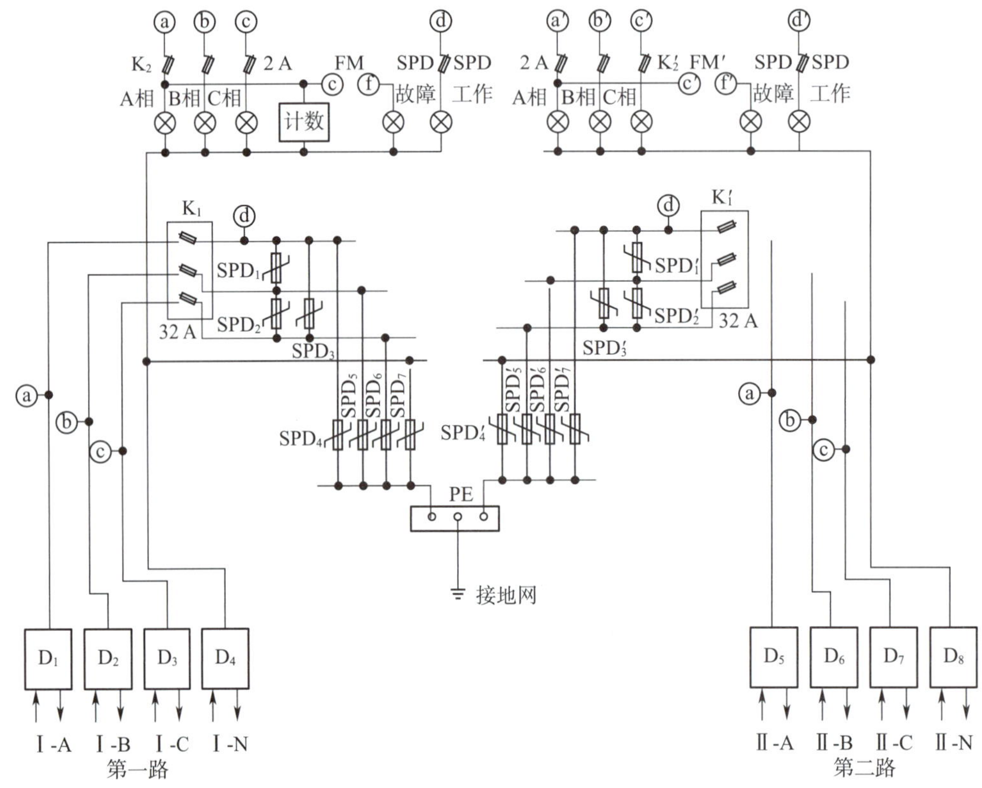

图 9-4-2　FDX-380（Q）型电源防雷箱的电路原理

图 9-4-2 中，K_1、K_1'为 MERLIN C65NV/D 32A 型三路空气开关；K_2、K_2'为 MERLIN C65N/C2A 型单路空气开关；SPD_1～SPD_7、SPD、SPD_1'～SPD_7'为 DG TNS 230 400 Uc385 FM 型防雷保安器（德国 DEHN 防雷器件）；雷电计数器，每次冲击电压大于或等于 1 kV 时计数一次。

两路 380 V 交流电源输入配线采用凯文接线方式，即室内低压配电箱输出端接至防雷箱的分线器，再由该分线器端子引至用电设备的输入端。

浪涌保护器采用了全保护模式，即相线-相线（L-L）间，相线-保护地线（L-PE）间和中性线-保护地线（N-PE）间采用了全模防护。

电源引入线与浪涌保护器之间串接了断路器，防护长时间过电流损坏浪涌保护器；还具有雷击浪涌计数、防雷故障指示灯和供电状态指示灯。

2. 电源防雷保安器

用于电源电路的防雷保安器，应单独设置；必须具有阻断续流的性能；工作电压在 110 V 以上的，应有劣化指示。

室内电源防雷保安器冲击通流容量和限制电压见表 9-4-1。

室外交流电源防雷保安器，冲击通流容量不小于 20 kA，限制电压不大于 1 000 V，三相不大于 1 000 V。

表 9-4-1 室内电源防雷保安器冲击通流容量和限制电压

<table>
<tr><th colspan="2" rowspan="2">技术指标</th><th colspan="3">交流电源孩子雷保安器</th><th rowspan="2">并联直流电源浪涌保护器</th></tr>
<tr><th>输入电源防雷（Ⅰ）</th><th>电源屏前（Ⅱ）</th><th>微电子设备电源前（Ⅲ）</th></tr>
<tr><td colspan="2">冲击通流容量</td><td>≥40 kA</td><td>≥20 kA</td><td>≥10 kA</td><td>≥10 kA</td></tr>
<tr><td rowspan="3">3 kA 时的限制电压（测试波形 8/20 μs）</td><td>并联型单相</td><td>≤1 000 V</td><td>≤1 000 V</td><td>≤1000 V</td><td rowspan="3">①</td></tr>
<tr><td>串联型单相防雷箱</td><td>—</td><td>≤700 V</td><td>≤700 V</td></tr>
<tr><td>并联型三相（相线-相线间）</td><td>≤1 500 V</td><td>—</td><td>—</td></tr>
</table>

①直流电源防雷保安器的选取（测试波形 10/700 μs、幅值 5 kV）：工作电压 24 V 时，限制电压≤450 V；工作电压 48 V 时，限制电压≤500 V；工作电压 110 V 时，限制电压≤600 V；工作电压 220 V 时，限制电压≤800 V。

四、信号传输线浪涌保护器

信号传输线的浪涌保护器应实现即插即用功能。

1. 室内信号传输线浪涌保护器

室内信号传输线长度为 50～100 m 时，可在一端设备接口处设置浪涌保护器；大于 100 m 时，宜在两端设备接口处设置浪涌保护器。按照分区、分级的原则，信号传输线的浪涌保护器应集中设置在分线盘处。

室内信号传输线浪涌保护器的选用应符合以下要求：

（1）采集驱动信号传输线浪涌保护器冲击通流容量不小于 1.5 kA，工作电压不大于 24 V，限制电压不大于 60 V。

（2）视频信号传输线浪涌保护器冲击通流容量不小于 1.5 kA，工作电压不大于 5 V，限制电压不大于 10 V。

（3）RS-232、RS-422、RJ-45、G. 703/V. 35 等通信接口信号传输线防雷保安器冲击通流容量不小于 1.5 kA，工作电压为 10 V，限制电压不大于 40 V。

（4）其他室内信号传输线浪涌保护器冲击通流容量不小于 5 kA，室内信号传输线浪涌保护器限制电压见表 9-4-2。

表 9-4-2 室内信号传输线浪涌保护器限制电压

<table>
<tr><th rowspan="3">序号</th><th rowspan="3">信号设备名称（工作电压）</th><th colspan="4">限制电压（测试波形 10/700 μs、幅值 5 kV）/V</th></tr>
<tr><th colspan="2">交流模块</th><th colspan="2">直流模块</th></tr>
<tr><th>并联</th><th>串联</th><th>并联</th><th>串联</th></tr>
<tr><td>1</td><td>轨道电路发送和接收端（24 V）</td><td>—</td><td>—</td><td>—</td><td>—</td></tr>
<tr><td>2</td><td>轨道电路发送和接收端（36 V）</td><td>—</td><td>—</td><td>—</td><td>—</td></tr>
<tr><td>3</td><td>轨道电路发送和接收端（48 V）</td><td>≤600</td><td>—</td><td>—</td><td>—</td></tr>
<tr><td>4</td><td>轨道电路发送和接收端（60 V）</td><td>—</td><td>—</td><td>—</td><td>—</td></tr>
<tr><td>5</td><td>轨道电路发送和接收端（110 V）</td><td>≤650</td><td>—</td><td>—</td><td>—</td></tr>
<tr><td>6</td><td>轨道电路发送和接收端（220 V）</td><td>≤1 000</td><td>—</td><td>—</td><td>—</td></tr>
<tr><td>7</td><td>电码化轨道区段（≥220 V）</td><td>≤1 500</td><td>—</td><td>—</td><td>——</td></tr>
</table>

2. 室外信号传输线浪涌保护器

室外信号传输线宜在两端设置浪涌保护器，安装于室外的电子设备宜在电缆线入口处设置浪涌保护器或防雷变压器，与室外传输线相连的各种信号变压器应采用防雷型变压器，浪涌保护器可安装在室外变压器箱内。

室外信号传输线浪涌保护器冲击通流容量不小于 10 kA，限制电压按表 9-4-3 选取。

表 9-4-3　室外信号传输线浪涌保护器限制电压

序号	信号设备名称（工作电压）	限制电压（测试波形 10/700 μs、幅值 5 kV）/V			
		交流模块		直流模块	
		并联	串联	并联	串联
1	信号点灯、道岔表示、道岔启动（220 V 时）	≤1 000	≤500	≤800	≤500
2	道岔启动（380 V 时）	≤1 500	—	≤1 200	—
3	其他 220 V 回路	≤1 000	—	—	—
4	其他 110 V 回路	≤650	—	—	—
5	其他 48 V 回路	≤600	—	—	—
6	其他 24 V 以下回路	—	—	—	—

注：并联型交流 SPD 的标称放电电流（测试波形 8/20 μs）分别为 20 kA、10 kA 和 5 kA，并联型直流 SPD 标称放电电流（测试波形 8/20 μs）分别为 10 kA 和 5 kA。

第五节　ZPW-2000 系列自动闭塞系统防护与接地要求

一、ZPW-2000 系列自动闭塞的接地设置

ZPW-2000 系列自动闭塞系统的室外箱盒及信号机等所有相关的金属设备外壳的安全地线、防雷地线及屏蔽地线应用 25 mm^2 铜缆与贯通地线可靠连接，也可将各地线用 7 mm^2 铜缆环接后接到方向盒地线端子，然后用 25 mm^2 钢缆连接到贯通地线上，如图 9-5-1(a)和图 9-5-1(b)所示。未设置贯通地线的接地应用 25 mm^2 铜缆与接地体可靠连接，如图 9-5-1(c)所示。

二、ZPW-2000 系列自动闭塞的地线与贯通接地线的连接

地线与贯通地线采用 T 形压接或焊接而成，并与贯通地线同深埋设。

完全横向连接处，由构成完全横向连接的扼流或空芯线圈中点接至贯通地线。空芯线圈或扼流中心点与贯通地线用 25 mm^2 铜缆连接，横向连接的中心点之间用 70 mm^2 铜线连接。

有空芯线圈的简单横向连接处，将空芯线圈中心点与防雷单元用 10 mm^2 铜缆连接，防雷单元与贯通地线应用 25 mm^2 铜缆连接，横向连接的空芯线圈或扼流中心点之间应用 70 mm^2 铜线连接。

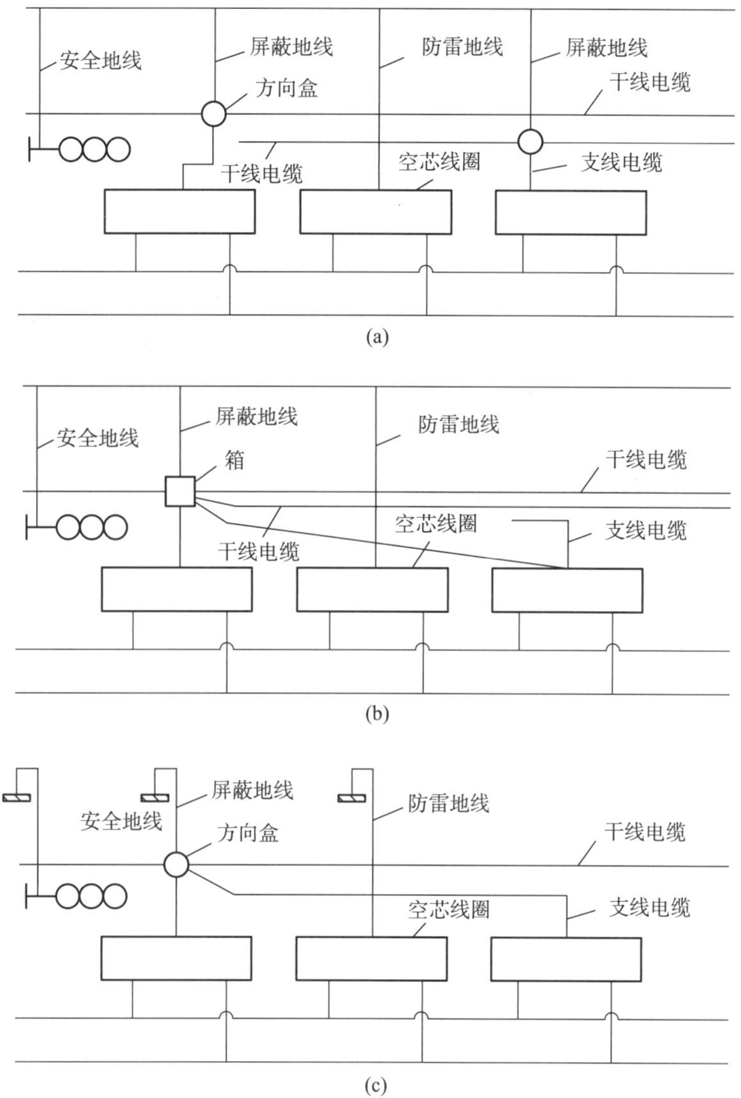

图 9-5-1 ZPW-2000 系列自动闭塞系统的接地设置

没有做横向连接的空芯线圈，中心点用 10 mm^2 铜缆与防雷单元连接，防雷单元与贯通地线用 25 mm^2 铜缆连接。

第六节 典型信号系统雷击故障案例

一、故障概况

2014 年 5 月 23 日 18:52 至 21:48，雷击造成某高速铁路区段下行区间红光带。该次直击雷造成受端 PT 损坏、21911AG 电缆芯线断线。同时，该次雷击造成故障区段所在接触网区间跳闸，中继站内电源屏 UPS 死机。此次雷击故障未造成室内设备损坏。

二、现场调查

（1）受端 PT 中 E_1、E_2 万可端子有明显灼烧痕迹，其底部钢板（该钢板与钢轨引接线为一体）有熔融痕迹，如图 9-6-1 所示，从放电痕迹初步分析受端调谐匹配单元端子间 E_1、E_2 与钢轨连接铜板间发生击穿放电，放电路径示意如图 9-6-2 所示。

图 9-6-1　受端 PT 的 E_1、E_2 万可端子明显烧灼痕迹

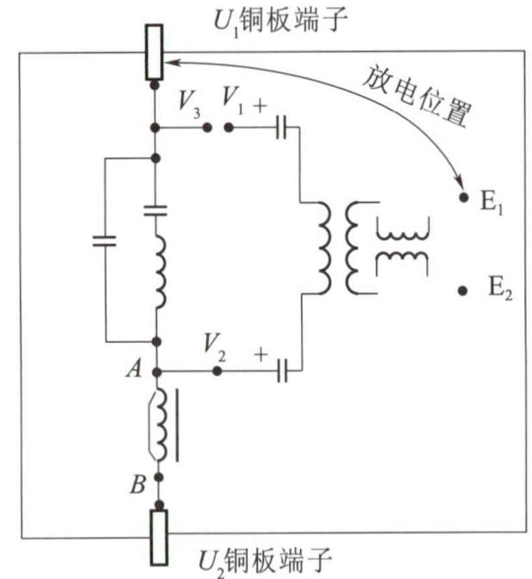

图 9-6-2　损坏的受端 PT 端子间放电径路示意

（2）受端 PT 中 E_1、E_2 万可端子的电缆芯线端部被灼伤，同时该区段电缆解剖发现芯线断线情况，如图 9-6-3 所示。

（3）受端 PT 附近的牵引供电接触网绝缘子有明显电弧烧蚀痕迹，瓷瓶存在缺损，如图 9-6-4 所示。

三、现场环境调查

（1）受端 PT 所处位置在高架桥桥头附近，且位于遭受雷击的接触支柱正下方的底部，如图 9-6-5 所示。

（2）通过现场实际调查发现连接接触网支柱上接地端子通过钢导体引至分线盒中，并与信号电缆屏蔽层接地引下线连接在一起，如图 9-6-6 所示。

四、事故原因分析

当雷电直接击中接触网导线后，雷击过电压会造成绝缘子闪络放电，工频续流会造成瓷绝缘子损坏。雷电流和工频续流均通过接触网钢支柱、综合接地系统向大地泄流，此时接触网支柱接地端子电位大幅抬升，钢轨也会因为空间耦合作用感应较高的电位，但支柱接地端子与钢轨间存在较大电位差。轨旁信号电缆芯线通过调谐匹配单元与钢轨存在直接电气连接，而电缆钢带铠装直接与接触网支柱接地端子电气连接，如图 9-6-7 所示，导致电缆芯线与钢带铠装、PT 连接钢轨端子与电缆芯线连接端子 E_1、E_2 间存在较大电位差，造成芯线与屏蔽层放电击穿，PT 两侧端子之间发生放电击穿，造成上述雷击轨旁设备损坏故障。

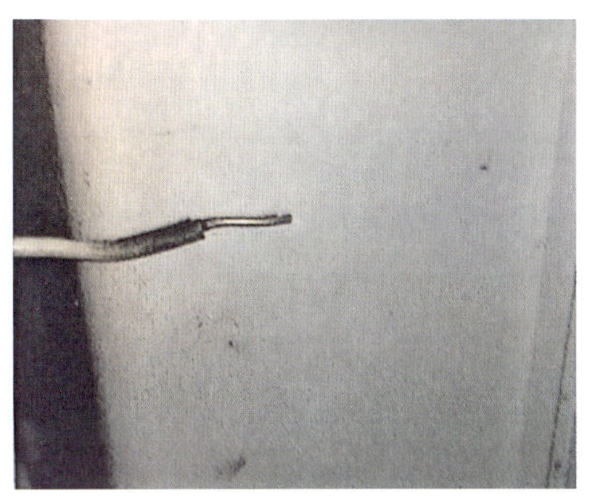
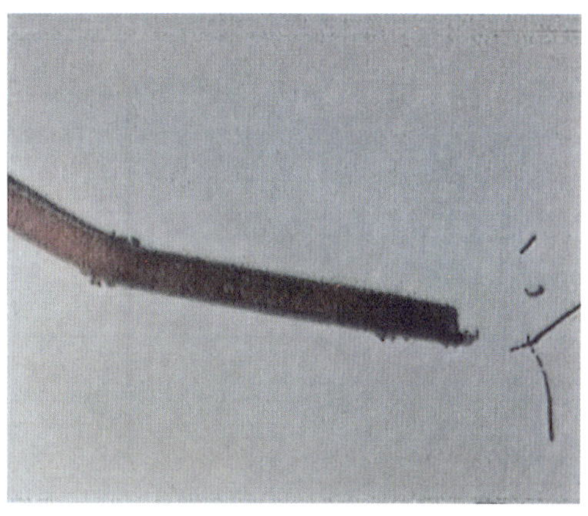

图 9-6-3 受端 PT 的 E_1、E_2 万可端子电缆芯线断线

图 9-6-4 被雷击接触杆底部环境

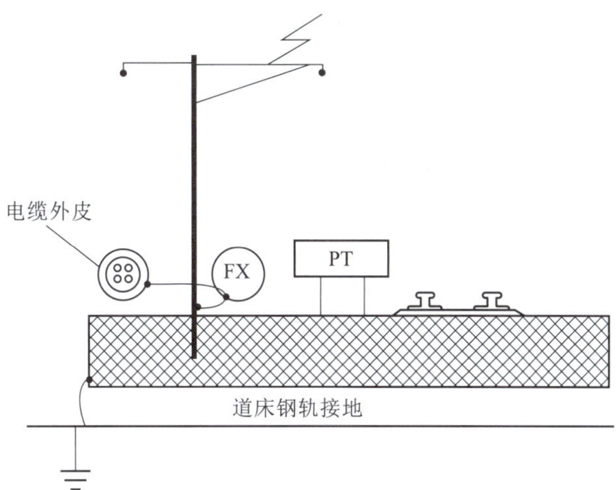

图 9-6-5 接触网杆上接地端子导体连接示意

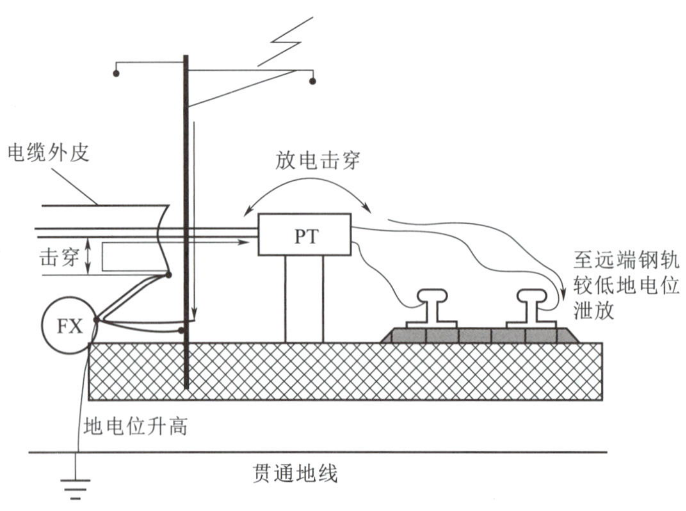

图 9-6-6　雷击事故原因分析示意图

雷击电流通过接触网钢支柱、综合接地系统向大地泄流时，钢轨与综合接地系统之间存在较大电位差。在现场雷电冲击测试试验中，调谐匹配单元安装位置距离接触网网钢支柱距离为 6 m，调谐匹配单元处钢轨和贯通地线之间存在明显电位差，如图 9-6-7 所示。信号电缆芯线相连远端信号设备其电位较低，而钢轨由于感应耦合具有较高电位，导致调谐匹配单元与钢轨连接的 U_1、U_2 端子与连接电缆芯线的 E_1、E_2 端子间存在较大电位差，如图 9-6-8 所示。

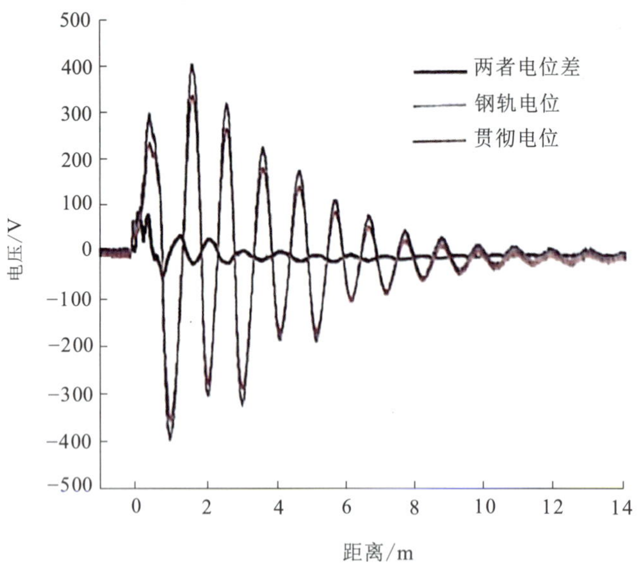

图 9-6-7　雷击接触网支柱时钢轨及贯通地线间电位差
（注入雷电流 20 A）

因此，得到结论：轨旁信号设备的雷电防护薄弱点在调谐匹配单元以及信号电缆分段接地点处芯线与屏蔽层之间。

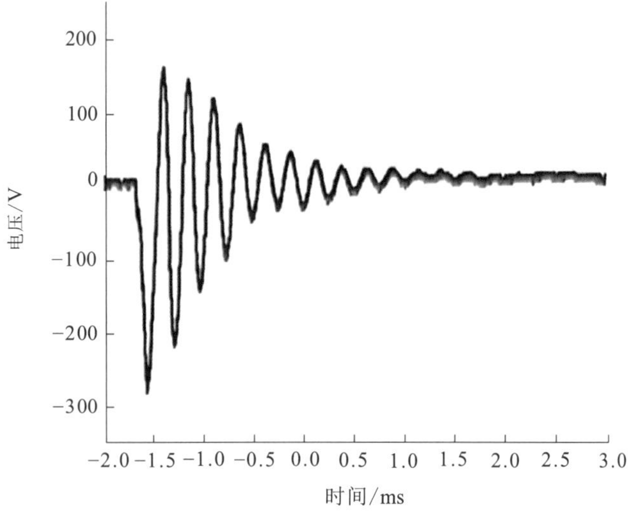

图 9-6-8 雷击接触网支柱时 PT 的端子与 E1 端子间电位差
(注入雷电流 20 A)

复习思考题

1. 侵入电子设备机房的雷电一般有哪些途径?
2. 信号设备雷电电磁脉冲防护,应符合哪些原则?
3. 信号设备应设哪些地线?
4. 设置信号设备浪涌保护器的系统有哪些?
5. 信号设备雷电电磁脉冲防护与接地的基本要求有哪些?
6. 常用的防雷设备有哪些?
7. 第 1 级电源防雷应有哪些功能?
8. 地网应符合哪些要求?

第十章 信号集中监测系统

信号集中监测系统是监测信号设备及结合部设备状态、发现设备隐患、分析设备故障原因、辅助故障处理、指导现场维修、反映设备运用质量、提高电务部门维护水平和效率的重要信号设备。

本章从信号集中监测系统概述、系统结构及功能等方面进行介绍，结合现场典型案例分析，对系统采集原理及如何运用系统进行监测信息数据调阅作详细阐述。

通过学习，重点掌握信号集中监测系统功能、采集原理、调阅方法，学会分析异常报警和曲线；运用监测了解信号设备运用状态，发挥系统预测预判功能，不断提高信号设备维护管理水平和故障分析能力。

第一节 信号集中监测系统概述

信号集中监测系统的前身是铁路信号微机监测系统，其发展史最早可追溯到 1985 年。随着设备的技术革新和应用，安全运输对铁路信号设备的安全性、可靠性以及可维护性的要求越来越高，现阶段铁路信号集中监测系统主要依据《铁路信号集中监测系统技术条件》(Q/CR 442—2020)进行设计。该系统以“设备维护”为开发理念，遵循如下基本原则。

一、安全、可靠、可用

信号集中监测系统的设计需考虑包括光电、电磁、PT、熔断、高阻在内的多种安全隔离方法，在实现设备信号状态采集的同时，具有良好的电气隔离性能，在任何情况下，不能影响被监测信号设备的正常工作。

信号集中监测系统需 24 h 不间断地监测信号设备的运行状态，其关键模块、集成设备均采用工业级以上的部件，保证产品在铁路环境下的应用高可靠性。

信号集中监测系统中心关键网络设备和服务器需采用双套冗余设计，提供系统容错机制，保证系统连续不间断地稳定运行，保证数据信息的安全性和正确性。

二、全面监测、易于扩展

信号集中监测系统作为信号设备的综合监测平台，需实现轨道电路、信号机、道岔、闭塞等设备的实时采集监测，以及计算机联锁、列控系统、ZPW-2000 系列轨道电路、TDCS/CTC 系统、智能电源屏等具备自监测功能系统的实时信息接入。

信号集中监测系统需采用开放性的平台设计，模块化软件架构和标准化布线方法。

三、向下兼容、互联互通

信号集中监测系统需考虑向下兼容，考虑与异种机、异种网的互联，按照统一的规范标准，保证国铁集团、集团公司之间能够方便地进行数据传输和交换，分布式数据库系统便于访问和维护管理。

四、界面友好、方便维护

信号集中监测系统是各级电务人员每天要使用的设备维护工具，需采用直观、便宜的人机交互，需具备自监测功能，在自身发生故障后，方便维护。

第二节 信号集中监测系统结构及功能

一、系统体系结构

为了符合各级电务部门的日常维护和管理工作的实际需要，铁路信号集中监测系统分为国铁集团、集团公司、站段三级体系结构。在此三级体系的框架下，根据系统配置的层次结构和数据通信的网络结构将系统划分为：国铁集团层监测子系统、集团公司/电务段层监测子系统、车站层监测子系统三层。对此“三级三层”结构的描述如图 10-2-1 所示。

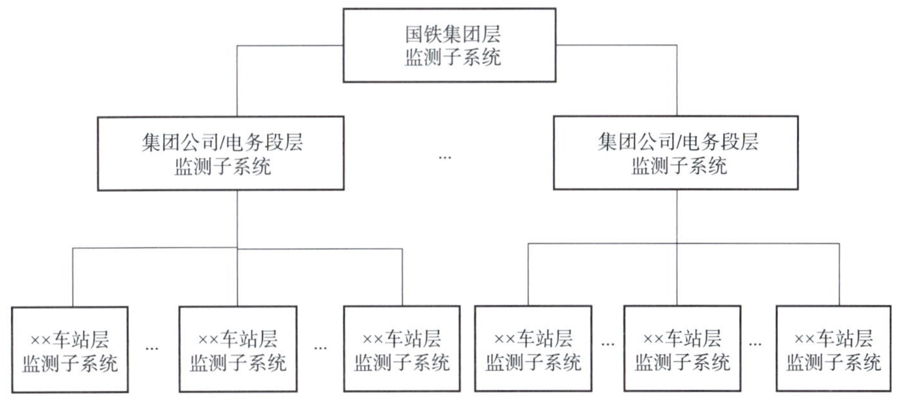

图 10-2-1 系统体系结构

车站层监测子系统位于信号集中监测系统的最底层，由站机、采集设备、网络设备等组成，是整个系统的基础。主要负责数据的采集、分类、逻辑分析处理、统计汇总、存储等，实现车站信号设备、区间信号设备的实时监测、故障分析和诊断，并提供人机对话界面，显示各类站场信息，及时显示各类故障报警信息。车站子系统通过统一的标准接口与计算机联锁、列控中心、TDCS/CTC、智能电源屏、ZPW-2000 系列轨道电路、智能灯丝、智能熔丝等设备通信，获取监测信息。

二、车站监测子系统构成

车站监测子系统的设备主要包括车站主机、接口分机、采集及控制单元、网络设备、电源设备、防雷设备、无线设备、接口设备、打印机等。

1. 站机

车站站机是车站监测子系统的核心，它负责监测系统所需开关量、模拟量、报警信息、环境数据、视频信息的收集、分类、逻辑分析处理、报警输出、数据统计汇总和存储回放等功能；并提供了人性化的人机交互界面，以图形、列表及曲线等方式给电务维护人员提供最有价值的维修状态信息，同时接收用户数据以及指令的输入，实现实时、交互式的浏览、设置和查询。另外，车站主机作为基层采集和执行单元，和电务段监测子系统进行通信，通信方式采用 TCP/IP 协议。站机将车站实时的数据和报警传送到上层，并接受上级终端（工区、电务段、电务部）的控制命令，然后驱动外围控制单元实现环境设备等的控制功能。

2. 接口分机与采集及控制单元

接口分机是监测采集设备中的核心部分，绝大部分的计算机监测模拟量采集数据都通过接口分机收集并编码转发给监测站机。接口分机通过 CAN 总线或网线与车站监测站机连接，负责实时采集各种信号设备的数据，并对采集数据进行预处理。

采集及控制单元主要包括采集机柜、现场控制总线信息平台、高精度数据采集单元（包括轨道、道岔、电源屏等模拟量信息）、环境监测传感器、门禁控制器、智能空调控制器、ZPW-2000A 移频信号综合采集器等。通过采集单元，可以实现道岔曲线、道岔表示电压、轨道电压、信号机电流、移频发送、移频接收、半自动闭塞、绝缘测试、漏流测试、外电网质量、熔丝报警等信息的采集。

3. 车站与其他系统的接口

(1)与列控系统接口

接收的信息包括区间状态信息、系统维护信息和国铁集团统一的接口信息，具体包括车站列控中心状态、接发车进路信息记录报文、进站信号机降级显示命令报文、临时限速命令记录报文、临时限速执行结果记录、临时限速设置失败记录、发送给 LEU 的报文记录。

车站列控中心实时向监测系统发送车站列控中心状态信息，用于监测列控中心运行状态，同时也利用该报文判断与车站列控中心的通信状态。除车站列控中心状态信息外的其他报文，由处于主控状态的列控中心主机发送给监测系统，发送方式为“即时生成，即时发送”，每个记录报文发送两次。

监测系统与独立的列控中心维修机通过 RJ-45 方式接口，列控中心维修机侧增加隔离措施以及防病毒措施。

(2)与 CTC 系统接口

CTC 系统与监测系统之间的通信通过 CTC 车站子系统的电务维护终端与监测系统的站机互联实现，监测系统从 CTC 系统获取设备状态和接口报警等信息。当 CTC 电务维护终端发现状态发生变化，CTC 系统主动向监测系统发送状态变化信息。接口采用 RS-422 方式，硬件光电隔离。

(3)与计算机联锁系统接口

监测系统站机与计算机联锁系统维护机接口，获取计算机联锁系统的维护开关量信息、报警信息、系统维护信息等，具体包括轨道信息、道岔信息、信号机信息、按钮状态、报警信息、表示灯信息和设备状态等。接口方式采用 RS-422 接口，硬件光电隔离。

(4)与 ZPW-2000 系列轨道电路接口

监测系统从 ZPW-2000 系列轨道电路系统获取设备状态信息、区段占用状态信息、维护报警信息、轨道电路模拟量信息(包括各区段的电压、电流、频率信息等)。监测系统站机与 ZPW-2000 系列轨道电路维修终端之间通过 RJ-45 方式接口,其 IP 地址由监测系统统一分配。ZPW-2000 系列轨道电路维修终端侧应增加隔离措施以及防病毒措施,确保运行稳定。

(5)与主灯丝报警系统接口

监测系统从主灯丝报警系统获取列车信号主灯丝断丝状态并报警,定位到每架信号机的每个灯位。接口方式采用 CAN 接口,硬件光电隔离。

(6)与智能电源屏接口

监测系统与智能电源屏系统接口,获取智能电源屏和 UPS 电源的信息。其中智能电源屏的信息包括模块状态信息、报警信息、模拟量信息(电源屏输入电压/电流、电源屏每路的输出电压/电流、25 Hz 电源输出电压/频率/相位角)等;UPS 信息包括报警信息和模拟量信息(输入相电压/电流/频率/功率、输出电压/频率/功率等)。接口采用 RS-485 或 RJ-45 接口方式,硬件光电隔离。

(7)与道岔缺口监测系统接口

监测系统与道岔缺口监测系统接口,获取转辙机缺口模拟量、报警/预警信息、道岔动作后模拟量或缺口图像信息等。接口采用 CAN 通信方式或 RJ-45 以太网接口。

另外,监测系统还预留与计轴设备、道岔监测、视频监控、环境监控、电务管理信息系统、故障诊断专家系统的接口。

三、车站监测子系统功能

车站监测子系统通过将采集器采集的设备电气特性数据,接口(串口,网络接口,CAN 接口)获取的其他信号设备的信息进行汇总和逻辑处理后进行实时的显示、报警、存储和上传至上层系统,同时提供用户故障查询、处理、回放等日常维护功能。

车站监测子系统功能结构如图 10-2-2 所示。从图看出车站监测子系统由各种采集器、接口分机、综合分机、其他智能系统各种接口组成。各种采集器包括外电网监测、轨道电路监测、信号机电流监测、转辙机监测、道岔表示电压监测、异物侵限电压监测、电源屏监测、集中式移频监测、站间联系电压监测、不对称高压脉冲轨道电路监测、动态环境监测、半自动闭塞监测,采集的设备电气特性数据通过接口分机上传给站机系统;绝缘、漏流、熔丝报警、环境温/湿度信息通过综合分机传给站机系统;另外车站的其他系统包括联锁、CTC、列控、ZPW-2000 系列轨道电路、智能电源屏、智能灯丝等接口通过 CAN 线、网络接口或串口将其采集的系统传给站机系统。

1. 采集介绍

(1)外电网监测

外电网监测内容为外电网输入相电压、线电压、电流、频率、相位角、功率;监测采集位置在配电箱(电务部门管理)闸刀外侧。

(2)轨道电路监测

轨道电路分为交流连续式轨道电路、25 Hz 相敏轨道电路、不对称高压脉冲轨道电路,针对不同的轨道电路,监测信息和监测点等有所差别,下面分别介绍。

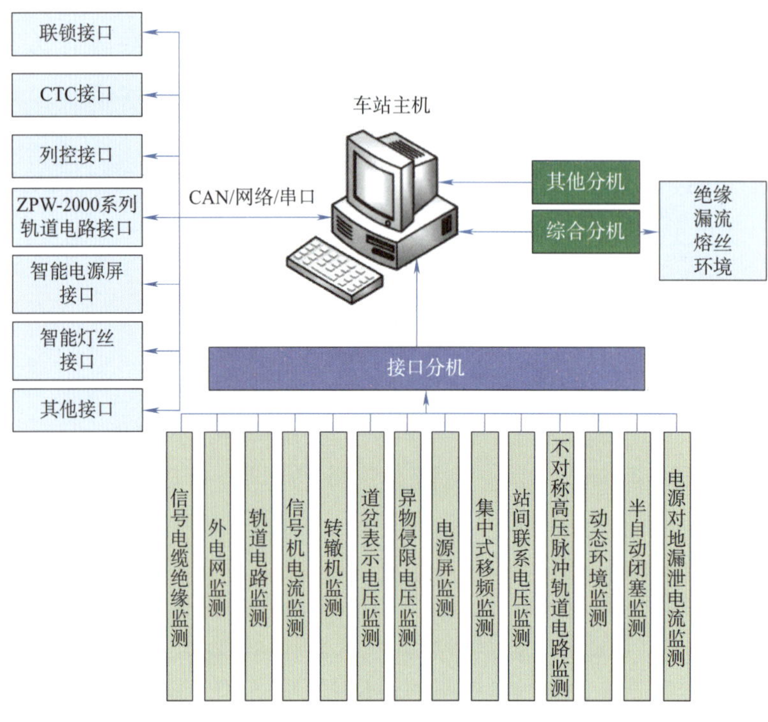

图 10-2-2　车站监测子系统功能结构

①交流连续式轨道电路监测

监测内容为轨道继电器交流电压、直流电压。监测点在轨道继电器端或分线盘处。

②25 Hz 相敏轨道电路监测

监测内容为轨道接收端交流电压、相位角。监测点为轨道测试盘侧面端子或交流二元轨道电路继电器端、局部电压输入端，相敏轨道电路电子接收器端。

③不对称高压脉冲轨道电路监测

监测内容为不对称高压脉冲轨道接收端波头、波尾有效值电压、峰值电压、电压波形。监测点为接收设备相应端子。

(3)信号机电流监测

监测内容为列车信号机的灯丝继电器(DJ，2DJ)工作交流电流。监测点为信号点灯电路始端。

(4)转辙机监测

转辙机监测根据不同的类型采集也不一样，按直流转辙机、交流转辙机两种类型进行采集，分别进行介绍。

①直流转辙机监测内容为道岔转换过程中转辙机动作电流、故障电流、动作时间、转换方向。监测点为动作回线。

②交流转辙机又分为 ZY(J)系列液压道岔转辙机，S700K 型、ZD(J)9 系列交流电动转辙机，但其监测内容相同，为道岔转换过程中转辙机动作功率、电流、动作时间、转换方向。监测点为电压采样时在断相保护器输入端，电流采样时在断相保护器输出端。

(5)道岔表示电压监测

监测内容为道岔表示交、直流电压。监测点为分线盘道岔表示线。

(6)异物侵限电压监测

监测内容为防灾系统与列控系统分界口处接口直流电压。监测点为分线盘。

(7)电源屏监测

监测内容为电源屏输入电压、电流，电源屏各路输出电压、电流，25 Hz 电源输出电压、频率、相位角。监测点为非智能电源屏的转换屏输入端、其他智能屏的电压输出保险后端。

(8)集中式移频监测

①站内电码化监测

监测内容为站内发送盒功出电压、发送电流、载频及低频频率。监测点为发送器(盒)功出端或分线盘。

②有绝缘移频轨道电路监测

主要监测内容为发送端功出电压、发送电流、载频及低频频率，接收端输入电压、移频频率及低频频率。监测点分别为发送器(盒)功出端、接收器(盒)输入端。

③ZPW-2000 系列轨道电路监测

监测内容为移频发送器发送电压、电流、载频和低频频率，接收器轨入(主轨、小轨)电压，轨出 1 、轨出 2 电压、载频和低频频率，发送端电缆模拟网络电缆侧电压、电流，接收端电缆模拟网络电缆侧接收电压。监测点分别为发送盒(器)功出端、模拟网络电缆侧、接收衰耗器输入、接收盒(器)输入端。

(9)站间联系电压监测

监测内容为站(场)间联系线路直流电压、场间联系电压、自闭方向电路电压、区间监督电压。监测点为分线盘。

(10)半自动闭塞监测

监测内容为半自动闭塞线路直流电压、电流，硅整流输出电压。监测点为分线盘半自动闭塞外线、硅整流输出端。

(11)信号电缆绝缘监测

对信号设备的各种电缆回线进行绝缘测试，其中集中送电、半自动闭塞外线、LEU、ZPW-2000 系列轨道电路的供电电源不纳入绝缘采集。日常在测试过程中，需要拔出防雷或断开防雷地线后测试。监测点分线盘或区间综合柜零层或电缆测试盘处。

(12)电源对地漏泄电流监测

对车站的电源屏各种输出电源(非隔离电源除外)进行漏流测试。监测点放在电源屏输出端。日常测试要求必须在垂直天窗点内完成。

2. 站机功能介绍

在整个信号集中监测系统中，站机子系统是车站一层信号设备集中管理系统，同时也是电务段中心系统及电务部中心系统的数据来源。站机子系统主要功能包括站场图实时显示、开关量查询、模拟量查询、道岔动作曲线查询、报警查询和报警处理、回放、通信状态图显示、绝缘和漏流测试、统计、班组管理作业监督。

(1)站场实时显示

站场显示是信号集中监测系统基本功能，在站场图上可以实时地反映出排列进路的状态，包括轨道和区段的占用状态、信号机的开放状态、道岔定反表状态以及按钮和各表示灯的状态，从而使维护人员可以实时掌握车站设备和列车运行的状况。站场图如图 10-2-3 所示。

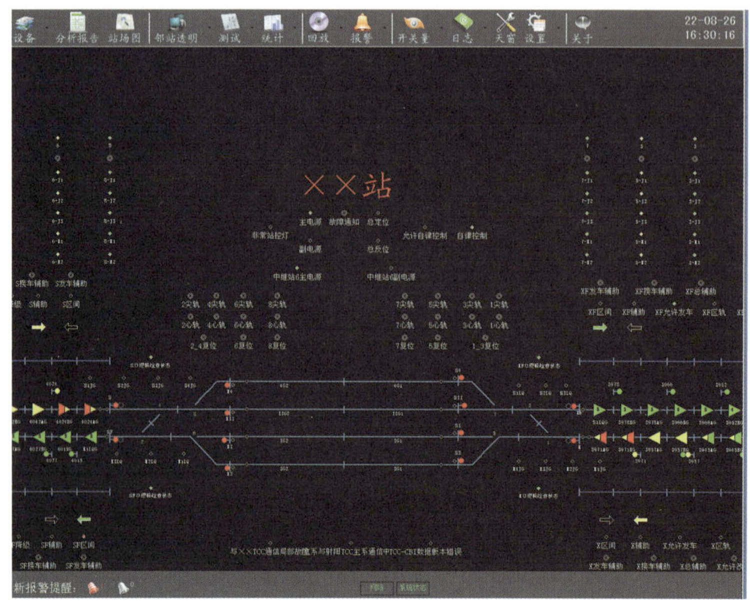

图 10-2-3　站场图

(2)开关量查询

开关量查询可以方便地查看站场码位、设备状态等开关量状态，开关量查询分为实时开关量查询和历史开关量查询。如图 10-2-4 所示，开关量查询可以按照分机、设备类型来选择所关注的部分，同时可以进行特选开关量的查看。

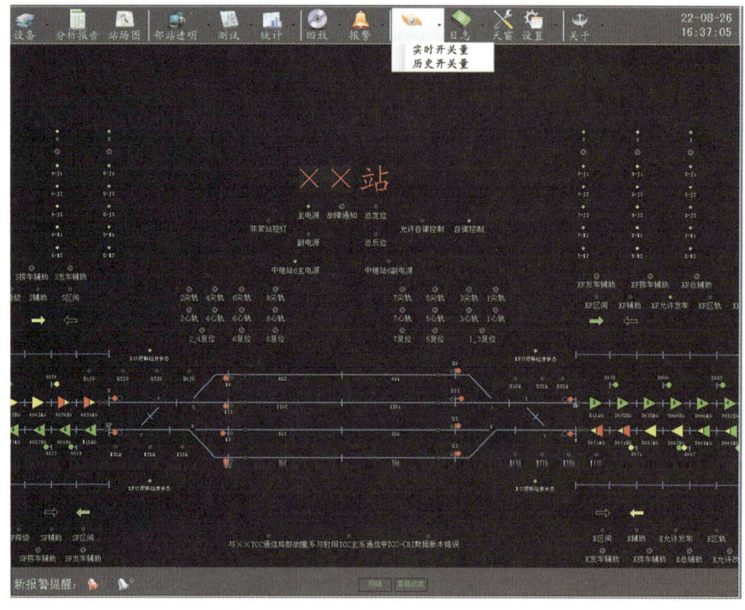

图 10-2-4　开关量查询

历史开关量查询可以按照不同的时间段查看发生变化的开关量，如图 10-2-5 所示，在红色椭圆里选择想要查看的时间，列表中显示该时间段的开关量变化，例如，选择“2011/11/23 10:00:00”，则列表中显示 10 点至 11 点的开关量变化。

图 10-2-5　历史开关量查询

(3)模拟量查询

对于信号工来讲，了解信号设备的电气特性是一项非常重要的工作，因此模拟量查询就显得非常重要。模拟量查询支持模拟量实时值、日报表、日曲线、月曲线、年曲线查询。模拟量查询支持按不同的设备类型查看，主要的设备类型为电源屏、信号机、轨道电路、外电网、道岔。如图 10-2-6、图 10-2-7 所示为轨道电路实时值、日曲线。

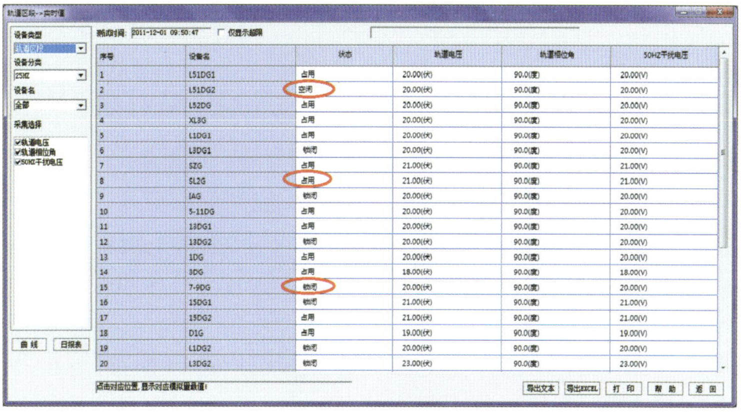

轨道区段-->实时值

设备类型：轨道区段　设备分类：25HZ　设备名：全部　采集选择：☑轨道电压 ☑轨道相位角 ☑50HZ干扰电压

测试时间：2011-12-01 09:50:47　☐ 仅显示超限

序号	设备名	状态	轨道电压	轨道相位角	50HZ干扰电压
1	L51DG1	占用	20.00(伏)	90.0(度)	20.00(V)
2	L51DG2	空闲	20.00(伏)	90.0(度)	20.00(V)
3	L52DG	占用	20.00(伏)	90.0(度)	20.00(V)
4	XL3G	占用	20.00(伏)	90.0(度)	20.00(V)
5	L1DG1	占用	20.00(伏)	90.0(度)	20.00(V)
6	L3DG1	锁闭	20.00(伏)	90.0(度)	20.00(V)
7	SZG	占用	21.00(伏)	90.0(度)	21.00(V)
8	SL2G	占用	21.00(伏)	90.0(度)	21.00(V)
9	IAG	锁闭	20.00(伏)	90.0(度)	20.00(V)
10	5-11DG	占用	20.00(伏)	90.0(度)	20.00(V)
11	13DG1	占用	20.00(伏)	90.0(度)	20.00(V)
12	13DG2	锁闭	20.00(伏)	90.0(度)	20.00(V)
13	1DG	占用	20.00(伏)	90.0(度)	20.00(V)
14	3DG	占用	18.00(伏)	90.0(度)	18.00(V)
15	7-9DG	锁闭	20.00(伏)	90.0(度)	20.00(V)
16	15DG1	锁闭	21.00(伏)	90.0(度)	21.00(V)
17	15DG2	占用	21.00(伏)	90.0(度)	21.00(V)
18	D1G	占用	19.00(伏)	90.0(度)	19.00(V)
19	L1DG2	锁闭	20.00(伏)	90.0(度)	20.00(V)
20	L3DG2	锁闭	23.00(伏)	90.0(度)	23.00(V)

曲 线　日报表　点击对应位置，显示对应模拟量最值！　导出文本　导出EXCEL　打 印　帮 助　返 回

图 10-2-6　轨道电路实时值

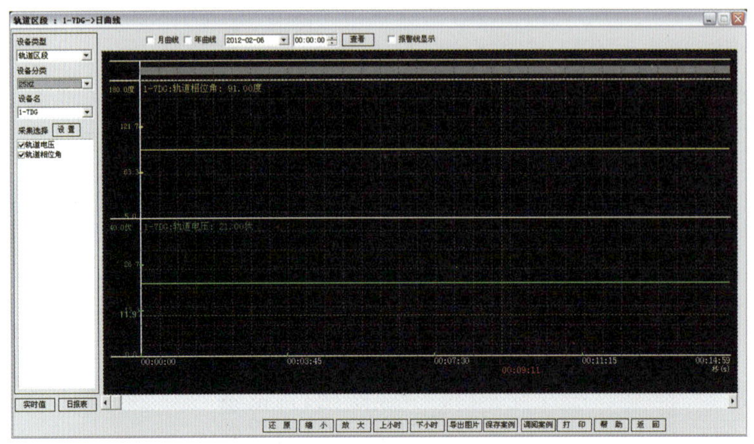

图 10-2-7　轨道电路日曲线

日报表是模拟量数据统计的另一项重要功能，日报表反映了一天内模拟量的变化情况，可以反映设备的稳定情况，维护人员通过查看日报表可以快速地找出可能会发生故障的设备，如图 10-2-8 所示。月曲线和年曲线可以反映某一设备在一月或年的情况，如图 10-2-9、图 10-2-10 所示。

		轨道电压			轨道相位角			50HZ干扰电压		
序号	设备名	调整最高/时间	调整最低/时间	分路最高/时间	调整最高/时间	调整最低/时间	调整平均/时间	最大值/时间	最小值/时间	平均值/时间
1	L51DG1	26.00(伏)/13:...	20.00(伏)/13:...		96.0(度)/13:...	90.0(度)/13:...	93.1(度)/13:...	26.00(V)/13:...	20.00(V)/13:...	22.89(V)/13:...
2	L51DG2	26.00(伏)/13:...	20.00(伏)/13:...		96.0(度)/13:...	90.0(度)/13:...	93.1(度)/13:...	26.00(V)/13:...	20.00(V)/13:...	22.89(V)/13:...
3	L52DG	26.00(伏)/13:...	20.00(伏)/13:...		96.0(度)/13:...	90.0(度)/13:...	93.1(度)/13:...	26.00(V)/13:...	20.00(V)/13:...	22.89(V)/13:...
4	XL3G	26.00(伏)/13:...	20.00(伏)/13:...		96.0(度)/13:...	90.0(度)/13:...	93.1(度)/13:...	26.00(V)/13:...	20.00(V)/13:...	22.89(V)/13:...
5	L1DG1	26.00(伏)/13:...	20.00(伏)/13:...		96.0(度)/13:...	90.0(度)/13:...	93.1(度)/13:...	26.00(V)/13:...	20.00(V)/13:...	22.89(V)/13:...
6	L3DG1	26.00(伏)/13:...	20.00(伏)/13:...		96.0(度)/13:...	90.0(度)/13:...	93.1(度)/13:...	26.00(V)/13:...	20.00(V)/13:...	22.89(V)/13:...
7	SZG	27.00(伏)/13:...	21.00(伏)/13:...		96.0(度)/13:...	90.0(度)/13:...	93.1(度)/13:...	27.00(V)/13:...	21.00(V)/13:...	23.89(V)/13:...
8	SL2G	27.00(伏)/13:...	21.00(伏)/13:...		96.0(度)/13:...	90.0(度)/13:...	93.1(度)/13:...	27.00(V)/13:...	21.00(V)/13:...	23.89(V)/13:...
9	IAG	26.00(伏)/13:...	20.00(伏)/13:...		96.0(度)/13:...	90.0(度)/13:...	93.1(度)/13:...	26.00(V)/13:...	20.00(V)/13:...	22.89(V)/13:...
10	5-11DG	26.00(伏)/13:...	20.00(伏)/13:...		96.0(度)/13:...	90.0(度)/13:...	93.1(度)/13:...	26.00(V)/13:...	20.00(V)/13:...	22.89(V)/13:...
11	13DG1	26.00(伏)/13:...	20.00(伏)/13:...		96.0(度)/13:...	90.0(度)/13:...	93.1(度)/13:...	26.00(V)/13:...	20.00(V)/13:...	22.89(V)/13:...
12	13DG2	26.00(伏)/13:...	20.00(伏)/13:...		96.0(度)/13:...	90.0(度)/13:...	93.1(度)/13:...	26.00(V)/13:...	20.00(V)/13:...	22.89(V)/13:...
13	1DG	26.00(伏)/13:...	20.00(伏)/13:...		96.0(度)/13:...	90.0(度)/13:...	93.1(度)/13:...	26.00(V)/13:...	20.00(V)/13:...	22.89(V)/13:...
14	3DG	24.00(伏)/13:...	18.00(伏)/13:...		96.0(度)/13:...	90.0(度)/13:...	93.1(度)/13:...	24.00(V)/13:...	18.00(V)/13:...	20.89(V)/13:...
15	7-9DG	26.00(伏)/13:...	20.00(伏)/13:...		96.0(度)/13:...	90.0(度)/13:...	93.1(度)/13:...	26.00(V)/13:...	20.00(V)/13:...	22.89(V)/13:...
16	15DG1	27.00(伏)/13:...	21.00(伏)/13:...		96.0(度)/13:...	90.0(度)/13:...	93.1(度)/13:...	27.00(V)/13:...	21.00(V)/13:...	23.89(V)/13:...
17	15DG2	27.00(伏)/13:...	21.00(伏)/13:...		96.0(度)/13:...	90.0(度)/13:...	93.1(度)/13:...	27.00(V)/13:...	21.00(V)/13:...	23.89(V)/13:...
18	D1G	25.00(伏)/13:...	19.00(伏)/13:...		96.0(度)/13:...	90.0(度)/13:...	93.1(度)/13:...	25.00(V)/13:...	19.00(V)/13:...	21.89(V)/13:...
19	L1DG2	26.00(伏)/13:...	20.00(伏)/13:...		96.0(度)/13:...	90.0(度)/13:...	93.1(度)/13:...	26.00(V)/13:...	20.00(V)/13:...	22.89(V)/13:...

图 10-2-8　25 Hz 轨道电路日报表

(4)道岔动作曲线查询

道岔动作曲线为信号设备维护人员进行道岔维护、故障检修时提供了一个重要的参考，通过道岔动作曲线形状、数值可以反映不同道岔故障状态，如图 10-2-11 所示。显示界面分为 2 个屏，左屏显示定位到反位启动曲线，右屏显示反位到定位启动曲线。

通过选择“标准曲线”选择框，点击“保存记录曲线”设置某一道岔设备启动电流曲线的参考线。设置了参考线后，选择“标准曲线”，则可以显示道岔参考曲线，如图 10-2-12 所示。

(5)报警查询和报警处理

报警查询和处理是车站设备发生报警和预警时，用户进行查看、分析和处理的重要方式。报警查询分为实时报警和历史报警查询。车站发生报警后通过界面报警提示按钮实时提示用户，点击报警提示按钮打开实时报警窗口，查看报警的详细情况，如图 10-2-13 所示。

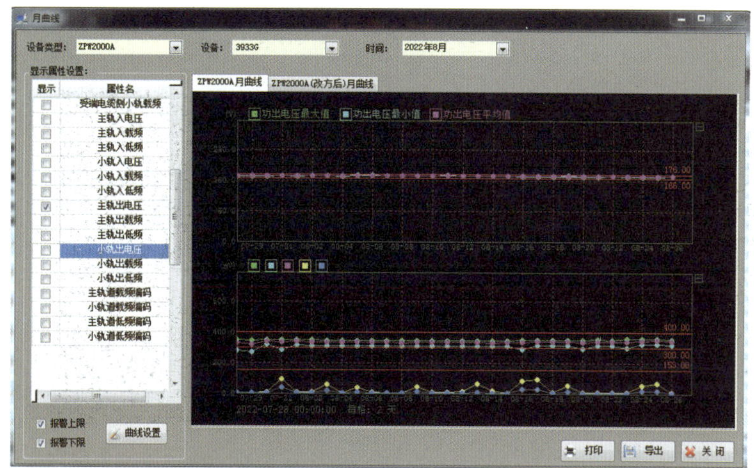

图 10-2-9 移频轨道电路月曲线

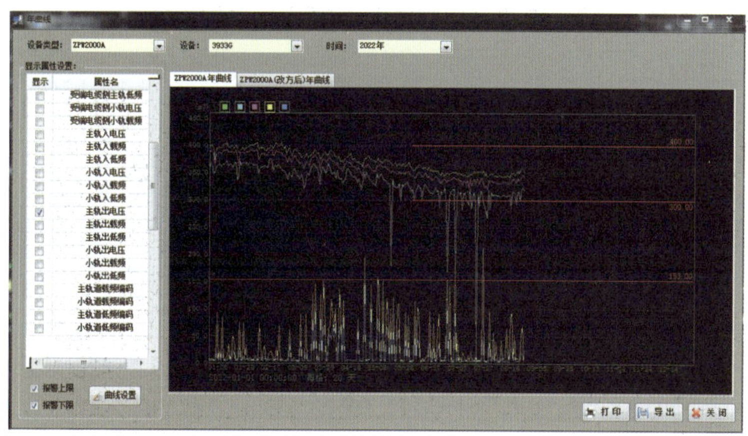

图 10-2-10 移频轨道电路年曲线

对于之前发生的报警可以通过历史报警查询来查看,如图 10-2-14 所示。报警查询可以按照报警类型,也可以通过设备类型查询;查询可以选择日期查询;报警查询内容可以选择一、二、三级报警和预警。

(6)回放

回放是信号集中监测系统一项非常重要的功能,通过回放可以再现历史故障,对故障进行分析,同时也可以随时了解过去一段时间设备的运行情况。回放分为历史回放、历史再现和故障再现。历史回放指用户可以选择自己所关注的时间点数据,选择所关注的设备类型。历史再现指用户可以通过选择之前回放时保存的再现文件进行回放,对于所关注的数据或故障通过再现文件的形式保存下来,再通过历史再现可以进行查看。故障再现是指通过实时报警窗口或历史报警查询窗口直接切换到发生报警时刻前后一段时间的回放的方法,并且直接关联到报警相关的设备和采集项,在回放窗口可以直接显示所发生的报警的概要信息,如图 10-2-15 所示。

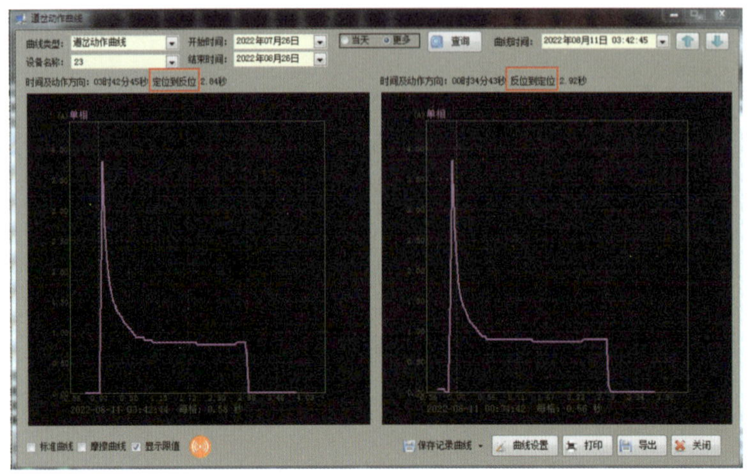

图 10-2-11　道岔动作曲线查询

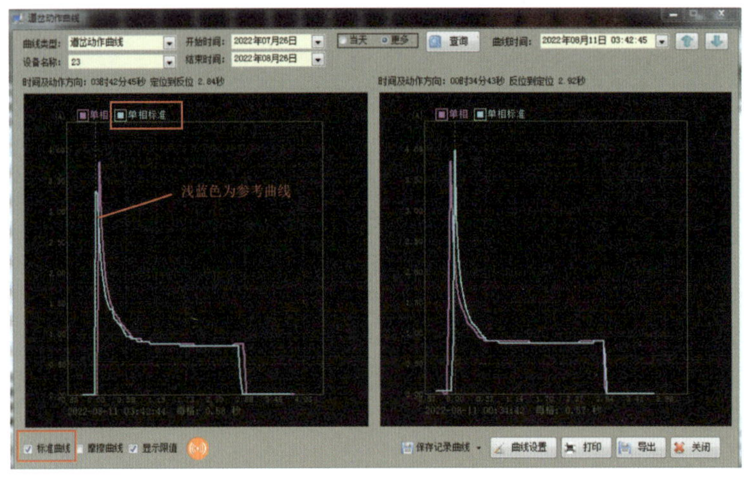

图 10-2-12　道岔参考曲线

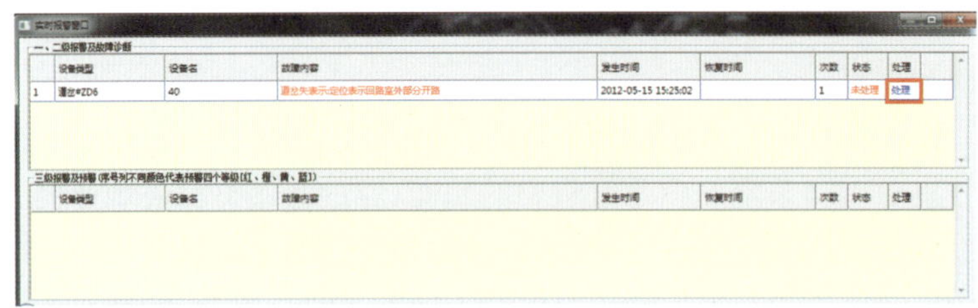

图 10-2-13　实时报警查询

（7）通信状态图显示

除了设备的各种电气特性等外，能够时刻了解各种采集器的通信状态、各种接口的通信状态无疑对处理各种问题带来很大的方便。通信状态图包括智能接口状态、采集器状态、站内系统间状态。各接口工作正常时用绿色表示，故障或未接通时用红色表示，黄色表示异

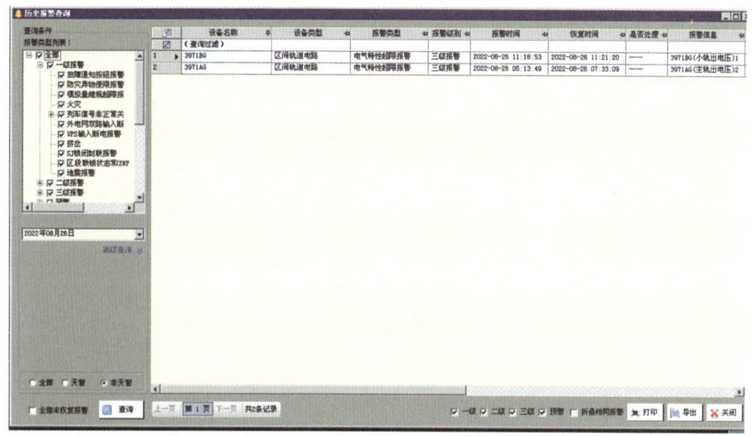

图 10-2-14 历史报警查询

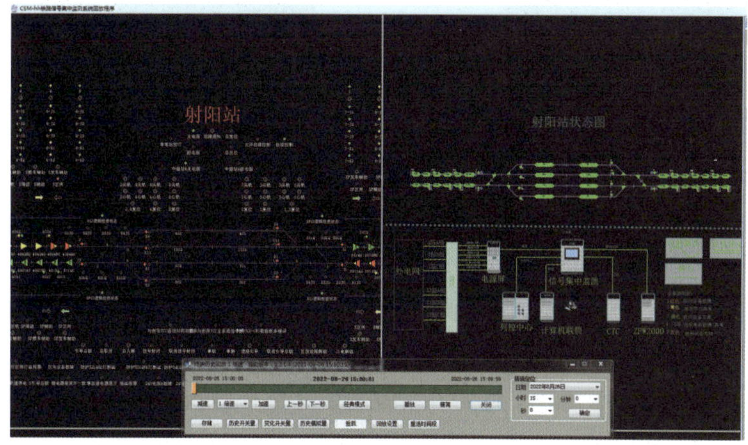

图 10-2-15 站场回放

常，闪烁表示有新故障，灰色表示状态未知。图 10-2-16 为信号集中监测站机子系统中站机与接口分机、各智能接口的通信状态。

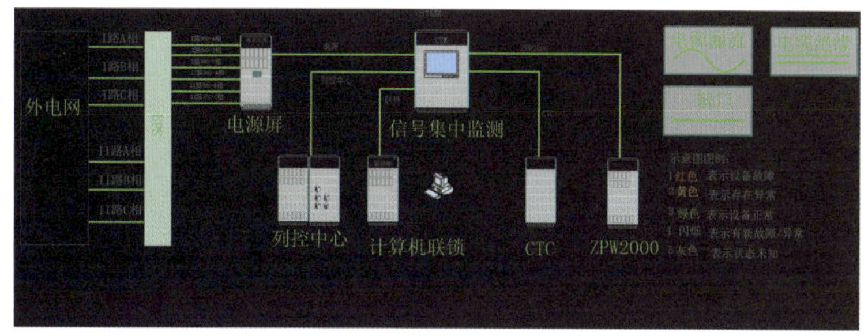

图 10-2-16 智能接口状态

(8)绝缘和漏流测试

绝缘测试是指对车站室外信号设备电缆芯线全程对地绝缘测试，漏流测试是指对车站电源屏各种输出电源对地漏泄电流测试。绝缘和漏流测试是电务维护人员一项重要工作，通过每天进行测试查找其中的隐患，防止故障的发生。信号集中监测车站子系统提供了快速进行绝缘和漏流测试的功能，通过测试，记录了测试的时间、测试值，并且每天生成日报表统计、月曲线、年曲线；不但可以了解到当时测试的值大小，更能通过月曲线、年曲线了解清楚变化的趋势，找出隐患。

（9）统计功能

统计功能主要用来统计关键设备的使用次数和关键事件的发生次数，从而侧面反映设备的老化情况。统计功能主要包括设备故障次数统计、按钮运用次数统计、信号开放次数统计、区段占用次数统计、破封按钮运用次数统计、道岔动作次数统计、道岔动作次数日统计，如图 10-2-17 所示。

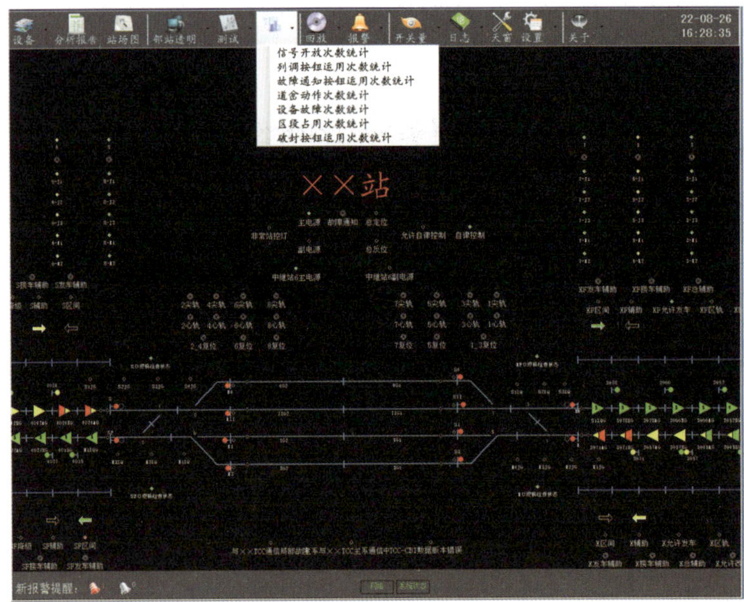

图 10-2-17 运用次数统计

四、信号集中监测采集原理

1. 外电网质量监测设备为外电网质量监测箱，采集分电压和电流两部分，电压采集点在配电箱闸刀外侧，电流可使用开口式电流互感器夹在输入开关的输入端或输出端采集，如图 10-2-18 所示。

采样路径：一、二路外电输入→输入闸刀外侧→信号集中监测采集单元。

电流互感器为无源模块，输出配线不能太长，在 1.5 m 以内，因此外电网质量监测箱必须安装在配电箱的附近。

2. 智能电源屏自带采集智能终端，信号集中监测与其智能终端通过 RS-485 或 RJ-45 接口获取各种信息。

对于非智能电源屏，使用采集器 C0 组合进行监测，采集原理如图 10-2-19、图 10-2-20 所示。

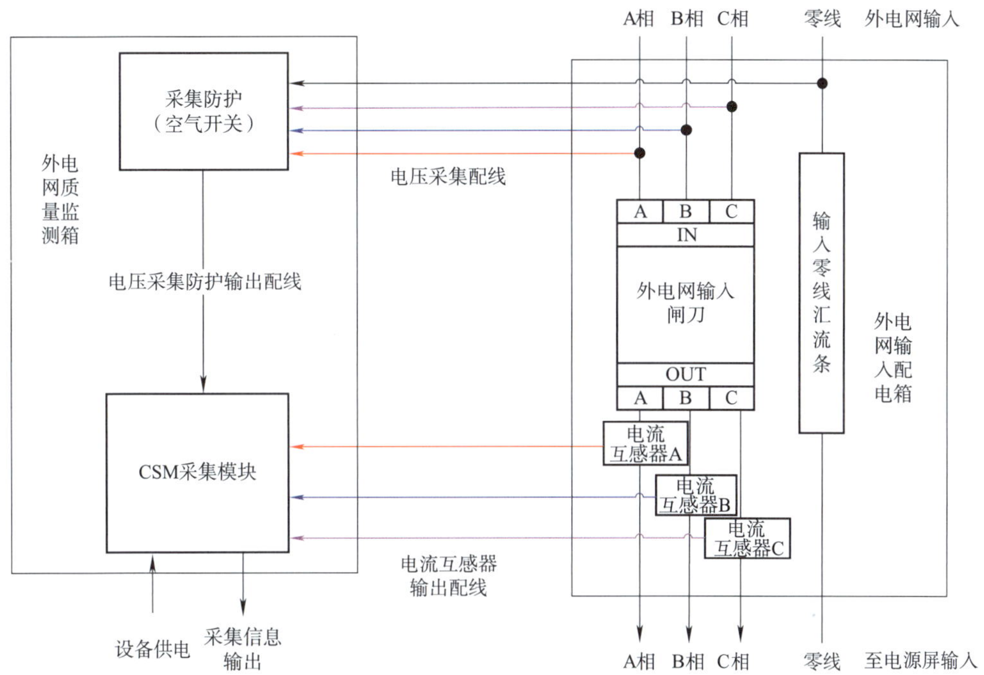

图 10-2-18 外电网质量采集原理

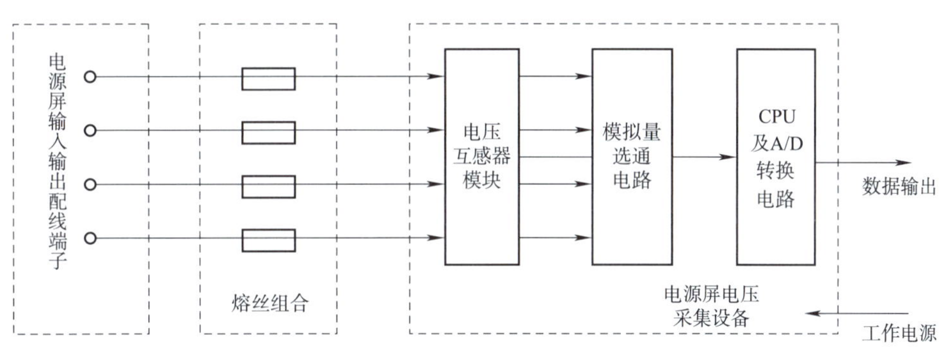

图 10-2-19 电源屏电压采集原理

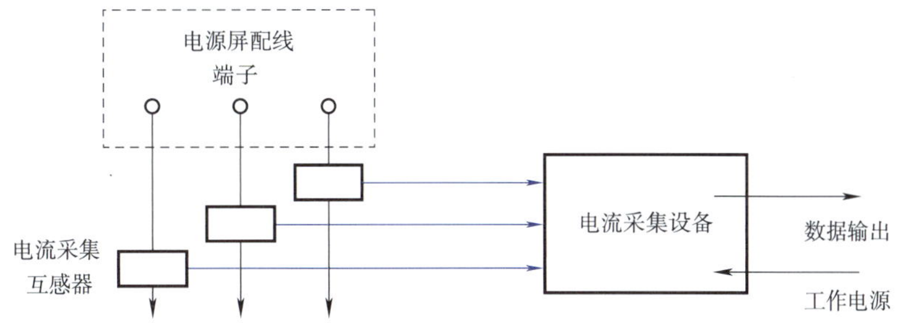

图 10-2-20 电源屏电流采集原理

电源屏电压采集输入Ⅰ、Ⅱ路电源和电源屏的各类输出电压，输入电源采集配线点在电源的输入断路器外侧端子，输出电源的采集配线点在输出空开外侧相应的配线端子上。

电压采样路径：电源屏配线端子→熔丝组合→信号集中监测采集单元。

在组合架上安装熔丝组合，被采集的电压信号经过组合架上熔丝组合后，进入电源屏电压采集设备。熔丝组合配置 0.3 A 速断熔丝，主要用于防护采集单元故障或配线原因造成的短路情况，同时在漏流接地测试时用于防护电流太大对信号设备造成的影响。

电流采样路径：电源屏输出线→电流互感器→信号集中监测采集单元。

电流采用非接触式的开口式互感器，与设备不直接接触，其输出线通过低压端子进入电源屏电流采集设备。开口式电流互感器便于安装以及更换。

电源屏电压采集设备采用电压互感器模块进行信号的隔离转换，将转换后的低压信号接入后续模拟采集电路。

3. 25 Hz 相敏轨道电路使用轨道电路采集板（器）进行监测，25 Hz 轨道采集从分线盘送回到轨道继电器线圈两端的电压。实际采集配线点通常在轨道测试盘侧面，当没有轨道测试盘时可采集 GJ 组合侧面端子，如图 10-2-21 所示。

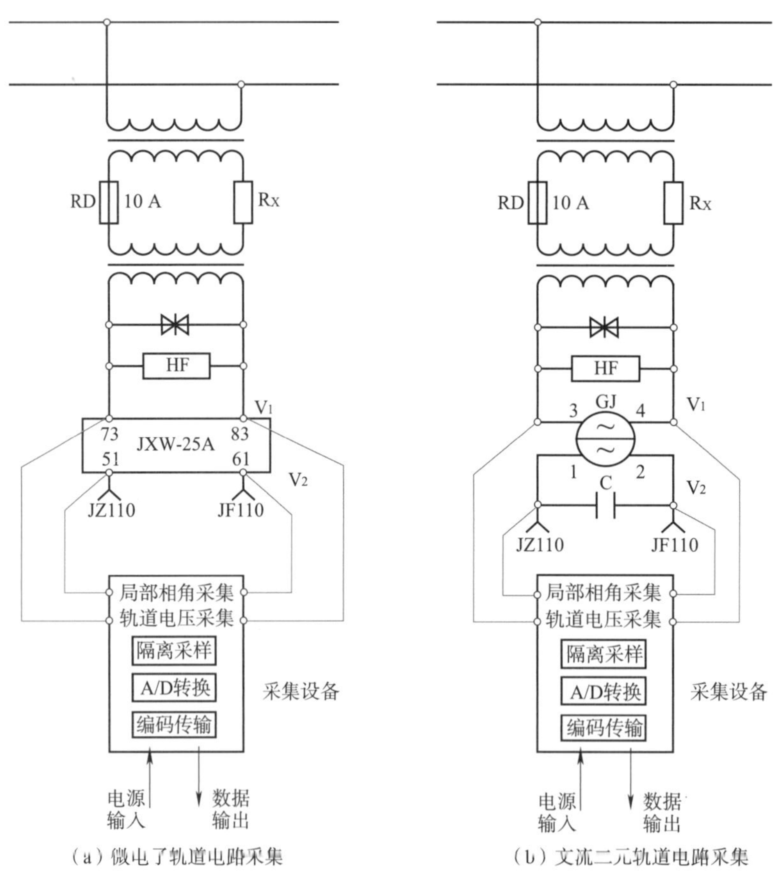

（a）微电子轨道电路采集　　（b）交流二元轨道电路采集

图 10-2-21　25 Hz 相敏轨道电路电压测试原理

采样径路：室外电缆→防雷分线盘→轨道组合侧面端子→防护盒、防雷硒堆→轨道继电器组合架→轨道测试盘侧面端子→信号集中监测采集点。

信号集中监测采集采用高阻隔离和电压互感器隔离的方式，将采样后的信号调理成CPU能直接采集的信号，对采样后数据进行处理运算，得到每路轨道信号电压有效值和相位角，然后将轨道相位角与局部电源电压相位角进行比较得到相位差，如图10-2-22所示。

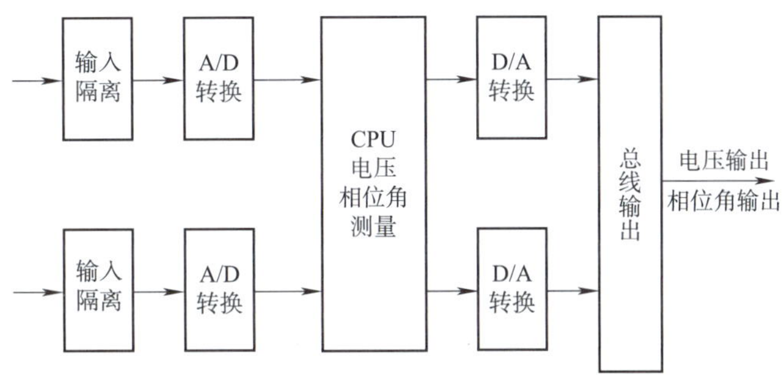

图 10-2-22 25 Hz 相敏轨道电路电压测试结构

4. 交流转辙机的监测使用三相道岔采集单元，监测内容包含电压、电流、功率、1DQJ 状态、定反位表示状态。

如图10-2-23所示，三相交流转辙机功率采集单元设置在组合架附近，一个采集单元采集一组转辙机的三相电压、电流、1DQJ 和定反位表示开关量。电压的采集点平时在不扳动道岔时不直接与外线相接，经由 1DQJ 和 1DQJF 接点断开外线，只有在道岔扳动时，1DQJ 吸起过程中，该采集点与外线接通。

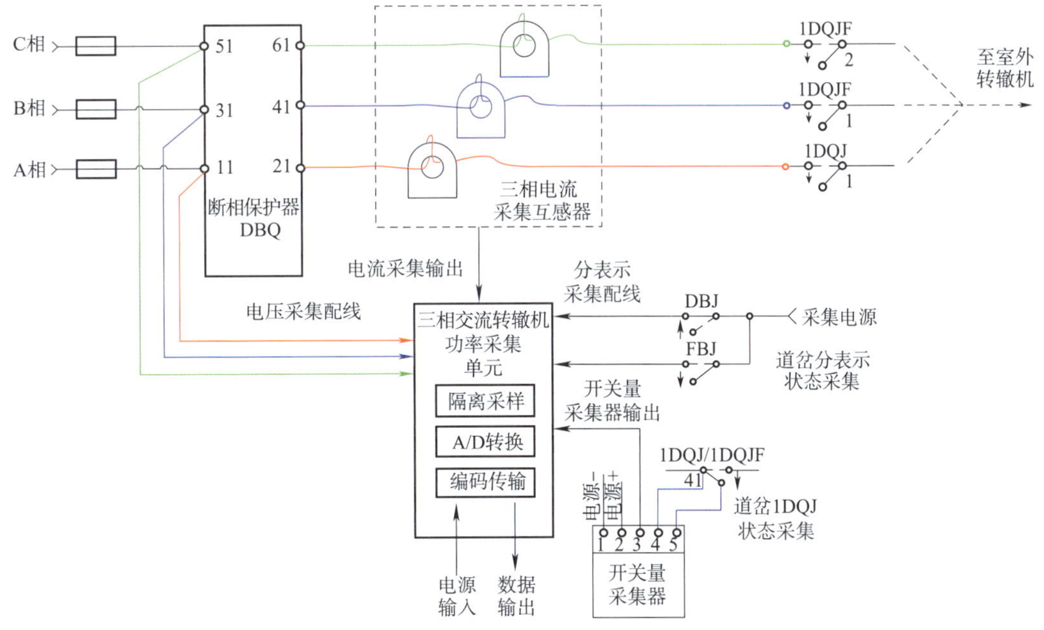

图 10-2-23 三相交流转辙机采集原理

三相电压采集配线位置在断相保护器(DBQ)前级端子 11、31、51 点上。

电流采样位置为 DBQ 输出与 1DQJ 之间。采用互感器方式，穿芯采集。

1DQJ 的状态采样，需采集 1DQJ 继电器的一组空接点。但 1DQJ 继电器通常没有空接点，因此需要使用开关量采集器隔离采集 1DQJ 或 1DQJF 的一组低压半空接点的中接点和后接点。目前常用的采集位置在 1DQJ 或 1DQJF 的第 4 组接点上。

道岔定反位分表示状态通常采集对应转辙机 DBJ 和 FBJ 上的一组空接点。将采集电源送至对应的中接点上，从前接点配线至采集单元。

三相电压、电流采样路径：道岔组合输入空开→断相保护器前级（电压采集）→断相保护器后级（电流采集）→信号集中监测采集单元。

1DQJ 采样路径：1DQJ 半空接点→开关量采集模块→信号集中监测采集单元。

定反位表示采样路径：DBJ/FBJ 空接点→信号集中监测采集单元。

当 1DQJ 动作时，会产生开关量状态的变化，开关量变化启动传感器采集电机动作时的电压值和电流值，在传感器内部进行隔离转换，每 40 ms 计算出有功功率，并顺次记录下来，等待一条完整动作结束（以 1DQJ 落下为标志，单条曲线最长可采集 40 s），以总线通信方式将电压、电流实时值（40 ms 一个点）、电流曲线以及有功功率曲线（40 ms 一个点）、1DQJ 以及定反位表示状态送往站机进行显示及处理。

5. 直流转辙机的监测使用直流转辙机道岔电流及直流转辙机道岔采集板，监测内容包含电流、1DQJ 状态、定反位表示状态。四线制直流转辙机道岔电流采集原理如图 10-2-24 所示，六线制直流转辙机道岔电流采集原理如图 10-2-25 所示。

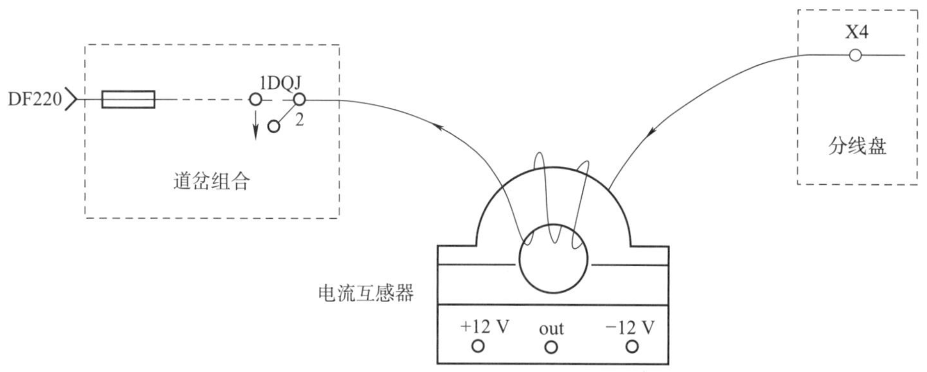

图 10-2-24　四线制直流转辙机道岔电流采集原理

四线制转辙机道岔电流在分线盘选取动作电流回线采集，可使用电流互感器穿芯方式采集从分线盘 X4 到道岔组合侧面的电缆。

采样路径：分线盘电路回线→电流互感器线圈穿芯→信号集中监测采集单元。

电流采集单元可集中安装在分线盘的空位，或一层空的组合架位置上。

直流六线制 ZD6-E、ZD6-J 型转辙机道岔采集的是动作电路里的去线，使用两个电流互感器分别采集 1DQJ 至 2DQJF 的 111 和 121 之间的两根电流去线。电流采集单元分散安装于道岔组合内部。

1DQJ 状态采集以及道岔定反位表示状态的采集与交流转辙机道岔相关采集方式相同。

（1）电流互感器均采用可开口式互感器，彻底与道岔动作电流回路隔离。测试量程 0～10 A 交、直流电流。

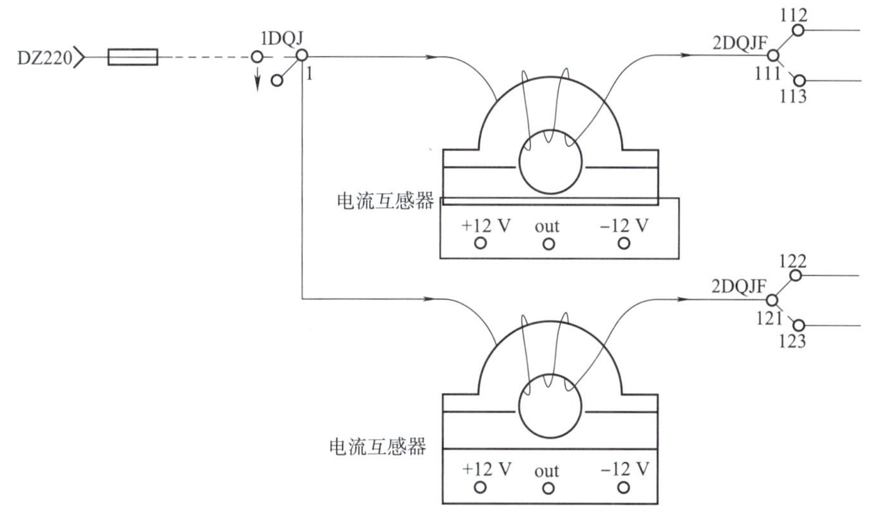

图 10-2-25　六线制直流转辙机道岔电流采集原理

(2)每一组道岔动作电流回路对应一个传感器。需要注意的是直流电机的动作回路的采样线在电流互感器穿过时是有方向要求的,电流反向流过穿线孔时,传感器输出为负,经滤波电路后输出为零,具体的穿线方向见传感器上的标识。

(3)同时将电流采集和开关量采集集中到同一个采集单元上的可以增加 1DQJ 开关量、DBJ、FBJ(定反表开关量)与电流曲线模拟量之间的联动关系。避免道岔曲线在站机显示时,出现转动方向不符合的情况。

6. 道岔表示电压监测采用道岔表示电压采集器,监测内容为道岔表示交、直流转辙机电压,直流转辙机道岔表示电压采集原理如图 10-2-26 所示,交流转辙机道岔表示电压采集原理如图 10-2-27 所示。

三相交流转辙机道岔表示电压采样位置为:定表电压采集分线盘 X2、X4,X4 为正,X2 为负;反表电压采集分线盘 X3、X5,X3 为正,X5 为负。

直流转辙机道岔表示电压采样位置为:定表电压采集分线盘 X1、X3,X1 为正,X3 为负;反表电压采集分线盘 X2、X3,X3 为正,X2 为负。

采样路径:分线盘接点→信号集中监测采集单元。

新建站设计时应统一在就近分线盘增加监测采集组合(道岔表示零散定型组合),以便集中安装道岔表示采集单元。

经过隔离转换后,采用现场总线方式通过光电隔离后进入接口通信分机。接口通信分机位于监测机柜上,主要作用是将采集器采集的信息处理后送至监测站机。

采集器的工作电源经过保险防护后配线到道岔表示采集零散定型组合。

7. 道岔电缆绝缘使用绝缘测试组合及开出板等进行监测,室外电缆绝缘的采集配线点通常在分线盘处。

采样路径:分线盘配线端子→绝缘测试选通网络→信号集中监测绝缘测试表→绝缘接口板。

综合采集机通过开关量输出板驱动安全型继电器,由继电器接点组成的多级选路网络将所选的电缆芯线接入绝缘转换单元。选路网络具有互切特性,保证同一时刻只有一条电

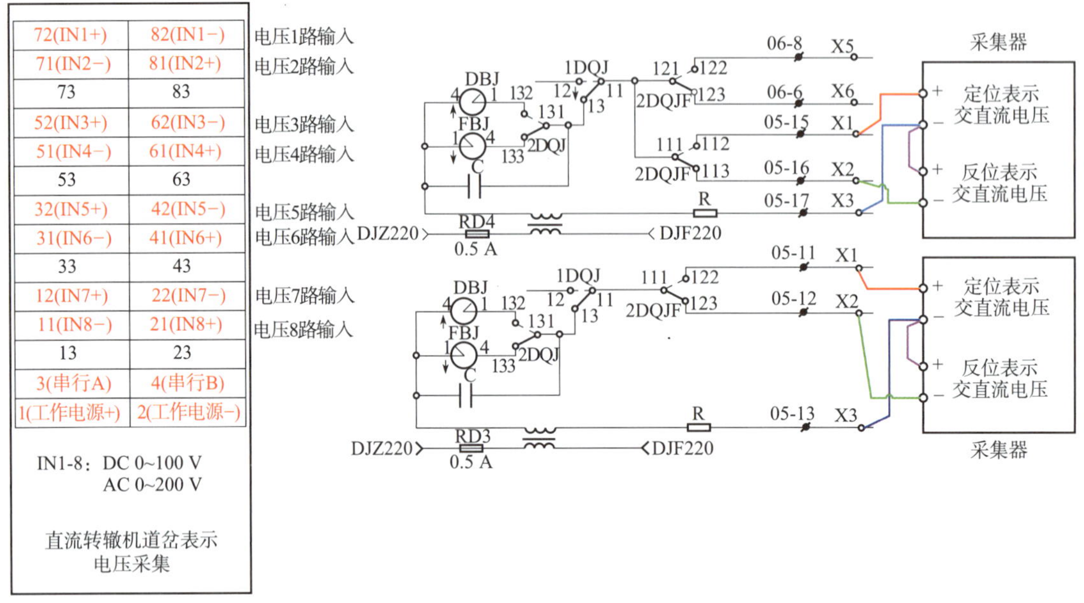

图 10-2-26　直流转辙机道岔表示电压采集原理

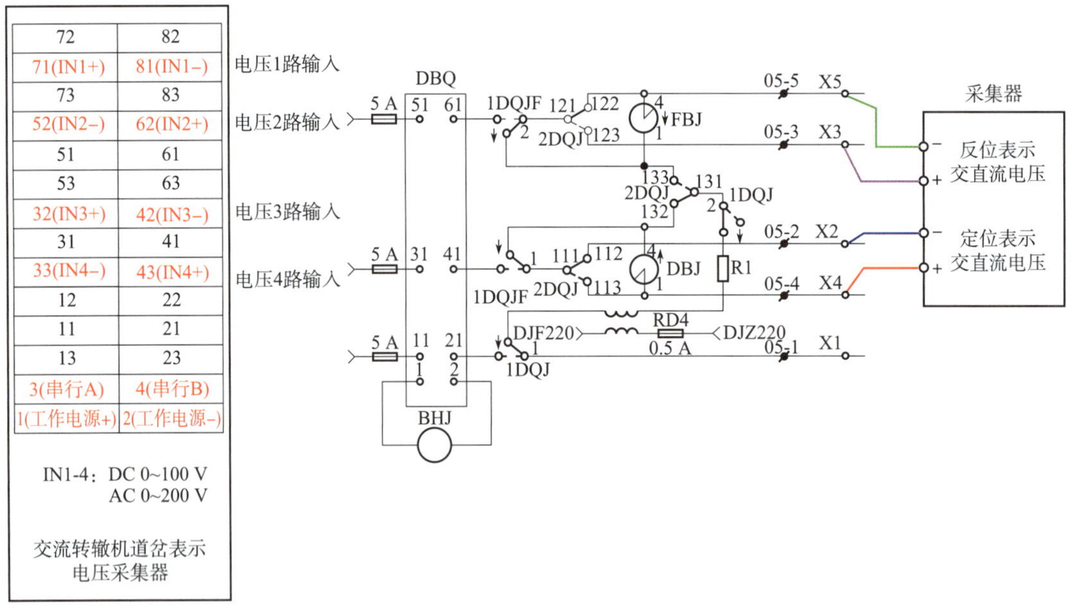

图 10-2-27　交流转辙机道岔表示电压采集原理

缆芯线被选通，不会发生混线现象。电缆绝缘测试流程如图 10-2-28 所示。

绝缘转换单元采用 500 V 直流高压在线测试方法，如图 10-2-29 所示，将 500 V 直流高压加至电缆芯线，把电缆芯线全程对地绝缘电阻 Rx 接入测试回路，Rx 和回路内取样电阻串联，从取样电阻上获得取样电压。Rx 的大小决定回路电流的大小，即决定取样电压的大小。再将取样电压量化转换成脉冲信号后送入综合采集机，经选通送至 CPU 进行 A/D 转换和数据处理。

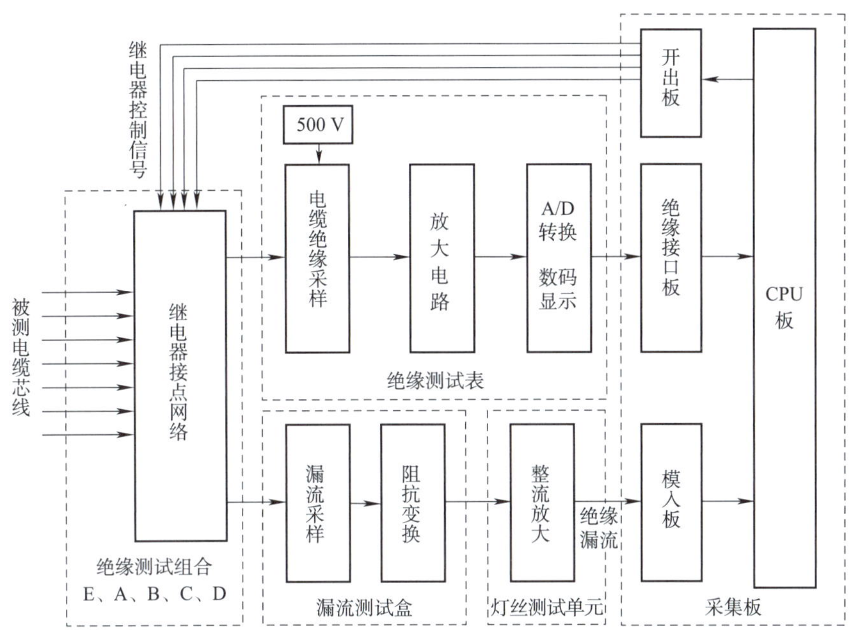

图 10-2-28 电缆绝缘测试流程

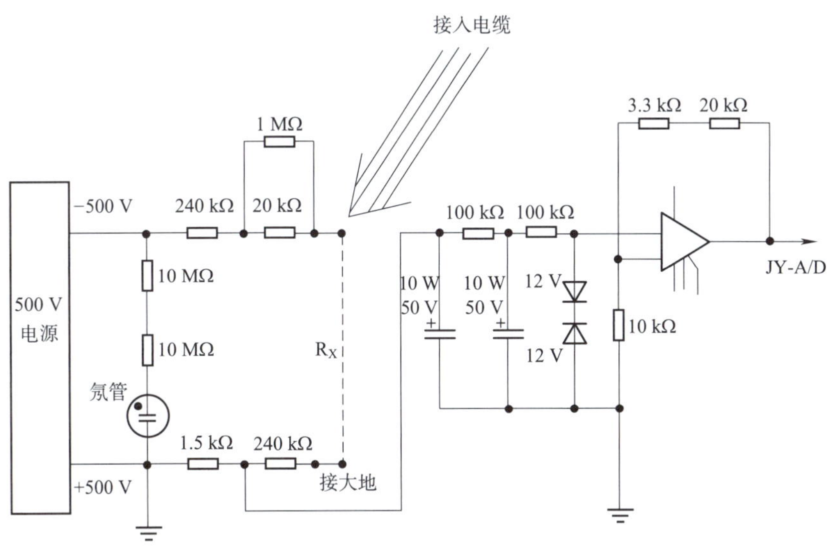

图 10-2-29 绝缘测试原理

8. 电源对地漏泄电流使用绝缘漏流测试组合、开出板及熔断器组合，监测内容为电源屏输出对地漏泄电流。

电源对地漏泄电流测试原理如图 10-2-30 所示，电源屏电源通过继电器接点网络引入漏流测试盒。

采样路径：电源屏输出端子→继电器接点网络→漏流测试盒电阻→漏流测试单元→模入板。

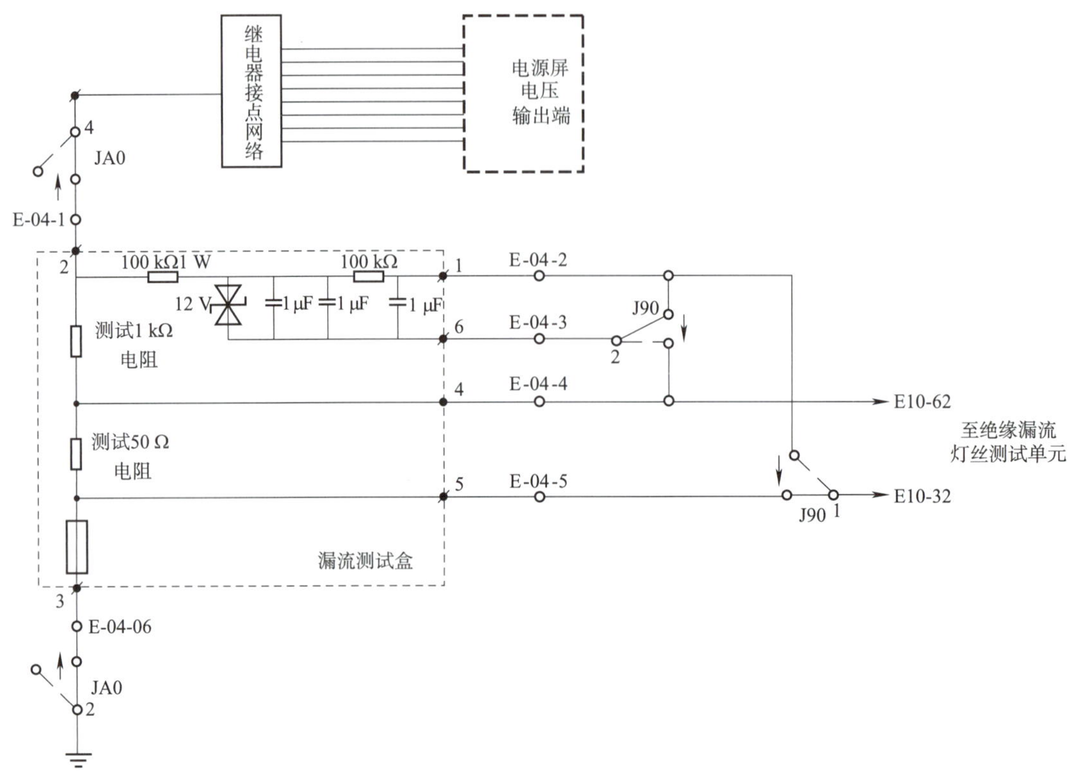

图 10-2-30 电源对地漏泄电流测试原理

电源屏输出电源对地漏流的测试电路与电缆绝缘测试共享一套测试继电器组合，只是在电缆绝缘测试继电器组合的基本层（E 层），增加两个漏流测试继电器。JA0 作为测试电缆绝缘和测试电源漏流的区分条件，J90 作为测试交流漏流和直流漏流的区分条件。

漏流测试通常检测电源屏隔离输出的电源电缆，包括信号机电源、轨道电源、道岔动作电源、道岔表示电源、闭塞电源、联锁电源、列控电源、TDCS/CTC 电源、信号集中监测电源、电码化电源、稳压备用电源等交直流电源。电源屏输入和不稳压备用为非隔离电源，不测漏流。

9. 列车信号机点灯回路电流监测使用信号机点灯电流传感器和信号机电流采集单元（机）监测。

信号集中监测采用电流互感器测试点灯回路电流的方案，将 DJ 的点灯去线穿过电流互感器，在传感器输出两端产生感应电压，采集单元通过测试感应电压得出回路中的电流值，如图 10-2-31 所示。

站内及区间信号机电流采集信号点灯电路始端电流，通常选择保险至 DJ 之间点灯回路的线缆，或 DJ 输出全后级回路的线缆，通过电流互感器穿心采集。

采样路径：DJ 电流传输线→信号机电流互感器→信号集中监测采集单元。

10. 环境状态的监测采集设备

（1）烟雾和火光监测

烟雾和火光监测采用烟雾及火光监测传感器和开入板进行监测。烟雾及火光监测的基本原理是，将各烟雾和火光报警器安装于信号设备房的顶部，当检测到有烟雾和火光时，报警器连通内部的报警接点，将报警电源经接点送回信号集中监测开关量采集设备。

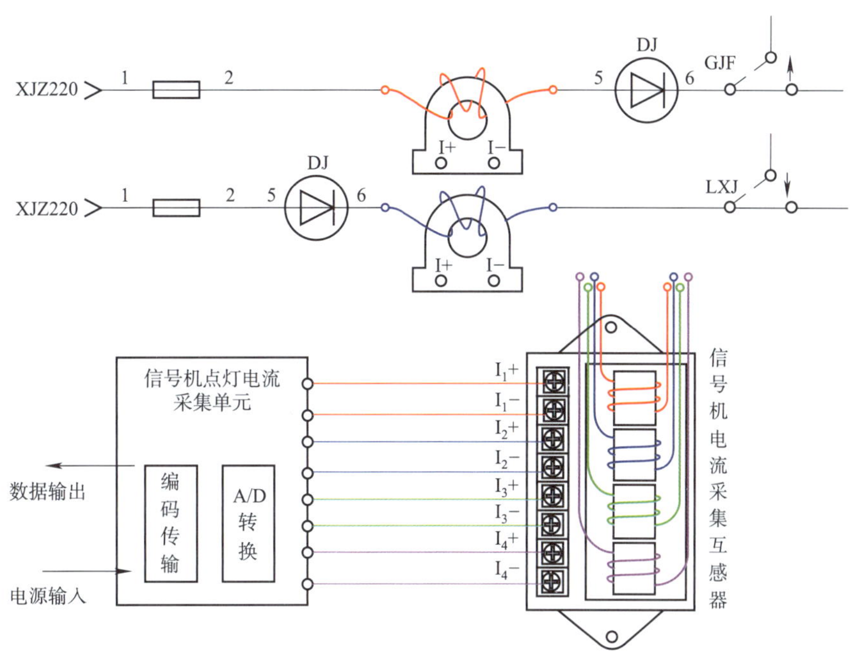

图 10-2-31　列车信号机点灯回路电流采集原理

(2)门禁监测

门禁监测采用红外传感器及模入板，在设备机房入口处安装红外门禁传感器，当有人在门禁传感器的感应范围内经过时，传感器上的报警接点连通，将报警电源经接点送回信号集中监测开关量采集设备，用于记录报警状态。

(3)温湿度监测

温湿度监测采用温湿度传感器和模入板进行监测，基于金属导体的电阻值随温度的增加而增加这一特性，温度探头采用热电阻来进行温度测量。

信号集中监测温湿度的监测原理是在温度和湿度探头后部加装采集传感器，将温湿度探头的电阻变化对应转换成电压模拟量，并送至信号集中监测采集模入板上。

温室度传感器一个站一般有两到三套，其中信号机械室安装一套或两套，计算机联锁车站的计算机室安装一套。

温湿度传感器的工作电源是信号集中监测机柜综合层隔离电源供出的直流＋12 V、－12 V 和 GND，传感器工作电源线和输出到机柜的采集线可以用 $23\times\phi0.15$ 的阻燃塑料软线。

11. 防灾异物侵限监测使用防灾监测采集板，监测内容为防灾异物侵限继电器电压。

防灾异物侵限继电器电压采集室外送回到室内列控 YWJ14 线圈上的电压，通常采集配线点在分线盘对应的端子上，如图 10-2-32 所示。

采样路径：分线盘配线端子→信号集中监测采集单元。

采用高阻加光电隔离传感器进行隔离采样，采样信号经过调理后变为CPU能采集的输入范围，经过处理后通过现场总线上送给站机显示，如图10-2-33所示。

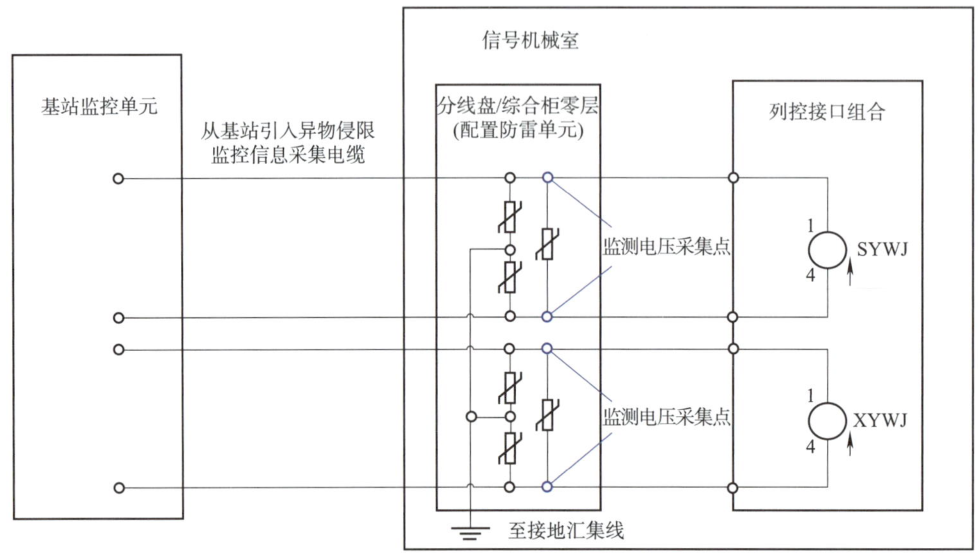

图10-2-32　防灾异物侵限继电器电压测试原理

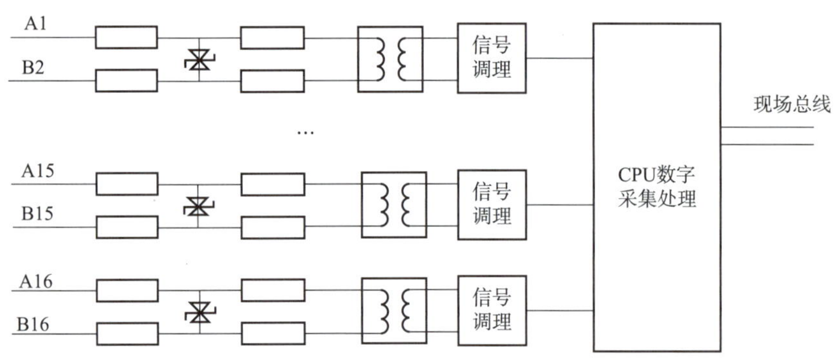

图10-2-33　防灾异物侵限继电器电压测试结构

第三节　监测信息数据调阅

一、信号集中监测系统调阅分析

信号检测、监测系统的调阅分析按以下但不限于下述内容及流程开展：系统状态→站场图形→报警信息→单项设备(实时值→日报表→曲线)→日志。

二、信号集中监测系统状态查看

(1)外电网、电源屏、联锁、列控、CTC、ZPW-2000各系统、板件工作状态；
(2)各系统间通信状态、传输通道状态；

(3)站机、服务器、终端工作状态及传输通道状态;
(4)电源漏流、电缆绝缘显示状态。

三、站场图形查看

(1)站场显示;
(2)主、副电源,功能按钮显示;
(3)区段、信号显示、道岔表示等显示。

四、报警信息调阅分析

对报警信息进行逐条分析,在报警信息管理库内进行逐条闭环,并在监测分析本内记录一级报警和重要的二、三级报警信息。

(1)一级报警:涉及行车安全及行车组织,须立即处理的报警。

预警方式:实时语音报警,需人工确认后停止报警。属一级报警的有挤岔报警、列车信号非正常关闭报警、故障通知按钮报警、UPS 输入断电报警、火灾报警、防灾异物侵限报警。

①一级挤岔报警,报警条件:道岔区段红光带条件下,出现道岔断表示的现象,此时产生"××道岔挤岔"报警。

②一级列车信号非正常关闭报警,报警条件:车列在没有按三点检查的顺序进入列车信号机内方,或人工使用总人解关闭已开放的列车信号,或其他原因造成列车信号机允许灯光关闭(或信号降级显示)时,产生"××信号机非正常关闭"的报警。

③一级故障通知按钮报警,确定是否故障或者故障按钮试验。

④一级 UPS 输入断电报警,确定外电网电压是否正常,UPS 采集是否正常。

⑤一级防灾异物侵限报警,结合防灾报警一起分析,确认是否报警或者采集造成误报警。

(2)二级报警:影响行车或设备正常工作,须尽快处理的报警。

预警方式:实时语音报警,报警后延时适当时间自动停报。属二级报警的有外电网输入电源断相/断电报警、三相电源错序报警、外电网输入电源瞬间断电报警、电源屏输出断电报警、列车信号主灯丝断丝报警、熔丝断丝报警、道岔断表示报警和智能电源屏报警、其他子系统接口传送来的报警。

①二级道岔断表示报警,报警条件:报警分为"非正常动作"和"正常动作"两种。"非正常动作"表示道岔在没有扳动的情况下断表示,为静态失表示报警;"正常动作"表示道岔在扳动过程中断表示达到 30 s,为不能正常到位给断表示报警。

②二级列车信号主灯丝断丝报警,报警条件:通过智能灯丝报警仪接口获取主灯丝断丝报警等信息,能够定位到具体信号机具体灯位。

③二级熔丝断丝报警,报警条件:通过熔丝断丝报警装置接口获取熔丝断丝报警等信息,能够定位到具体组合架。

④二级外电网报警(主、副电源转换报警、外电网三相电源错序报警、外电网输入电源瞬间断电报警),报警条件:输入电压低于额定值的 65%,时间超过 1 000 ms 时产生

外电网输入断相/断电报警；输入电压低于额定值的 65%，时间超过 140 ms，但不超过 1 000 ms 时产生外电网瞬间断电报警；对于三相 380 V 输入电源，相序错误时将产生错序报警。

⑤二级列控中心维护报警，报警条件：该报警由列控维护机提供，当列控系统出现通信通道、软件系统或硬件设备不良时，给出实时报警，通过接口送至信号集中监测系统。

⑥二级客专轨道电路工作状态报警，报警条件：该报警由列控维护机（或轨道维护机）提供，当列控维护机（或轨道维护机）出现通信不良、ZPW-2000 系列轨道电路设备不良时，给出实时报警，通过接口送至信号集中监测系统。

⑦二级智能电源屏报警，报警条件：该报警由电源屏监测单元提供，当电源屏监测单元出现通信不良、电源屏模块不良、电源屏输入、输出不良时，给出实时报警，通过接口送至信号集中监测系统。

⑧二级计算机联锁系统设备故障报警，报警条件：该报警由联锁维护机提供，当联锁出现系统运行不良，如单机运行、驱采模块不良、与其他系统通信异常等不良情况时，给出实时报警，通过接口送至信号集中监测系统。

⑨二级客专轨道电路分析结果报警，报警条件：该报警由列控维护机（或轨道维护机）提供，当 ZPW-2000 系列轨道电路模拟量出现异常变化，超出列控维护机（或轨道维护机）内部设置报警门限时，给出实时报警，通过接口送至信号集中监测系统。

⑩二级功率曲线超限报警，报警条件：在设置道岔参考功率曲线基础上，设置超上限 650 W 报警。动作时长超标报警，报警条件：在设置道岔参考动作曲线基础上，设置超上限 6.6 s 报警。

(3)三级报警：设备电气及机械特性发生变化即将无法正常工作，须重点关注的实时报警。属于三级报警的有各种模拟量的电气特性超限报警、轨道电路长期占用报警、与其他子系统接口故障报警、CAN 通信故障报警。

报警条件：当模拟量数据（主要有轨道电路电压，道岔表示电压，信号机点灯电流，电源屏输入，输出等数据）变化超出预先设定的报警上、下限时，产生报警。

(4)预警：设备正常工作，但出现趋势性的性能劣化时的预警。预警方式：实时预警。

五、单项设备调阅分析

单项设备包括外电网、电源、轨道电路（站内、区间）、道岔、信号机、电缆绝缘等，调阅分析顺序按“实时值（实时曲线）→日报表→重点曲线”进行。

(1)外电网

①电压、电流实时值，是否符合技术标准要求。

②电压、电流日报表最大值、最小值偏差，是否数据出红。

③电压、电流日曲线、月曲线及上、下限设置情况，掌握设备特性变化趋势，查看日报表数据出红、偏差较大的曲线段，并做对比。

(2)电源屏

①电压、电流实时值，是否符合技术标准要求。

②电压、电流日报表最大值、最小值偏差，是否数据出红。

③电压、电流日曲线、月曲线及上、下限设置情况，掌握设备特性变化趋势，查看日报表数据出红、偏差较大的曲线段，并做对比。

④电源漏流报表。

(3)轨道电路

25 Hz 轨道电路电压、相位角；ZPW-2000 系列轨道电路项目功出电压、电流，送端电缆侧电压、电流，受端电缆侧电压，轨入、主轨出、小轨出电压等。

①轨道电路参数实时值，是否符合技术标准要求。

②轨道电路参数日报表，调整(空闲)、分路(占用)等最大值、最小值偏差，是否数据出红。

③轨道电路参数日曲线、月曲线及上、下限设置情况，掌握设备特性变化趋势，查看日报表数据出红、偏差较大的曲线段，并做对比。

(4)道岔

通过站场图上道岔表示信息，分析道岔定/反位、总表示和分表示信息，在多机牵引道岔故障时，可快速判断出故障转辙机及故障位置。通过道岔电流曲线，对道岔整个动作过程进行分析。通过直流转辙机、交流转辙机电流曲线分别介绍。

①直流转辙机动作电流曲线，分为开始记录、道岔动作和记录结束三步，如图 10-3-1 所示。

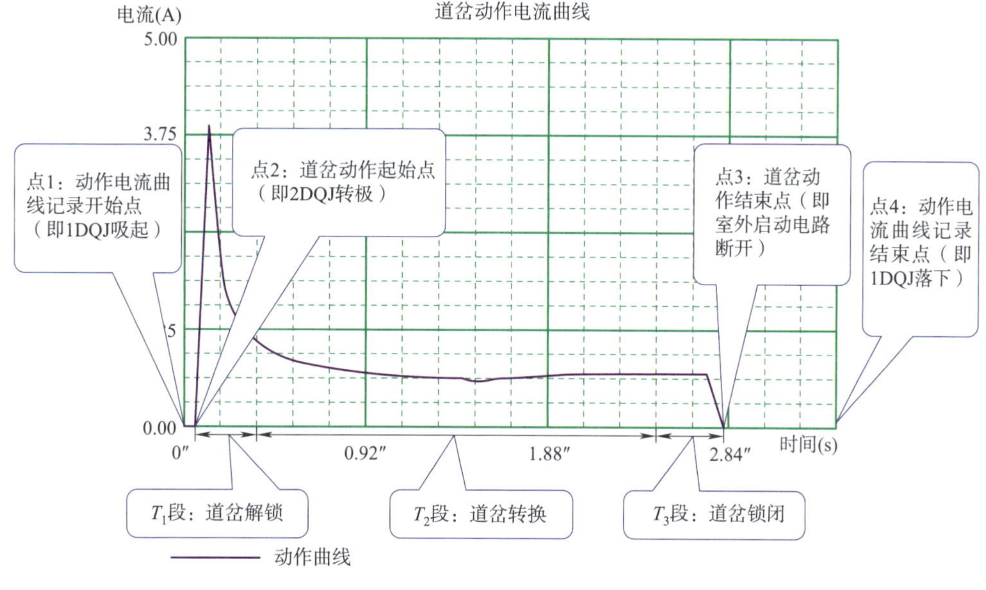

图 10-3-1　直流转辙机动作电流曲线分析

第一步：道岔动作电流曲线开始记录(点 1 至点 2)。

点 1 为动作电流曲线记录开始点。1DQJ 是信号集中监测系统掌握道岔是否动作的一个重要开关量。1DQJ 吸起时，监测系统开始对道岔动作电流曲线记录；1DQJ 落下后，监测系统结束对道岔动作电流曲线的记录。

在 1DQJ 吸起后，2DQJ 还未转极时，道岔启动电路未沟通，记录电流值为 0 A。此时间较短，通常 1DQJ 吸起 0.2 s 后 2DQJ 就正常转极，道岔开始启动，出现启动电流。

点 2 为道岔动作起始点。此时动作电流曲线由 0 A 瞬间升至一个较大值(以下称为“启动峰值”），说明 2DQJ 正常转极，且室外启动电路也正常，道岔启动电路顺利接通。此时道岔开始转换。

第二步：道岔动作（点 2 至点 3）。

道岔的整个动作过程可分为：解锁—转换—锁闭。由于直流电动转辙机为串激电机，特点是电流越大，转矩越大，转速越慢；反之电流越小，转矩越小，转速加快。在一定范围内，直流电动转辙机具有电机的转速与转矩能够随负荷的大小自动进行调整的“软特性”。

从图 10-3-1 中 T_1 时段可看出：电机刚启动时，有一个很大的启动电流，同时产生较大的转矩，这时道岔进入解锁状态，动作齿轮锁闭圆弧在动作齿条削尖齿内滑动。当动作齿轮带动齿条块动作时，与动作齿条相连的动作杆在杆件内有 5 mm 以上空动距离，这时电机的负载很小，电流迅速回落，道岔进入转换过程。

T_2 时段为道岔的转换过程。在这个过程中电机经过 2 级减速，带动道岔平稳转换，动作电流曲线平滑。如果动作电流小，表明转换阻力小；如果动作电流大，表明转换阻力大；如果动作电流波动，则表明道岔存在电气或机械方面的问题。

T_3 时段为道岔进入锁闭过程。这一过程为道岔尖轨被带动到另一侧，尖轨与基本轨密贴，动作齿轮圆弧在动作齿条削尖齿中滑动，锁闭道岔，自动开闭器动接点转换，切断动作电流。此时动作电流曲线尾部略有上升回零。

第三步：道岔动作电流曲线记录结束（点 3 至点 4）。

点 3 为道岔动作结束点。此时道岔锁闭，自动开闭器动接点转换，切断启动电路，动作电流降为 0 A。由于 1DQJ 为缓放型继电器，此时 1DQJ 并未立即落下，因此道岔动作电流曲线的记录还在继续。

点 4 为动作电流曲线记录结束点。此时 1DQJ 经过缓放后落下。1DQJ 缓放时间即点 3 与点 4 间的时间，按照技术标准相关规定：JWJXC-H125/0.44 型继电器缓放时间不小于 0.45 s。1DQJ 落下后，监测系统停止对道岔动作电流的记录。

经验提示：普通 ZD6 系列单机道岔转换时，动作电流一般为 0.6 A 左右；四线制双机道岔正常转换时，动作电流一般在 1.2 A 左右。

②交流转辙机动作电流曲线主要分为以下五步，如图 10-3-2 所示。

1DQJ 吸起：1DQJ 吸起后，开始记录道岔动作电流曲线。

2DQJ 转极：2DQJ 转极时，动作电流曲线将出现一个较大峰值，说明道岔启动电路接通，道岔开始动作。

道岔动作及锁闭：分为解锁—转换—锁闭阶段。解锁与转换分界点以斥离轨开始动作为准，锁闭时以斥离轨密贴到位为准。在该过程三相电流平稳一致，表明道岔动作回路接入电阻相同，电气特性正常，动作过程平顺、无卡阻（S700K 型）。

启动电路断开：道岔转换完毕，自动开闭器接点转换，断开启动电路，使 BHJ 落下，1DQJ 自闭电路进入缓放状态，生成两相小电流，俗称“小台阶”。相关技术标准规定：24 V 条件下 JWJXC-H125/80 型继电器在失磁时缓放时间不小于 0.5 s。

1DQJ 落下：1DQJ 经过缓放后落下，停止记录道岔动作曲线。

③通过道岔表示电压，对道岔表示电路特性进行分析。

实时值：实时显示道岔表示电压数据和表示开关量状态。

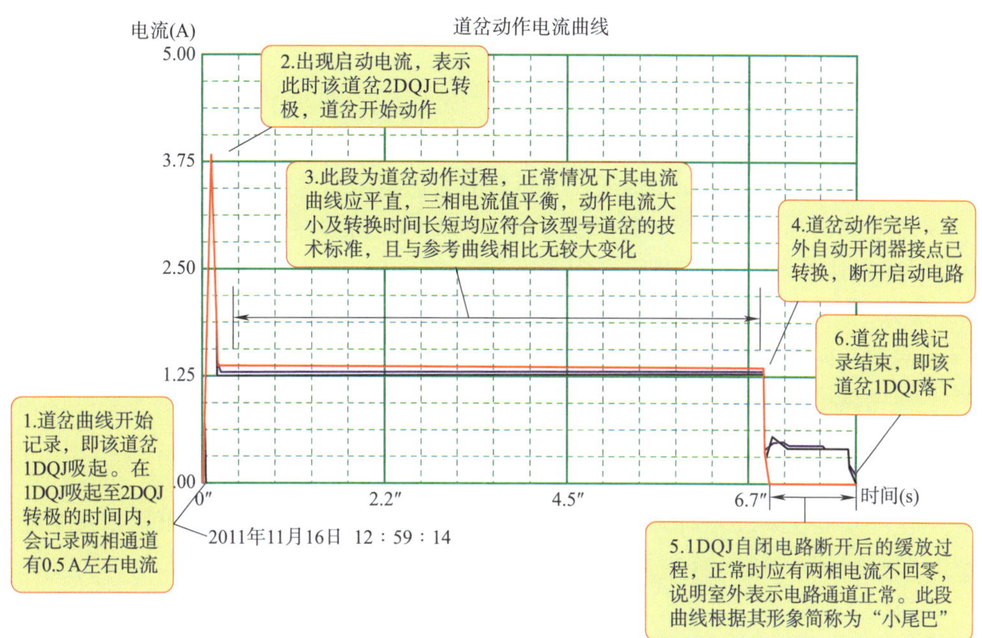

图 10-3-2 交流转辙机动作电流曲线分析

日报表：对道岔表示电压（定位表示、反位表示）每日最大值、最小值和平均值进行统计，直观显示一日内道岔表示电压的变化和超限情况。

日曲线：掌握设备特性变化趋势，查看日报表数据出红、偏差较大的曲线段，并做对比。

（5）信号机

①点灯电流实时值，是否符合技术标准要求。

②点灯电流日报表最大值、最小值偏差，是否数据出红。

③点灯电流日曲线、月曲线及上、下限设置情况，掌握设备特性变化趋势，查看日报表数据出红、偏差较大的曲线段，并做对比。

（6）电缆绝缘

①电缆绝缘日报表，是否符合技术标准。

②查看绝缘值偏低的电缆芯线历史测试值，并对比。

（7）ZPW-2000A 型轨道电路

①通过站场图上移频轨道电路信息，分析轨道电路正常空闲、正常占用、故障占用和失去分路情况。

②ZPW-2000A 型轨道电路监测点较多，功出电压、电流，送端电缆侧电压、电流，受端电缆侧电压，轨入、主轨出、小轨出电压等，日常分析中，以分析各部电压数据为主，可以基本掌握轨道电路的工作情况，发现设备隐患时，可以通过调阅电压、电流等信息进行详细分析。通过移频轨道电路实时值、日报表、日曲线、月曲线和年曲线，综合分析移频轨道电路电特性变化情况。

实时值：实时显示各部电压值，并动态实时更新。

日报表：调整（空闲）、分路（占用）等最大值、最小值偏差，是否数据出红。

日曲线、月曲线及上、下限设置情况，掌握设备特性变化趋势，查看日报表数据出红、偏差较大的曲线段，并做对比。

(8)电源对地漏流数据

按规定电源屏各种输出电源对地漏流的测试应每月在天窗时间内人工启动测试，形成报表。

因为每月只有一个数值，工区当日测试后调看，可采用本次的测试值与以前的测试值进行比对判断从而发现电源的变化情况。有负载时直流电源对地漏流应不大于 1 mA，有隔离变压器交流电源的对地漏流应不大于 20 mA。当调阅电源漏流实时值、日报表数据出红、超标时，及时通知处理，将不良信息录入问题库并盯控闭环。

(9)统计

该项监测功能主要实现“信号机开放次数统计”“破封按钮运用次数统计”“区段占用次数统计”“列调按钮运用次数统计”“故障通知按钮运用次数统计”“道岔动作次数统计”和“设备故障统计”等统计功能，为电务日常维修提供参考。

(10)天窗修

该项监测功能主要实现对天窗修作业时间、作业内容进行录入，实现报警信息中对天窗作业造成的报警进行屏蔽，减少无效报警。

(11)系统工作状态

①通过系统工作状态，实现对联锁、列控、CTC 和电源屏实时运用情况直观分析。

②通过各接口状态图，实时分析联锁、列控、CTC、电源屏和监测各系统间的通信状态，绿色表示正常，红色表示通道中断。

③通过联锁系统状态，实时分析联锁机柜状态和通信状态，机柜绿色为正常主用，黄色为正常备用，红色为故障状态。通道绿色为正常，红色为故障状态。

④通过 CTC 工作状态图，实时分析 CTC 自律机柜状态和通信状态，机柜绿色为正常主用，黄色为正常备用，红色为故障状态。通道绿色为正常，红色为故障状态。

⑤通过电源屏工作状态，实时分析电源屏运用状态，外电网、UPS 供电状态、模块状态和输出状态，绿色为正常，红色为故障状态。

⑥通过列控工作状态，实时分析列控系统机柜状态、LEU、应答器工作状态，与其他系统间通信状态灯，绿色为正常，红色为故障状态。

常见原因：

(1)该灯位灯泡主灯丝断丝，改点副丝。

(2)该灯位点灯单元性能不良。

(3)灯泡主丝发黑、灯泡焊点接触不良。

(4)灯座接触点氧化。

复习思考题

1. 信号集中监测系统的特点是什么？
2. 简述信号集中监测系统的体系结构。
3. 信号集中监测一级报警有哪些？如何分析一级报警？

第三篇　相关知识

第十一章 信号专业管理分工及其他专业结合部相关知识

第一节 信号专业管理分工

一、检测车间与现场车间分工管理规定

1. 检测车间各修配工区、检修检测工区对轮修器材的管理负主要责任，现场车间各班组负责保管、使用。

2. 检修检测车间负责制定轮修计划，确保无超轮修周期的器材上道使用。对成批遗漏轮修的器材负主要责任。

3. 修配工区与现场车间的分工。

(1)修配工区

①负责每年对现场车间、工区配备的备用应急器材检查一次并做好记录，双方签认。

②负责电动转辙机入所轮修及液压转辙机返厂修，在周期内保证机械、隐蔽处所等现场维修无法检测到的各部件质量良好。

③负责电动、液压转辙机内配线正确、完整，配线焊接、线环等工艺美观、良好及插接器外线把(包括插接器上部线焊接、更换)的制作。

④对信号灯泡进行筛选、点灯试验，对试验好的灯泡编号发放。

⑤对挤切销进行筛选编号，按段规定的月份、型号、规格建立台账，编号发放、回收，旧挤切销在修配所清点数量后按周期销毁。

⑥按照段“应急备用器材管理办法”给各车间配备备用电动转辙机、挤切销等器材，负责其编号并建立台账。

⑦负责透镜组的入所激光调整、密封。

⑧出现移位接触器不良、电液转辙机内部漏油等隐患成故障的，要及时到现场予以更换、调整。

⑨负责电动、电液转辙机内部机械部分疑难问题的分析、诊断、处理。

⑩负责电动、电液转辙机出入所的装卸、交接，配合现场车间在所内进行完整性验收，并对验收出的缺点及时克服。

⑪负责轮修，更换电动、电液转辙机的现场取送。

⑫负责配合现场车间共同对 ZYJ4、ZYJ6、ZY7 型电液转辙机及 SH6 型转换锁闭器内部单一配件的更换及检修，具体项目如下：

a. 更换油泵组、电机。

b. 更换接点组。

c. 更换滚轮。

d. 更换电机内部配线。

e. 整机。

⑬负责电动、电液转辙机更换下的器材、整机返厂修。

⑭负责段管内上道使用的各种型号电动、电液转辙机以及各种杆件、配件的备用，日常销号后的补充，并定期对备用器材检修。

⑮现场成批更换电转机时，修配工区要深入现场进行技术指导。

(2)现场车间

①负责电动、电液转辙机的周期性更换及更换前验收，验收合格双方签认后，方可上道使用。

②负责电转机挤切销、信号灯泡、透镜组等器材的领取、更换工作，对更换下的挤切销负责交回修配所。

③对所属备用电动、电液转辙机(包括备用)及其各种器材的保管、更换负责(移位接触器的更换由修配所负责)，所需用料到修配所领取，更换下的旧料立即返回修配所。

④电动道岔备用器材按照段“应急备用器材管理办法”备齐，电液转辙机各班组备油泵组 1 套，油管 1 套，班组负责备用器材的完整。

4. 检修检测工区与现场车间的分工

(1)检修检测工区

①负责每年对现场车间、工区配备的备用应急器材检查一次并做好记录，双方签认。负责轮修器材年度计划编写工作，负责各类轮修器材的取送工作。轮修器材必须在天窗前送到所负责的工区，并提供更换器材位置表，办理交接手续。

②电源屏内继电器、交流接触器等器材由检修所负责更换，信号工区配合、试验。

③对所管各站电源屏执行半年巡检、两年年检修程。

④负责各机械室应急备用器材的定期复核、检测、编号工作，具体执行“应急备用器材管理办法”。

⑤负责计算机联锁、列控、TDCS、CTC 系统的 UPS 电源定期轮修、检测。计算机联锁、CTC 系统执行两年入所轮修一次，TDCS 系统 UPS 执行故障修。

⑥负责对所有的防雷元件(带劣化指示的防雷元件除外)在车间所在地或入所检测。

⑦负责道口设备控制器、音响器、闪光器等器件故障后的入所检测。

(2)现场车间

①负责各类轮修器材的更换工作，按照检修所提供的器材位置表更换，更换后信号工区核对器材的编号、登记台账，并反馈给检修所。出现对个别轮修器材更换遗漏的问题，现场车间负全部责任。

②信号工区应定期核对继电器的使用周期，发现有超周期使用的继电器及其他器材，及时通知检修所。一经上架使用的器材不可随意倒换。

③电源屏的日常巡视、测试、外部清扫、应急故障处理、盘面指示灯的状态，由信号工区负责。

④负责管内备用器材的保管和使用，发现器材故障或更换备用器材后，一周内到检修工区领取新器材，并把故障器材交回检修所。

⑤负责道口信号设备日常维护和集中检修，日常维护和集中检修按照《维规》中信号设备维修工作内容及周期表进行，检修中试验遮断信号机时，必须在垂直天窗内进行。

⑥负责电源屏输入墙上断路器及断路器至电源屏引入线日常维护和集中检修。

⑦利用天窗维修点，手动对电源屏输入Ⅰ、Ⅱ电源进行来回切换试验（按照最新规定，每月不进行切换试验）。

⑧对电源屏Ⅰ、Ⅱ输入电源相间电压（AⅠ-AⅡ、BⅠ-BⅡ、CⅠ-CⅡ）进行测试并做好记录（每月一次）。

⑨利用天窗维修点，手动对交流模块进行主、备来回切换试验（每月一次）。

⑩利用天窗维修点，对 25 Hz 轨道屏进行主、备来回切换试验（每半年一次）。

⑪利用天窗维修点对联锁机、TDCS/CTC 系统的 UPS 进行主备切换（每月一次）。

⑫非智能电源屏每半年切换一次，主备屏轮流带载工作。

⑬对室内空调定期进行保养、除尘（每半年一次）。

⑭本文件未单独列出的机械室器材归属，一律为检修工区负责

二、电子设备车间分工管理规定

（一）总体分工

1. 电子设备主要包括计算机联锁设备、列控设备、LEU 设备、TDCS/CTC、集中监测系统和 EMIS（电务管理信息系统）、局域网终端等。

2. 电子设备车间负责电子设备的维护管理工作，负责集中检修和设备整治工作。

3. 电子设备的日常维护和应急故障处理工作由现场车间、信号工区负责。

4. 计算机联锁设备软件管理由电务段技术科负责，计算机联锁设备、CTC 设备软件和装有芯片的硬件置换必须经段技术科批准后方可实施。

5. TDCS、集中监测设备软件管理由电务段试验室负责，系统软件升级、修改必须经段试验室批准后方可实施。

6. EMIS 和局域网终端设备执行故障修，由电子设备车间负责维修。

（二）设备维护管理分工

1. 现场车间

（1）组织信号工区完成计算机联锁设备、列控中心、TDCS/CTC、集中监测系统及其网络设备的日常维护工作，监督检查工作质量。

（2）组织信号工区进行计算机联锁设备、TDCS/CTC、集中监测系统的应急故障处理。

（3）掌握管内微电子设备运行状态，发现缺点及故障隐患，及时通知电子设备车间处理。

（4）每年组织进行一次集中监测模拟量的校核，设备动态变化后及时进行参数修改。

2. 信号工区

（1）负责管内计算机联锁设备、TDCS/CTC、集中监测系统设备的日常维护，配合电子设

备车间完成集中检修和缺点整治。

(2)在日常巡视测试中发现设备缺点及异状,及时通知电子车间处理,影响设备正常使用时立即报段调度指挥中心。

(3)发生故障时,在电子设备车间的指导下能够进行电子设备的复位、开(关)机、倒机及器材更换,处理告警信息和简单故障的应急处理。

(4)负责管内微电子设备备品、备件、技术资料、设备图纸的保管、存放。

(5)负责电子设备故障板件、器材的取送和返修(属地电子工区)。

3. 电子设备车间

(1)负责管内微电子设备及其网络设备的维护管理工作,组织电子工区完成设备维护、集中检修和整治工作。

(2)负责编制管内微电子设备及其网络设备的年(月)度维修计划,组织完成年度鉴定,提出整治计划。

(3)参加和组织电子工区完成微电子设备的故障处理,指导现场车间进行应急处理。

(4)定期进行设备检查,指导现场车间、信号工区开展微电子设备的日常维护工作。

(5)负责全段管内微电子故障设备、器材检修及返厂修管理工作。

(6)负责掌握全段微电子设备及其网络设备的运行情况,完成故障统计、分析和上报工作。

(7)负责管内大修、更改工程微电子设备的施工验收及备品、备件的交接。

(8)配合设备供应商进行设备维护和故障处理。

(9)负责准确地用应答器读写工具写入损坏或丢失应答器的报文,准确地用应答器读写工具读出刚写入的应答器的报文,对写入报文和读出报文进行正确性校验。

4. 电子设备工区

(1)完成管内微电子设备的年(月)度集中检修计划负责设备维护、整治和故障处理。

(2)指导现场信号工区进行微电子设备的应急处理。

(3)负责局办公网、电务信息管理系统(EMIS)终端、局安全看板终端设备的维修(故障修)。

(4)负责管内微电子设备器材入所的测试、检修工作。

(5)负责定期对联锁维护机、监测站机的时钟进行校核(半年一次)。

(6)配合完成管内微电子设备大修、更改工程的施工验收,负责开通时集中监测模拟量、开关量的校核和参数的设置。

(7)负责掌握管内微电子设备及其网络设备的运行情况,完成故障统计和缺点记录。处理解决情况要及时反馈给现场车间。

5. 检修检测车间

(1)负责管内计算机联锁设备、TDCS/CTC 和集中监测系统 UPS 电源的维护轮修和充放电试验。每两年轮修一次并粘贴轮修标记,现场不做带载试验。

(2)负责管内计算机联锁设备、TDCS/CTC 和集中监测系统专用 UPS 电源及动态稳压电源设备管理,建立运用记录。UPS 连接线、插头以及配线的日常维护由现场车间负责,UPS 连接线、插头以及配线的检修由电子设备车间负责。

(3)负责管内信号机械室空调设备的维护管理，保障空调设备的良好运用。

(4)路局网管中心 TDCS/CTC 电源屏由呼和检修工区负责集中检修和故障维修，日常管理由 TDCS 网管中心负责。

（三）设备维护分界

1. 电子设备车间负责计算机联锁设备、TDCS/CTC 和集中监测系统机柜内部设备的运用维护，包括：

(1)机柜内终端设备、连接线、各部接口、插座、插头以及各类板件的插接紧固。

(2)设备机柜与机柜之间的连接线、缆和环接地线。

(3)计算机联锁设备、TDCS/CTC 和集中监测系统各种电路单元的模块、插板。

(4)机柜外部电脑桌以及内部集中监测站机和联锁维修机。

2. 现场车间负责计算机联锁设备、TDCS/CTC 和集中监测系统机柜外部设备的运用维护，包括：

(1)外部终端设备及其连接线(电源、网络连接线)，控制台所属计算机联锁、TDCS 终端的显示器及键盘、鼠标的故障更换，清洁。

(2)控制台内部、组合架、分线盘端子配线、接口、插头。

(3)集中监测终端电源、网络接口，组合架监测设备模块的插接安装。

(4)电源屏输出端子及输出线缆(不包括计算机联锁设备、TDCS/CTC 和集中监测机柜内部端子和空开)。

(5)计算机联锁双机热备系统定期切换单月主(A)机，双月备(B)机。

(6)检查整修防尘、防鼠设施。

3. 检修监测车间负责：电源屏、专用 UPS 电源、动态稳压电源等设备的运用维护。

4. TDCS/CTC、集中监测和联锁维护机配置的打印机由电子设备车间管理维修，现场工区负责返修更换。

5. 段管内局域网终端的主机、显示器、鼠标、键盘由电子设备车间负责，网络设备由通信部门负责，现场车间负责故障设备的返修安装。

6. 电子车间负责移频采集器、智能断丝报警单元、各种采集模块的管理、备用，现场车间故障后，报送电子车间，需要返厂时，由电子车间负责。

（四）应急故障管理

1. 电子车间应为现场设备做好必要的标识、指示及操作说明，以有利于故障时，现场人员应急处理。

2. 现场信号工区应了解计算机联锁、列控中心、TDCS/CTC 等微电子设备及其网络设备的基本工作原理，掌握设备复位重启、开(关)机、人工切换等应急处理方法，会正确更换故障器材。

3. 发生电子设备故障后，现场信号工区应立即将故障情况通知电子设备车间，并积极处理，缩短故障延时。

4. 电子设备车间接到故障通知后应询问相关情况，协助现场工区进行故障判断，指导处理。同时做好相关备品材料的准备，随时准备赶往现场。

5. 电子设备车间受理故障后，简单了解情况后立即带必要的备品组织人员迅速赶赴现场处理。

6. 在应急情况下，现场工区负责更换计算机联锁系统板件、TDCS 工控机硬盘(已备份)及修改 IP 地址，更换通道协议转换器及 2T 模块，配合 TDCS 中心在协议转换器处打环试验，以判断故障范围。

7. 发生通道故障时，现场车间要积极派人与电子工区共同处理，确保通道故障及时恢复。

8. 电子车间应给现场配置必要的应急备件，因故障造成电子备件缺损，由现场工区及时到电子工区领取。

9. 微电子设备在故障处理时由现场工区负责联系登记、销点。

（五）工程验交管理

1. 在微电子设备施工验收中现场车间派专人协助验收，根据实际试验开通情况进行签认接收。未达到开通要求的形成书面验收资料一式三份，段施工主管、施工单位、电子车间各一份，由段施工主管协调施工单位销号解决。

2. 施工验收完毕后电子工区要与现场工区签字交接，确认设备功能齐全、能够正常使用。

（六）网络通道及无线车次号设备

网络通道及无线车次号设备划分按铁路局集团公司《普速铁路铁路行车组织规则》要求执行。

第二节　与通信专业结合部的相关知识

重点应针对通信、信号机械室结合部电路维护管理中存在问题进行管理。

1. 严格落实关于开展通信、信号雷害风险排查和隐患整治工作，加强通信、信号机械室直连光电缆电气隔离隐患排查整治。

(1)按照《铁路通信线路、传输及接入网设计规范》(铁总建设〔2014〕62 号)从通信机械室引入至信号机械室的光缆要进行电气隔离，由通信段牵头负责，断开双方机械室的光缆加强芯，保证电气隔离良好，彻底消灭雷电进入机房隐患，电务段配合并对引入信号机械室光缆建立管理台账。

(2)凡工程引起需引入信号机械室的光电缆必须纳入设计文件，并进行成端接地。

2. 认真落实国铁集团要求吸取相关通信事故教训，进一步加强通信、信号结合部电路维护管理工作。

(1)在信号机械室内分界的通信光电缆及电路，结合部位挂双标签，各自管理。电务段可借鉴通信标签格式“××站—××站(××业务)”。

(2)通信段、电务段要把结合部电路标签一致性定期校核纳入日常维护，结合部电路故障应急纳入应急预案，明确双方联系人及应急流程。结合部电路日常维修由作业引起方提出申请，并制定作业方案，组织双方共同审核无误后实施。结合部电路故障应急处置出入双方机械室执行既有管理制度。

(3)通信、信号专业结合部电路工程验收要执行联合验收、互相签认制度，由通信段负责编制每一个通信、信号机械室的结合部电路台账、径路图，经双方确认签字后各自保存。

(4)京包客专呼包间安全数据网由于没有通道质量监测功能，存在一定安全隐患，由呼和通信段负责制定测试作业方案，牵头组织双方审核，审核通过后，申请天窗实施作业，电务段配合测试，测试结果双方存档备查。

3. 加强通信引入信号机械室光电缆工程验收管理，规范结合部电路设计图纸审查，杜绝工程源头质量遗留问题造成维修风险。

引入信号机械室的通信光电缆配线工艺标准必须符合《铁路信号工程施工质量验收标准》(TB 10419—2018)相关规定。针对目前存在不规范的引入配线，由电务段负责制定整治方案、申请天窗，牵头组织双方审核，审核通过后由通信段配合实施整治。

第三节　与工务专业结合部的相关知识

1. 工电联合整治项目和标准，按照“工电联合整治道岔项目及标准”和“钢轨绝缘整治标准及测试方法”执行。

2. 集团公司成立工电联合整治工作领导小组，组长由分管工务、电务工作副总经理担任，副组长由电务、工务、运输部及安全监察室、施工办主任担任，组员包含电务、工务、运输部及安全监察室、施工办副主任。领导小组设日常管理办公室，成员由电务、工务、运输部及安全监察室、施工办有关人员组成。集团公司工电联合整治工作领导小组负责联合整治工作总体规划和协调，主要包括组织制定工电联合整治实施办法，筹集设备整治费用，审批联合整治年度工作规划，安排天窗计划，协调解决存在的问题，定期组织检查评比和经验交流。

3. 各段成立段级工电联合整治工作小组，组长由主要领导担任，副组长由主管高铁、普速维修或生产的副职担任，组员包含线路科（技术科）、高铁科（高线科）、调度科和安全科。小组日常管理办公室设置在线路科（技术科），必要时可吸收相关车间主任参加。段工电联合整治工作小组负责制定联合整治年、月计划及物资材料筹备，督促、指导现场落实联合整治工作，组织对疑难病害进行联合检查，制定联合整治方案，制定天窗计划，监督整治计划及方案的落实，验收联合整治效果，总结有效的整治方法。

4. 工电协调会议制度。

每季度召开集团公司部级协调会，一、三季度由工务部牵头，二、四季度电务部牵头组织，各工务、电务段主管领导及主管技术人员参加。总结上阶段工电联检联整工作中存在的问题，分析原因，制定措施，布置下阶段重点工作内容，高铁病害道岔整治情况要专题分析。

每两月召开段级协调会，由工务段、电务段交替牵头组织，2、6、10月由电务段组织，4、8、12月由工务段组织，各工务、电务段主管领导（含高速）及主管技术人员（含高速）参加。总结上一阶段联合培训工作，协调解决工电结合部配合方面存在问题，需纳入整治计划的，双方共同研究方案，列入月度施工计划。经过段研判后，整治工作需要动用大机的，在集团公司部级协调会上提出，铺排计划。

每月召开车间级协调会议，由电务车间牵头组织，相关工务、电务车间干部及相关工区工班长参加。总结上阶段设备联检联整以及联合培训工作，针对存在的问题分析原因、制定措施。对接下阶段主要工作及配合方案，协调解决作业问题，结合调查情况和年度道岔整治计划联合编制和提报月度作业计划。

5. 道岔工电结合部设备管理分工。

(1)道岔钢轨、辙叉、轨枕、滑床板、垫板、连接杆、拉杆、间隔铁、限位器、防跳限位装置、轨撑、顶铁、挡砟板、连接零配件、连接销、螺栓，岔枕上用于安装道岔安装装置的螺栓孔，提速道岔钢岔枕与钢轨联结螺栓的绝缘垫板及绝缘套管，心轨牵引点处连接铁(拉板)及其联结螺栓等由工务负责维修管理。

(2)道岔转辙机、密贴检查器、锁闭装置、导管装置、动作杆、表示杆、防踩板、安装装置(含绝缘)，可动心轨道岔的锁闭板、锁闭板绝缘垫片及锁闭板与钢枕的联结螺栓，心轨牵引点拉板安装外锁闭的方孔及安装转辙机托板的螺栓，CN 系列道岔下拉装置、CN 型道岔密贴支撑轨及其联结螺栓、辙叉夹紧杆、辙叉连接柄及其紧固件由电务负责维修管理。

(3)岔枕等工务设备上用于安装电务设备的螺栓孔由电务负责检查，道岔钢岔枕与钢轨联结螺栓的绝缘垫板及绝缘套管由电务负责测试，发现失效时通知并配合工务修复。

(4)锰钢辙叉上的导电销由电务负责日常检查、工务负责维护；电务发现导电销脱落或无法安装跳线时，应通知并配合工务焊修。

(5)道岔辊轮安装、固定、维护由工务负责，辊轮调整由电务负责。辊轮及其部件缺失、脱落或破损时，由工务准备材料并安装恢复，电务负责调整。

(6)桥上调节器钢轨件、联结零件等金属部件及轨枕由工务负责维护，其保证电气特性的绝缘部分由电务负责检测。

6. 钢轨绝缘等工电结合部设备管理分工。

(1)分体式绝缘接头夹板及其螺栓等有关线路强度的金属部分由工务负责维护，其保证电气特性的绝缘部分由电务负责维护。工务、电务发现绝缘接头不良需分解检查或更换时，应通知对方联合整治。

(2)胶接绝缘接头、轨距杆、地锚拉杆由工务负责维护，其保证电气特性的绝缘部分由电务负责测试，测试发现绝缘部分存在问题时由工务负责维修。工务、电务发现绝缘接头不良时，通知对方配合作业。

7. 更换钢轨绝缘作业配合。

(1)更换带绝缘接头的钢轨、绝缘夹板、绝缘接头螺栓、槽形绝缘、轨端绝缘、绝缘套管的工作均需配合完成。

(2)普通绝缘接头轨缝不符合标准、钢轨端面不平，有毛刺、肥边、铁垫片造成绝缘套管挤损、扣件系统或道钉封联绝缘夹板以及胶接绝缘接头轨缝拉开、绝缘不良等由工务部门处理，电务部门配合。工务部门在更换钢轨时，要按规定计算并预留所有接头轨缝。

(3)工务部门提报胶接绝缘接头施工计划前要提前与电务联系对接配合事宜。作业时，严格执行胶接绝缘接头作业流程和作业标准，打磨除锈必须彻底干净，并使用清洗剂喷洗打磨部位，对螺栓孔进行倒棱。电务部门要做好配合工作，对绝缘性能进行测试，测试合格后，双方对胶接绝缘测试阻值现场进行签认，双方现场负责人填写“胶接绝缘接头测试记录签认表”。

(4)分体式钢轨绝缘不良需更换时，由电务部门提供绝缘材料并通知工务部门配合。

(5)混凝土道岔绝缘接头处工务扣件的轨距调整块采用绝缘材料。

(6)绝缘测试时如需对轨面及夹板除锈，应使用砂纸、平锉或其他工具除锈，不可使用手锤锤击夹板，避免造成绝缘层破损。

(7)胶接绝缘线上绝缘测试性能存在分歧时，可通过测量两轨头间、轨头与夹板间的电压、电流数据，辅助判断胶接绝缘性能。

8. 道岔作业配合。

(1)在道岔转辙部分、可动心轨辙叉部分的作业，均需配合完成。

(2)更换道岔尖轨、基本轨、连接轨、可动心轨、翼轨及辙叉，更换转辙部分连接杆、销钉或螺栓，更换或调整道岔限位器(间隔铁)；在转辙部分、可动心轨辙叉部分起道、捣固、垫板、拨道、更换大胶垫、更换轨距调整块、换枕、方枕、破底清筛；在尖轨及可动心轨竖切部位更换或整修滑床板、打磨肥边，整治尖轨、基本轨爬行时，工务部门均应通知电务部门配合。

(3)尖轨相对于基本轨伸缩量大于 20 mm(客专系列、CN 系列道岔大于 40 mm)时，由工务部门检查处理并通知电务部门配合；尖轨相对于基本轨伸缩量不大于 20 mm(客专系列、CN 系列道岔不大于 40 mm)，但分动外锁闭道岔各牵引点的锁闭杆、表示杆的两端与单开道岔直股基本轨或直股延长线、双开对称道岔股道中心线的垂直偏差大于 10 mm 时，应通知工务部门共同处理(由工务设备引起工务处理，由电务设备引起电务处理)。第一连接杆丁字铁连接销磨耗旷动大于 0.5 mm，影响调试由电务部门检查通知工务部门处理。道岔转辙部分轨距不符合标准，由工务部门检查处理并通知电务配合。在正常调整状态下，尖轨与基本轨、可动心轨与翼轨竖切部分不密贴，将与道岔相关联的转辙设备的杆件甩开，使用撬棍撬动尖轨、可动心轨，尖轨与基本轨、可动心轨与翼轨仍不密贴，由工务部门处理并通知电务部门配合；若使用撬棍撬动尖轨、可动心轨，尖轨与基本轨、可动心轨与翼轨密贴，由电务部门调整，工务部门配合。肥边超标、滑床板与尖轨(心轨)底间隙超标，由工务部门处理并通知电务部门配合。更换转辙机、锁闭装置、连接杆件；调整尖轨与基本轨、可动心轨与翼轨竖切部分密贴时，电务通知工务部门配合。

(4)道岔转辙部分、可动心轨辙叉部分前后接头需冻结或焊接时，工务部门提前通知电务部门，共同将道岔各部尺寸整治达标后再进行冻结或焊接作业。

(5)凡更换尖轨、可动心轨或在尖轨、可动心轨部位改道作业时，工务作业结束时应保证尖轨竖切部分静态密贴。电务部门在配合工务部门更换尖轨、可动心轨或配合在尖轨、可动心轨部位改道作业时，须将道岔相关联的转辙设备的杆件甩开，工务部门在电务部门甩开关联杆件之前，不得进行改道作业，以防损坏转辙机内器件。

(6)工务部门在道岔区段进行卸砟作业时，应提前通知电务部门配合，避免造成道岔挤石砟和掩埋电务设备的故障发生。

(7)高速道岔不得对转辙器滑床台涂机油(可动心轨辙岔滑床台除外)，滑床台可以涂符合标准没有腐蚀性的固体润滑剂；道岔正常排动中滑床台不应与尖轨有明显的卡阻。不可涂机油的转辙器滑床台由工务段书面通知电务段。

9. 大机捣固、大机清筛、道岔打磨、换枕、应力放散及轨道车装卸路料作业配合。

(1)在进行涉及电务设备范围内的大机捣固、清筛、换枕、应力放散、轨道车装卸路料等作业时，均需通知电务部门配合。

(2)工务大中修清筛及线路大机捣固施工作业前，应向电务系统有关单位发出通知，明确清筛的时间、范围(具体里程、距枕底的深度、距线路中心的宽度)、作业方式，电务部门根据工务确定时间、范围和作业方式进行现场调查和排干工作，同时负责排干设备的现场防护和恢复工作。机械清筛时施工现场负责人应掌握现场排干的情况，指挥操作人员不能超出确定的施工范围和标准，防止损毁电缆情况发生。施工和维护作业中挖出电缆时，要立即停止施工和作业，并通知相关通信、信号工区派人确认，及时采取安全防护措施。电缆受损时，电务部门要立即采取临时措施构通运用的电路，尽快恢复使用。

(3)轨道车卸路料作业时，不得损坏电务设备。

10. 电缆径路上动土作业配合。

工务部门在电缆径路上进行施工作业，安装防护栅栏、地锚桩、植树、挖排水沟、换梁等工作时应与电务部门联系，经电务部门同意，双方签订安全协议后，在其监控配合下进行。

11. 路基动土作业配合。

电务部门在工务护道及铁路保护区内开挖电缆沟以及电缆过桥或穿越股道应与工务部门联系，经工务部门同意，双方签订安全协议后，在其监控配合下进行，完工后恢复原状。

12. 工电联合整治道岔项目及标准(表 11-3-1 至表 11-3-5)。

表 11-3-1 内锁闭道岔整治标准

类别	项　　目	整　治　标　准
几何尺寸	轨道几何尺寸	符合作业验收标准
	尖轨动程	符合《普速铁路线路修理规则》标准
	斥离尖轨非工作边与基本轨工作边的最小距离	不小于 65 mm 与轨距加宽之和
钢轨	基本轨上角钢安装孔位	两基本轨角钢安装孔相错量不影响角钢安装状态
	尖轨、基本轨肥边	肥边≤1 mm
	尖轨与基本轨密贴	尖轨尖端至第一牵引点处离缝≤0.5 mm，其他离缝≤1 mm
	尖轨与滑床台密贴	牵引点前后滑床台应与尖轨接触，其他滑床台与尖轨轨底缝隙＜2 mm，不得有连续空吊
	尖轨反弹力	活接头尖轨跟部固定装置作用良好，不得使尖轨产生弹性
		手摇无过大反弹力、转辙机解锁时尖轨无明显反弹
配件	轨撑	轨撑齐全，作用良好，与钢轨离缝≤2 mm
	顶铁	顶铁齐全，作用良好，0 mm＜与尖轨间隙≤2 mm，且间隙均匀
	各类螺栓	螺栓齐全，作用良好，扭矩符合标准
	限位器	限位器齐全、作用良好

续上表

<table>
<tr><th>类别</th><th>项　　目</th><th>整　治　标　准</th></tr>
<tr><td rowspan="5">配件</td><td>扣件</td><td>扣件齐全、扭矩达标、作用良好；轨距块作用良好，离缝≤1 mm</td></tr>
<tr><td>调整片</td><td>调整片作用良好，防脱落措施良好</td></tr>
<tr><td>滑床台板</td><td>滑床台板作用良好、平直、油润适量，无断裂、脱落，磨耗不大于3 mm</td></tr>
<tr><td>铁垫板、胶垫</td><td>铁垫板、胶垫齐全，作用良好</td></tr>
<tr><td>连接销</td><td>道岔连接杆销子与孔旷动，合计磨耗≤1 mm</td></tr>
<tr><td rowspan="3">岔枕</td><td rowspan="3">岔枕</td><td>岔枕应方正，防爬设备齐全，作用良好</td></tr>
<tr><td>牵引点处岔枕间距偏差≤10 mm，其他岔枕间距偏差≤20 mm且宜采取加固措施</td></tr>
<tr><td>无失效，无空吊（≤2 mm）</td></tr>
<tr><td rowspan="4">绝缘接头</td><td rowspan="3">绝缘接头轨缝</td><td>6 mm<绝缘接头轨缝≤15 mm，减少轨缝变化量</td></tr>
<tr><td>绝缘接头采用高强度绝缘件和紧固件，螺栓紧固良好</td></tr>
<tr><td>绝缘接头轨端肥边≤2 mm</td></tr>
<tr><td>绝缘</td><td>绝缘无破损，在线测试绝缘电阻值≥20 Ω</td></tr>
<tr><td rowspan="12">转换装置</td><td>密贴调整</td><td>尖轨第一牵引点处2 mm锁闭、4 mm不锁闭，其他牵引点密贴符合标准</td></tr>
<tr><td rowspan="2">开口销、销子</td><td>轨撑横穿螺栓、开口销齐全</td></tr>
<tr><td>销子与孔径合计磨耗不大于1 mm，表示拉杆销孔间隙不大于0.5 mm</td></tr>
<tr><td rowspan="4">各种连接杆</td><td>工务各连接杆安装应平直、撑紧</td></tr>
<tr><td>电务各杆件安装应平直、无碰卡，活动部位无别劲，密贴调整杆空动距离>5 mm，动作杆、密贴调整杆应成一条直线，偏差<5 mm</td></tr>
<tr><td>接头铁螺栓不缺少、不松动</td></tr>
<tr><td>杆件调整丝扣余量不小于10 mm，调整活动部位油润</td></tr>
<tr><td rowspan="5">安装装置</td><td>安装应方正，偏差<10 mm</td></tr>
<tr><td>角钢与轨底间隙>5 mm，角钢长边距枕木不小于10 mm</td></tr>
<tr><td>消除角形铁上端与基本轨轨头下颚、下端与基本轨轨底上面、小垫板与基本轨下端的缝隙</td></tr>
<tr><td>安装装置绝缘良好、无破损</td></tr>
<tr><td>安装弯板变形<10 mm，无锈蚀</td></tr>
<tr><td rowspan="2">其他</td><td>转辙机</td><td>动作电流、故障电流、拉力、溢流压力符合标准</td></tr>
<tr><td>作业平台</td><td>硬面化不影响线路排水</td></tr>
</table>

表 11-3-2　采用GW型外锁闭装置的道岔整治标准

<table>
<tr><th>类别</th><th>项　　目</th><th>整　治　标　准</th></tr>
<tr><td rowspan="2">几何尺寸</td><td>轨道几何尺寸</td><td>符合作业标准</td></tr>
<tr><td>斥离尖轨非工作边与基本轨工作边的最小距离</td><td>不小于65 mm与轨距加宽之和</td></tr>
</table>

续上表

类别	项　　目	整　治　标　准
钢轨	基本轨上锁闭框安装孔位	两基本轨锁闭框安装孔相错量不大于 10 mm
	两尖轨相对位置	道岔两尖轨尖端相错量≤20 mm
	查照间隔	符合标准
	尖轨与基本轨、可动心轨与翼轨肥边	肥边≤1 mm
	尖轨(可动心轨)与基本轨(翼轨)密贴	尖轨第一牵引点前与基本轨、心轨第一牵引点前与翼轨的间隙＜0.5 mm,其余部位间隙＜1 mm
	尖(心)轨与滑床台	尖(心)轨轨底与滑床台间隙:160 km/h 以上区段＜1 mm,160 km/h 及以下区段＜2 mm,不得有连续空吊,牵引点前后滑床台应与尖(心)轨接触
	绝缘接头	120 km/h 以上区段应采用胶接绝缘接头
		绝缘接头轨端肥边≤2 mm
		绝缘无破损,在线测试绝缘电阻值≥20 Ω
配件	轨撑	轨撑齐全,作用良好,与钢轨离缝≤2 mm
	顶铁	顶铁齐全,作用良好;与尖轨或心轨轨腰间隙:160 km/h 以上区段＜1 mm,160 km/h 及以下区段＜2 mm 且间隙均匀
	防跳限位装置	防跳限位装置作用良好,存在虚开时防跳限位装置铁卡可与斥离尖轨轨底侧面接触
	限位器	限位器齐全、作用良好
	各类螺栓	螺栓齐全、作用良好,扭矩符合标准
	辊轮	密贴状态下,1 mm≤尖轨轨底与辊轮间隙＜2 mm;斥离状态下,1 mm≤尖轨轨底与滑床板间隙＜3 mm 转换过程中辊轮与尖轨轨底接触
	扣件	扣件齐全、扭矩达标、作用良好,无碰绝缘夹板等造成短路现象,轨距块离缝≤1 mm
	调整片	调整片作用良好,防脱落措施良好
	滑床台板	滑床台板作用良好、平直,无断裂、脱落或磨耗超过 3 mm 现象
	铁垫板、胶垫	铁垫板、胶垫齐全,作用良好
岔枕	有砟道岔岔枕	岔枕应方正,防爬设备齐全,作用良好
		牵引点处岔枕间距偏差≤10 mm,其他岔枕间距偏差≤20 mm 且宜采取加固措施
		无失效,空吊≤2 mm
外锁闭和安装装置	安装装置	基础托板与岔枕垂直、平顺,道岔各部杆件安装偏移量≤10 mm
		转辙机外壳边缘与基本轨直线距离偏差＜5 mm
	外锁闭装置	尖轨、心轨各牵引点动程和锁闭量不超标,尖轨各牵引点处开口值符合标准,两侧偏差不大于 3 mm 心轨第一牵引点处开口值符合标准,偏差不大于 2 mm
		尖轨、心轨各牵引点定反位锁闭量偏差不超标,且偏差位于同侧
		尖轨牵引点间有 10 mm 及以上间隙时(直向通过速度大于 160 km/h 道岔,密贴检查器处有 5 mm 间隙时)不应接通表示

续上表

类别	项　　目	整　治　标　准
外锁闭和安装装置	外锁闭装置	设表示杆的牵引点处密贴尖轨与基本轨、心轨与翼轨间有 4 mm 及以上水平间隙时，不应锁闭或接通道岔表示
		转换过程中，锁闭框与锁闭杆无卡阻；尖轨连接轴销与锁钩间灵活、无卡阻
		转换部件与钢岔枕或滑床台板的间隙>10mm
杆件	杆件	各表示杆与岔枕平行偏差≤10 mm，长表示杆托架作用良好
		锁闭、连接、表示杆，其水平方向两端高低偏差<5 mm（以基本轨工作面为基准），各连接杆连接平顺，无别卡现象
		各部绝缘良好、无单边短路
		各连接杆的连接销与销孔磨耗间隙<1 mm，表示杆销孔间隙<0.5 mm
其他设备	转辙机	各部转辙机表示缺口符合标准
		液压转辙机主、副机宏观同步
		转辙机摩擦力（溢流压力）符合标准
		转辙机动作杆、连接杆、锁闭杆成一直线，偏差≤5 mm
	作业平台	硬面化不影响线路排水

表 11-3-3　CN 系列高速道岔整治标准

类别	项　　目	整　治　标　准
几何尺寸	轨道几何尺寸	符合作业标准
	斥离尖轨非工作边与基本轨工作边的最小距离	不小于 65 mm 与轨距加宽之和
钢轨	基本轨上锁闭框安装孔位	两基本轨锁闭框安装孔相错量不大于 10 mm
	两尖轨相对位置	道岔两尖轨尖端相错量≤20 mm
	尖轨与基本轨、可动心轨与翼轨肥边	肥边≤1 mm
	尖轨（可动心轨）与基本轨（翼轨）密贴	尖轨第一牵引点前与基本轨、心轨第一牵引点前与翼轨的间隙<0.5 mm，其余部位间隙<1 mm
	尖（心）轨与滑床板（台）	尖（心）轨轨底与滑床板（台）间隙<1 mm
	绝缘接头	采用胶接绝缘接头
		绝缘接头轨端肥边≤2 mm
		绝缘无破损，在线测试绝缘电阻值≥20 Ω
配件	轨撑	轨撑齐全，作用良好，与钢轨离缝<1 mm
	顶铁	顶铁齐全，作用良好；0 mm<与尖轨或心轨轨腰间隙≤1 mm，且间隙均匀
	防跳限位装置	防跳限位装置作用良好
	限位器	限位器齐全、作用良好
	各类螺栓	螺栓齐全、作用良好，扭矩符合标准

续上表

类别	项　　目	整　治　标　准
配件	辊轮	斥离状态下,0.7 mm≤尖轨轨底与滑床板间隙<2 mm
	扣件	扣件齐全、扭矩达标、作用良好,无碰绝缘夹板等造成短路现象
	调整片	调整片作用良好,防脱落措施良好
	铁垫板	钢轨轨底与铁垫板挡肩的间隙不大于 1 mm
	滑床台板	滑床台板作用良好、平直,无断裂、脱落或磨耗超过 3 mm 现象
	胶垫	胶垫齐全,作用良好
岔枕	有砟道岔岔枕	尖轨牵引点岔枕间距:620～640 mm;心轨牵引点岔枕间距:670～690 mm
		宜采取加固措施,无失效,空吊≤2 mm
外锁闭和安装装置	安装装置	拉连杆成一条直线并垂直于直基本轨,各部件安装偏移量≤10 mm;辙叉区域拉连杆成一直线并垂直于辙叉角分线
		转辙机外壳边缘与基本轨直线距离偏差<5 mm
	外锁闭装置	尖、心轨各牵引点定、反位锁闭量偏差不大于 2 mm
		尖轨、心轨的密贴段范围内,各牵引点中心线处尖轨与基本轨、心轨与翼轨间有 4 mm 及以上间隙时,锁闭机构不得锁闭及接通道岔表示
		密贴检查器拉杆处尖轨与基本轨间有 5 mm 及以上间隙时,不能接通表示
		转换过程中,辊轮与锁闭杆、锁闭杆与锁闭框、无卡阻;尖轨销接支架灵活,无卡阻
		锁闭辊轮弹性良好,锁闭机构磨耗不超限
		转换部件与轨枕或滑床板间隙>10 mm
杆件	杆件	各表示杆垂直于基本轨,偏差≤10 mm
		各部绝缘良好、无单边短路
		各连接杆的连接销与销孔磨耗间隙<1 mm,表示杆销孔间隙<0.5 mm
其他设备	转辙机	转辙机摩擦力(溢流压力)符合标准
		转辙机动作杆、连接杆、锁闭杆成一直线,偏差≤5 mm
	作业平台	硬面化不影响线路排水

表 11-3-4　CZ 系列高速道岔整治标准

类比	项　　目	整　治　标　准
几何尺寸	轨道几何尺寸	符合作业标准
	斥离尖轨非工作边与基本轨工作边的最小距离	不小于 65 mm 与轨距加宽之和
钢轨	查照间隔	符合标准
	尖轨与基本轨、可动心轨与翼轨肥边	肥边≤1 mm
	尖轨(可动心轨)与基本轨(翼轨)密贴	尖轨第一牵引点前与基本轨、心轨第一牵引点前与翼轨的间隙<0.5 mm,其余部位间隙<1 mm

续上表

类比	项　　目	整　治　标　准
钢轨	尖(心)轨与滑床台	尖(心)轨轨底与滑床台间隙＜1 mm
	绝缘接头	采用胶接绝缘接头
		绝缘接头轨端肥边≤2 mm
		绝缘无破损,在线测试绝缘电阻值≥20 Ω
配件	轨撑	轨撑齐全,作用良好,与钢轨缝隙≤2 mm
	顶铁	顶铁齐全,作用良好;正线道岔 0 mm＜与尖轨或心轨轨腰间隙≤0.5 mm,其他道岔 0 mm＜与尖轨或心轨轨腰间隙≤1 mm,且间隙均匀
	连接杆	各连接杆和连杆连接平顺,绝缘良好
		各连接销与销孔间的磨耗旷量≤0.5 mm
	各类螺栓	螺栓齐全、紧固、扭矩符合标准
	辊轮	密贴状态下,1 mm≤尖轨轨底与辊轮间隙＜2 mm;斥离状态下,1 mm≤尖轨轨底与滑床板间隙＜3 mm,转换过程中辊轮与尖轨轨底接触
	扣件	扣件齐全、扭矩达标、作用良好,无碰卡绝缘夹板等造成短路现象
	轨距挡板	牵引点处轨距挡板与承轨槽挡肩密贴,钢轨与轨距挡板间隙≤1 mm
	滑床台板	滑床台板作用良好,平直、无断裂,无脱落或磨耗超过 3 mm 现象
	胶垫	胶垫齐全,作用良好
岔枕	有砟道岔岔枕	牵引点处岔枕间距偏差≤10 mm,其他岔枕间距偏差≤20 mm 且宜采取加固措施
		无失效、无空吊≤2 mm
外锁闭和道岔安装装置	安装装置	基础托板安装与岔枕垂直、平顺,道岔各部件安装偏移量≤10 mm
		转辙机外壳边缘与基本轨垂直距离偏差＜5 mm
		基础托板、导管装置、固定螺栓磨耗和锈蚀不超标
	外锁闭装置	尖轨、心轨锁闭检查器处、各连接杆中心处开口值符合标准,两侧偏差不大于 1 mm
		尖、心轨锁闭检查器处于定反位锁闭量偏差不超标(≤2 mm)
		锁闭检查器、密贴检查器处尖轨与基本轨之间有 5 mm 间隙可接通道岔表示,6 mm 间隙不得接通道岔表示
		可动部分在道岔转换过程中动作平衡、灵活,无别劲卡阻
		转换部件与岔枕、滑床台板及石砟面的间隙＞10 mm
	杆件	各连接杆和连杆连接平顺,绝缘良好,无单边短路,绝缘电阻值≥20 Ω
		各部螺栓不松动;丝扣余量≥5 mm;开口销齐全,作用良好
		各连接销与销孔间的磨耗旷量≤1 mm
		尖轨处于中间动程位置(转辙机处于中间动程)时,各弯杆传力杆(拐肘长臂)和平衡梁(一字拐)与直基本轨垂直

续上表

类比	项　目	整　治　标　准
其他设备	转辙机	正常转换道岔时,转辙机内部电机组无异常声音,操纵时动作平稳
		转辙机安装螺栓无锈蚀
	作业平台	硬面化不影响线路排水

表 11-3-5　CTS2 型转辙机道岔整治标准

类别	项　目	整　治　标　准
几何尺寸	轨道几何尺寸	符合作业标准
	斥离尖轨非工作边与基本轨工作边的最小距离	不小于 65 mm 与轨距加宽之和
钢轨	爬行	尖轨爬行量≤20 mm
	查照间隔	符合要求
	尖轨、基本轨肥边	肥边≤1 mm
	尖轨与基本轨密贴	尖轨尖端至第一牵引点处离缝≤0.5 mm,其他离缝≤1 mm
	尖轨与滑床台	各牵引点处四块滑床板离缝≤1 mm,其他处≤2 mm,且无连续空吊
	基本轨横移	基本轨横移≤1 mm
	接头无错牙	轨面或作用边错牙≤1 mm
	绝缘接头	绝缘接头轨端肥边≤2 mm
		绝缘无破损,在线测试绝缘电阻值≥20 Ω
配件	轨撑	轨撑齐全,作用良好,与钢轨轨头下颚或垫板挡肩离缝≤2 mm
	顶铁	顶铁齐全,作用良好,0 mm<与尖轨间隙≤1.0 mm,且间隙均匀
	各类螺栓	螺栓齐全、作用良好,扭矩符合标准
	扣件	扣件齐全、扭矩达标、作用良好,无碰绝缘夹板等造成短路现象
	滑床板	滑床板作用良好、平直,无断裂、脱落或磨耗超过 3 mm 现象
	胶垫	转辙部位胶垫窜动或歪斜量≤10 mm
	其他配件	齐全、作用良好
钢岔枕(转辙机)	钢岔枕(转辙机)	钢枕(锁闭单元)的中心距两边基本轨的距离 75.25 mm
		钢岔枕起伏不超过 4 mm
		无失效,无空吊(≤2 mm)
		钢枕单元绝缘板固定良好、无窜出
		钢枕单元内部、外部清洁,排水孔通畅
	转辙机滑床板	转辙机滑床板齿板与钢枕齿板啮合平整
		转辙机自润塑料滑床板的厚度及高度符合标准
	道岔安装螺丝	安装螺丝紧固、无松动,备帽、开口销齐全
转辙机动程及尖轨开程	转辙机动程及尖轨开程的检查与调整	测量第一牵引点为:155～160 mm,第二牵引点为:75～80 mm 一点牵引的开程 152～157 mm

续上表

类别	项　　目	整 治 标 准
道岔密贴	道岔密贴状态	第一牵引点 2 mm 锁闭，4 mm 不锁闭；第二牵引点 3 mm 锁闭，6 mm 不锁闭
		密贴力测试符合标准
作业平台	硬面化平台	硬面化不影响线路排水

13. 钢轨绝缘整治标准及测试方法。

(1)工务标准

①绝缘接头处应使用厂制标准长度钢轨，使用非标准长度钢轨时，应将厂制端放在绝缘接头一侧。

②接头处轨枕无失效，扣件应保持齐全，作用良好。

③装有钢轨绝缘处的轨缝宽度：胶接绝缘应保持 6 mm、分体绝缘应保持 6～15 mm。轨缝两端钢轨轨头部位应保持平顺，高低相差不大于 2 mm，无低塌接头和轨面错牙、接头肥边。

④接头处道床应经常保持饱满、均匀、排水良好，无翻浆冒泥。

⑤正线上的绝缘接头必须采用高强螺栓及高强度钢平垫紧固件。

⑥高强绝缘接头应采用符合标准的绝缘钢轨接头夹板和紧固件，无毛刺及凹凸不平缺陷。

⑦高强绝缘接头螺栓应从钢轨两侧交叉配置，不得从一侧安装，安装后确保扭矩不小于 700 N · m。

⑧绝缘拉杆、尖轨连接杆的绝缘性能良好，安装状况良好，绝缘拉杆无接触轨底导致导电的现象。

(2)电务标准

①高强度绝缘接头的绝缘件应采用高强度绝缘。严禁有裂纹、变形缺陷绝缘件上道使用。

②安装钢轨绝缘接头时要做到钢轨、槽形绝缘、钢轨接头夹板吻合良好，轨端绝缘安装应与钢轨接头保持平直，工字绝缘头部不得高于轨面，两者相差不大于 2 mm，高强绝缘垫有凹槽的一面，应贴靠在高强度绝缘钢平垫的一侧，钢平垫的外侧不得增设弹簧垫圈。

(3)测试标准及方法

①上道前胶接绝缘测试：

a. 测试标准

(a)胶接绝缘接头：上道铺设前，应将厂制胶接绝缘接头搁置在干燥的绝缘体上测量绝缘电阻，测量两钢轨间以及钢轨与夹板间的绝缘电阻应大于 1 000 Ω。

(b)胶接绝缘夹板：上道铺设前，在干燥状态下电阻值大于 20 MΩ 为合格。在潮湿状态下电阻值大于 1 000 Ω 为合格。

b. 测试方法

(a)干燥状态绝缘电阻测试：

ⓐ胶接绝缘接头:用 500 V 兆欧表测量两钢轨间以及钢轨与夹板间的电阻值。

ⓑ胶接绝缘夹板(带槽形钢板):用 500 V 兆欧表测量两块槽形钢板以及槽形钢板与夹板间的电阻值。

ⓒ胶接绝缘夹板(无槽形钢板):将胶接绝缘夹板组装在专用绝缘测量台上,测量夹板与测量台钢轨间的电阻值。

(b)潮湿状态绝缘电阻测试:

ⓐ胶接绝缘接头:在端板处浇水 2 L,1～2 min 间用不低于 10 V 的万用表测量两钢轨间以及钢轨与夹板间的电阻值。

ⓑ胶接绝缘夹板(带槽形钢板):经浸水 30 s,取出后在自然平放状态下,60 s 内用不低于 10 V 的万用表测量两块槽形钢板以及槽形钢板与夹板间的电阻值。

ⓒ胶接绝缘夹板(无槽形钢板):经浸水 30 s 后,将胶接绝缘夹板组装在专用绝缘测量台上,60 s 内用不低于 10 V 的万用表测量夹板与测量台钢轨间的电阻值。

②上道后绝缘在线测试:使用轨道绝缘在线测试工具测试绝缘参考电阻值,轨端绝缘预警值不小于 20 Ω、钢轨与夹板间电阻预警值不小于 100 Ω。

③日常检查测试:

a. 胶接绝缘:轨端绝缘下降且小于 20 Ω 或钢轨与夹板间电阻小于 100 Ω,应实行预警管理。

b. 分体绝缘:轨端绝缘小于 20 Ω 或钢轨与夹板间电阻小于 100 Ω,应立即分解检查处理。

c. 轨距杆绝缘:两端绝缘小于 20 Ω、中间金属部分与两端小于 100 Ω,应立即更换。

d. 地锚拉(撑)杆:两端绝缘小于 20 Ω,应立即更换。

14. 工电联合整治作业内容。

(1)道岔尖轨、基本轨竖切不良;

(2)道岔尖轨空吊;

(3)道岔尖轨尖端有缝;

(4)道岔基本轨爬行超限;

(5)道岔尖轨爬行超限;

(6)道岔枕木不方正。

第四节　与车务专业结合部的相关知识

1. 对设有加锁加封的信号设备,应加锁加封,必要时可设置计数器,使用人员应负责其完整。对加封设备启封使用或对设有计数器的设备每计数一次时,使用人员均须在“行车设备检查登记簿”内登记,写明启封或计数原因。加封设备启封使用后,应及时通知信号部门加封。使用计算机技术控制的信号设备实现加锁加封功能时,应使用密码方式操作。

2. 设有计数器设备的补充规定。

信号、联锁、闭塞设备发生故障时,车站值班员应将故障情况在“行车设备检查登记簿”内登记,并及时通知电务处理。对设有计数器的设备,应同时登记计数器显示的数字(计算机联锁设备除外）。

3. 影响设备使用的检修均纳入天窗进行。

在车站(包括线路所、辅助所)内及相邻区间、列车调度台检修行车设备，影响其使用时，事先须在“行车设备施工登记簿”内登记，并经车站值班员(列车调度员)签认或由扳道员、信号员取得车站值班员同意后签认(检修驼峰、调车场、货场等处不影响接发列车的行车设备时，签认人员在《车站行车工作细则》内规定)，方可开始。

正在检修中的设备需要使用时，须经检修人员同意。检修完毕，检修人员应将其结果记入“行车设备施工登记簿”。

对处于闭塞状态的闭塞设备和办理进路后处于锁闭状态的信号、联锁设备，严禁进行检修作业。

4. 车站值班员发现或接到行车设备故障的报告后，应立即通知设备管理单位相关人员，并在“行车设备检查登记簿”内登记。

列车调度员发现或接到调度台行车设备故障的报告后，应立即通知设备管理单位相关人员，并在“行车设备检查登记簿”内登记。

设备管理单位应在“行车设备检查登记簿”内签认，尽快组织修复。对暂时不能修复的，应登记停用内容和影响范围，并注明行车限制条件。

5. 轨道电路漏泄及分路不良处理的规定。

(1)发现轨道电路道床漏泄而出现红光带或因分路不良有车占用而无占用表示时，有关部门应及时在“行车设备检查登记簿”内登记、签认，并报告列车调度员。

(2)凡道砟电阻偏低，雨、雪天气易发生红光带的区段，电务人员应在轨道电路最有利时将继电器端电压调至上限，保证设备的正常使用。

(3)工务部门要及时整治线路，消除造成红光带区段的积沙、积水及冰雪，道床要按标准定期清筛，岔区、正线、驼峰的轨底砟石要达到规定标准。不准利用撒盐的办法除雪。

(4)每季末前，电务段对管内道床不良、道砟电阻低的轨道电路进行一次参数测试，并对结果进行分析，将失格和临界状态轨道电路区段的测试数据，填记“轨道电路泄漏区段通知书”，经主管段长签字，盖章后转有关工务段。工务段接到通知书10日内，制定整改措施签字，盖章后，留存1份，返电务段1份，上报铁路局安监室、运输、工务、电务处各1份。在雨、雪季节，电务部门要增加巡检和测试次数。

(5)轨道电路分路不良区段，由电务部门及时在控制台上放置明示牌提醒，设备具备标注功能的还应在设备上进行标注。

(6)经测试分路不良的轨道区段，在整个区段分路不良时，要登记该区段分路不良；遇轨道电路不良区段为道岔区段时，电务部门在登记整个区段不良的同时，详细注明道岔定位或反位分路不良。在调度集中区段集中控制的车站，电务人员还应在相关调度台的“行车设备检查登记簿”内登记。

(7)轨道电路分路不良，由电务、工务、车务部门联合整治：

①电务部门要严格按照《普速铁路信号维修规则》的要求，加强设备整治、维修，对经常不过车或易污染区段轨道电路加强检查测试。

②对经常不走车、钢轨生锈的轨道区段，确定轨道电路分路不良时，必须经过轨道电路

残压测试，具体测试办法按电务部门有关规定办理。

③在接发列车和调车作业时，车站值班员、列车（助理）调度员发现控制台（计算机联锁终端）、调度集中区段设备的显示与列车或机车车辆占用轨道电路的实际不一致或出清后进路遗留白光带不消失时，应确认机车、车辆实际位置，在“行车设备检查登记簿”登记，并通知电务部门。电务部门对确定为分路不良的轨道区段，要在“行车设备检查登记簿”中登记“××轨道区段分路不良”，车站值班员、列车（助理）调度员签认。车站报告列车调度员同意后，安排机车、列车或车列碾压除锈或除污。除锈、除污工作完毕后，电务部门应及时进行该轨道电路的残压测试，恢复正常后，应及时在“行车设备检查登记簿”中登记“××轨道区段恢复正常，试验良好”，经碾压仍不能消除轨道电路分路不良时，由电务部门查明原因，制定整治方案。

④更换道岔或成段钢轨后，电务部门要实测轨面实际残压值，发现轨道电路分路不良时，要在“行车设备检查登记簿”中登记，并按以上相应条款办理。

⑤在驼峰的轨道区段更换钢轨和道岔前，工务部门应初步除锈，更换后，由车站安排碾压除锈和手动作业，经电务人员确认轨道电路作用良好后，方可正常使用。

⑥行车设备检查、施工登记的补充规定：

“行车设备检查（施工）登记簿”（运统 46）由车站、调度所负责配备、管理。除按《技规》有关规定执行外，补充如下。

a. 下列情况在“行车设备检查登记簿”登记：

ⓐTDCS/CTC、列车无线调度通信设备、GSM-R 通信设备、站间安全信息传输系统设备（FDT）故障时；

ⓑ设备管理单位检查、专特运设备检查结果；

ⓒ发现危及行车安全隐患。

b. 按规定格式内容填记，做到字迹工整清晰，上端横格对齐，且不出格 。如需修改或重新填记时，必须用直尺将原填记的全部内容横划两道，以示作废，不得涂、贴、刮、改。

再次填记“行车设备施工登记簿”与前项不隔格，填记“行车设备检查登记簿”与前项隔两格。

“行车设备施工登记簿”分为电务、工务、供电（非电气化区段不设置）、其他四本，“行车设备检查登记簿”内用口取纸分为车站、电务、工务、通信、供电、其他六类。

c.“行车设备检查登记簿”实行左登右销制度。对危及行车安全的检修，车站要认真核对检修项目、影响范围和检修时间，与实际不符时，应让其重新登记。车站向列车调度员请求调度命令后，填记调度命令号和实际给点起止时分，并给予签认。在通知时间栏中的通知方法栏增加被通知人姓名。

d. 登记工作由检修部门指定联系人负责，其他人登记无效。在登记后，联系人要在行车室值班，保持与现场和车站之间的联系，将列车运行情况和检修作业进度及时向对方通报。

检修完毕试验良好后，检修联系人应及时销记。

e. 在自闭区间更换钢轨绝缘、信号设备检修联系登记办法

ⓐ更换钢轨绝缘

由引起该项工作的主方（电务或工务）向工作地点所属的车站联系登记要点，并在“行车设备检查（施工）登记簿”内记清工作内容时间等，配合方（工务或电务）同时在“行车设备检查（施工）登记簿”内记清配合工作内容。该项工作完毕后，由主方负责销点，配合方销记。

ⓑ信号设备检修

电务维修人员在自动闭塞区间进行电务设备检修时，应向信号报警设备所在站的车站值班员办理联系登记、要点手续。

各电务段应将区间信号点的分界情况书面通知各有关车站或车务段。

ⓒTDCS/CTC 设备检修

电务人员对车站 TDCS/CTC 设备检修时，在所属车站办理登记手续；对局中心 TDCS/CTC 设备检修时，在调度所办理登记手续。

6. 道岔融雪装置使用、维修、管理的规定

(1)道岔融雪装置由电务部门负责养护维修，车站根据降雪情况启动、关闭道岔融雪装置。遇室内控制终端故障不能使用时，由电务人员负责现场控制柜的操纵。

(2)道岔融雪装置系统故障无法正常使用或因气温过低、雪量过大融雪装置不能达到正常融雪效果时，由车站组织电务、工务等部门人工除雪。

(3)人工上道除雪时，由除雪负责人指派驻站联络员在“行车设备检查登记簿”内登记申请。列车调度员根据车务应急值守人员（车站值班员）的报告，下达停止本线接发车、调车作业及邻线列车限速的调度命令后方可上道除雪。上道除雪作业时，除雪负责人须指派专人进行防护。

上道除雪作业完毕，人员、工具撤除后，按照“谁申请、谁销记”的原则办理销记手续。列车调度员得到车务应急值守人员（车站值班员）作业完毕的报告后方可下达恢复本线行车、撤销邻线限速的调度命令。

第五节　与供电专业结合部的相关知识

1. 为确保电气化铁路接触网停送电作业安全，各工种作业时要紧密联系、协调一致、尽可能缩短接触网停送电作业时间。

2. 施工主体单位根据月度施工计划于施工前 3 日前 15:00 前通过“施工调度管理子系统”录入计划，会签完成后，经供电处审核后于施工前 2 日 09:00 前通过“施工调度管理子系统”向施工调度台上报。施工调度审核批准后将施工日计划通过施工调度管理系下达。

3. 供电（维管）段驻站联络员于施工当日提前 40 min 到指定的运转室在运统 46 上进行登记，经车站值班员签认后向供电调度核对作业计划并申请停电作业命令。供电调度发布停电作业命令。供电（维管）段配合施工负责人在接到停电作业命令，做好相应的安全措施，并将“施工（作业）配合停电通知单”（见附件 1）交施工主体单位签认后，施工主体单位方可开工作业。

4. 施工结束后，供电（维管）段收到施工主体单位的“施工（作业）停电配合结束允许送电通知单”（见附件 2）后，确认具备送电开通条件，签认后撤除相应的安全措施，在“运统 46”上销记后，向供电调度申请销除停电作业命令。

5. 供电(维管)段根据施工(维修)日计划,由驻站联络员提前 40 min 到指定的运转室在“运统 46”登记,与车站值班员签认后,向供电调度核对作业计划并申请停电作业命令。

6. 检修作业结束,确认具备送电开通条件后,撤除安全措施,供电(维管)段驻站联络员在“运统 46”销记后,向供电调度申请消除停电作业命令。

7. 供电(维管)段发现设备故障需要临时处理时,执行《电气化铁路接触网故障抢修规则》(铁运〔2009〕39 号)和《高速铁路接触网故障抢修规则》(铁总运〔2014〕53 号)相关规定。

8. 故障处理完毕,撤除安全措施,确认具备送电开通条件,供电(维管)段驻站联络员在运转室“运统 46”销记后,向供电调度申请消除停电作业命令。

9. 非供电单位处理行车设备故障需接触网停电配合时,通过相关车站值班员向列车调度申请停电,并说明故障准确地点。列车调度将需要进行停电配合的要求通知供电调度,供电调度通知供电(维管)段人员赶赴现场配合。供电(维管)段驻站联络员在运转室“运统 46”登记后,向供电调度申请停电。供电(维管)段接到停电作业命令后做好安全措施,故障处理单位收到供电(维管)段的“施工(作业)配合停电通知单”并签认后方可开工。

故障处理完毕,供电(维管)段驻站联络员收到故障处理单位“施工(作业)停电配合结束允许送电通知单”,确认具备送电开通条件,并签认后,撤除安全措施,供电(维管)段驻站联络员在运转室“运统 46”销记后,向供电调度申请消除停电作业命令。

10. 行车事故救援需接触网停电(或拆网)配合的,供电(维管)段驻站联络员按规定在运统 46 登记,根据事故现场配合抢修负责人的指令向供电调度申请停电(或拆网)。供电(维管)段现场负责人必须确认安全措施完成,救援负责人收到供电(维管)段的“施工(作业)配合停电通知单”并签认后方可开工。

11. 救援结束,供电(维管)段现场负责人收到“施工(作业)停电配合结束允许送电通知单”,确认具备送电开通条件后签认,撤除安全措施,供电(维管)段驻站联络员在运转室“运统 46”销记后,向供电调度申请办理送电手续。

12. 车站值班员接到处理车顶扒乘人员或整理货物装载需要停电时,应立即向列车调度报告,列车调度向供电调度申请停电配合,并由供电调度通知供电(维管)段人员配合处理,供电(维管)段的驻站联络员按规定在“运统 46”登记后,向供电调度申请停电配合作业命令,供电(维管)段做好安全措施并通知处理单位,处理单位收到供电(维管)段的“施工(作业)配合停电通知单”并签认后方可开始处理。现场反馈需要立即停电时,供电调度可立即停电。

处理结束,供电(维管)段现场负责人收到配合处理单位负责人“施工(作业)停电配合结束允许送电通知单”,确认具备送电开通条件后签认,撤除安全措施,供电(维管)段驻站联络员在运转室“运统 46”销记,向供电调度申请办理送电手续。

13. 电力机车在分相无电区停车,由机车乘务员将停车的地点(有条件的情况下确认受电弓所在的前、后接触网支柱号)报告列车调度,列车调度命令该电力机车及分相处列车后方供电臂的所有电力机车停车并降下受电弓后通知供电调度,供电调度对该分相处列车后方供电臂执行停电,然后闭合分相处隔离开关,并通知列车调度,列车调度通知该电力机车升弓运行。当该电力机车驶出分相后报告列车调度,列车调度通知供电调度。

隔离开关的位置信息确认以调度端的远动界面显示的分、合遥信信息为准,不能远动操作隔离开关或无法确认停车地点时，供电调度通知供电部门人员前往现场确认，配合救援。

14. 在同一供电臂内的两个及两个以上轨道电路区段的钢轨上接地线时，要将所有接了地线的轨道电路区段纳入封锁范围。

15. 供电（维管）段接触网停电作业（施工）相关人员要提前掌握作业（施工）现场的轨道绝缘节及轨道电路区段的分布情况，按规定设置地线。必要时应要求电务部门配合。

16. 接触网停电作业（施工）凡是作业机具及接地线占用线路或侵入限界时，供电（维管）段均需对该范围内的线路（区间、股道及道岔）在车站登记办理封锁。

17. 接触网停电配合作业（施工）如需要调整接触网时，要在作业（施工）封锁时间内留出接触网调整作业时间。

18. 供电（维管）段在接触网停电配合作业（施工）和单独作业（施工）时均需按规定登记封锁。登记的封锁范围应大于接地线所含范围，接触网作业车及梯车在封锁范围内进行作业，严禁超封锁范围作业。

19. 作业（施工）过程中，供电（维管）段驻站联络员要时刻注意列车运行情况，随时与车站值班员保持联系，遇有邻线来车及时通知作业组避让。供电（维管）段作业组要按规定设好现场行车防护，现场防护人员要认真履行防护职责，确保行车和人身安全。作业（施工）完毕，供电（维管）段驻站联络员向车站值班员申请线路开通。

20. 供电（维管）段作业组在前一个工作日的17点前由发票人开好次日接触网第一种工作票，并交工作领导人审核签字，在接触网第一种工作票的作业区防护措施一栏内要写明作业的封锁范围及驻站联络员登记所在车站。

21. 区间或站场装卸路料（不包括货装线上的装卸作业）需停电配合的应纳入调度日班计划，装卸车部门应提前与供电（维管）段协商并办理有关配合手续，停送电执行程序按照配合施工停送电程序执行。

22. 运输超限货物或者易燃、易爆货物需要停电的，按照电报要求执行。

23. 影响机车出入、车辆取送的段管线接触网检修作业计划，应纳入所在站区的天窗管理。

24. 各电务段应向供电（维管）段提供管内电气化区段各车站轨道绝缘节及轨道电路资料，设备变化时应及时电报告知；供电（维管）段要掌握管内各车站轨道绝缘节及轨道电路分布情况。

25. 供电（维管）段针对管内各站场可能进行的施工、维修作业，根据不同的作业范围、封锁范围，参照电务部门提供的车站轨道绝缘节及轨道电路资料，拟定装设接地线位置在作业方案中固化，绘图标注（轨道绝缘节附近的地线必须说明装设在绝缘节的某一侧或某根钢轨），作为供电（维管）段档案技术资料并报供电处备案。遇有车站电务设备变化时，要及时按以上程序修订装设接地线位置。

26. 签发站场停电作业工作票时，必须严格按照作业方案中拟定并已固化的位置装设接地线；遇特殊情况需变更接地线位置时，应认真对照车站轨道绝缘节及轨道电路资料确定地线位置，必要时现场踏勘后由段技术科确认或提前申请电务人员配合。

27. 站场作业的预想会要将防止未封锁线路发生红光带作为一项重点，讲清、讲透；轨道绝缘节附近的地线要画出简图，讲明装设在绝缘节的某一侧或某根钢轨。

28. 现场作业装设接地线时工作领导人、驻站联络员、地线监护人要不间断联系，一旦未封锁线路发生红光带，立即撤除相关地线，查明原因，原因不明时终止作业。

复习思考题

1. 与通信专业结合部的相关知识中，对工程引起需引入信号机械室的光电缆有何要求？

2. 与工务专业结合部的相关知识中，每季度召开集团公司部级协调会，工务部、电务部如何牵头组织？

3. 道岔工电结合部设备管理分工中，哪些由工务负责？

4. 钢轨绝缘等工电结合部设备管理分工中，哪些由工务负责？

5. 如何更换钢轨绝缘？

6. 装有钢轨绝缘处的轨缝宽度及高低有何要求？

7. 工电联合整治作业的内容有哪些？

8. 对设有加锁加封的信号设备有何要求？

9. 上道前胶接绝缘测试，胶接绝缘接头及夹板的标准有哪些？

10. 轨道绝缘日常检查测试标准是什么？

11. 检测车间各修配工区、检修检测工区对轮修器材如何管理？

12. 修配工区负责配合现场车间共同对 ZYJ4、ZYJ6、ZY7 型电液转辙机及 SH6 型转换锁闭器内部单一配件的更换及检修，具体项目有哪些？

13. 对电源屏Ⅰ、Ⅱ输入电源相间电压（AⅠ-AⅡ、BⅠ-BⅡ、CⅠ-CⅡ）进行测试并做好记录，周期是多长时间？

14. 电子设备检修中，检修检测车间主要职责有哪些？

15. 电子设备在故障处理时由谁负责联系登记、销点？

16. 电子设备在工程验交管理中，施工验收完毕后如何交接管理？

附件 1：

施工（作业）配合停电通知单

（供电单位）

<table>
<tr><td colspan="2">供电单位人员填写</td><td colspan="2">需停电配合单位人员填写</td></tr>
<tr><td>日 期</td><td>年 月 日</td><td>日 期</td><td>年 月 日</td></tr>
<tr><td>停电命令号</td><td></td><td>接单时分</td><td>时 分</td></tr>
<tr><td>命令批准
时分</td><td>时 分</td><td rowspan="2">单位名称</td><td rowspan="2"></td></tr>
<tr><td>安全措施
完成时分</td><td>时 分</td></tr>
<tr><td>交单时分</td><td>时 分</td><td rowspan="2">填写人姓名</td><td rowspan="2"></td></tr>
<tr><td>填写人姓名</td><td></td></tr>
<tr><td>施工作业
地点</td><td colspan="3"></td></tr>
<tr><td>备 注</td><td colspan="3"></td></tr>
</table>

说明：1. 本通知单由供电单位人员确认停电、并采取安全措施后填写(包括施工作业地点)。

2. 填写一式二份，自存一份，交需停电配合单位一份。

3. 本通知单由供电单位提供。

附件 2：

施工(作业)停电配合结束允许送电通知单

(需停电配合单位)

<table>
<tr><td colspan="2">需停电配合单位人员填写</td><td colspan="2">供电单位人员填写</td></tr>
<tr><td>日　期</td><td>年　　月　　日</td><td>日　期</td><td>年　　月　　日</td></tr>
<tr><td>交单时分</td><td>时　　分</td><td>接单时分</td><td>时　　分</td></tr>
<tr><td>原停电命令号</td><td></td><td>原停电命令号</td><td></td></tr>
<tr><td rowspan="2">填写人姓名</td><td rowspan="2"></td><td>单位名称</td><td></td></tr>
<tr><td>填写人姓名</td><td></td></tr>
<tr><td>施工作业地点</td><td colspan="3"></td></tr>
<tr><td>备　注</td><td colspan="3"></td></tr>
</table>

说明：1. 本通知单由需停电配合单位人员在允许送电前填写(包括施工作业地点)。
2. 填写一式二份，自存一份，交供电部门一份。
3. 本通知单中停电命令号、需停电配合单位填写人姓名、供电单位填写人姓名、施工作业地点与“停电通知单”中停电命令号、需停电配合单位填写人姓名、供电单位填写人姓名、施工作业地点应分别一致。
4. 本通知单由需停电配合单位提供。

参 考 文 献

[1] 中国铁路上海局集团有限公司. 普速铁路信号工(车站与区间)岗位培训教材[M]. 北京:中国铁道出版社有限公司,2022.

[2] 中国铁路成都局集团有限公司. 铁路信号工(车站与区间信号设备维修)[M]. 北京:中国铁道出版社有限公司,2022.